北京一零一中拔尖创新人才培养系列丛书

丛书主编 熊永昌 陈 争

北京一零一中

拔尖创新人才培养：
课程情愫与实践创新

BAJIAN CHUANGXIN RENCAI PEIYANG:
KECHENG QINGSU YU SHIJIAN CHUANGXIN

熊永昌 等 编著

北京理工大学出版社
BEIJING INSTITUTE OF TECHNOLOGY PRESS

版权专有　侵权必究

图书在版编目（CIP）数据

拔尖创新人才培养：课程情愫与实践创新 / 熊永昌等编著. -- 北京：北京理工大学出版社，2025.3.
ISBN 978-7-5763-5198-9

Ⅰ. G632.3

中国国家版本馆 CIP 数据核字第 2025KL6634 号

责任编辑：徐艳君　　文案编辑：徐艳君
责任校对：周瑞红　　责任印制：李志强

出版发行 / 北京理工大学出版社有限责任公司
社　　址 / 北京市丰台区四合庄路 6 号
邮　　编 / 100070
电　　话 /（010）68944439（学术售后服务热线）
网　　址 / http://www.bitpress.com.cn

版 印 次 / 2025 年 3 月第 1 版第 1 次印刷
印　　刷 / 廊坊市印艺阁数字科技有限公司
开　　本 / 710 mm × 1000 mm　1/16
印　　张 / 17
字　　数 / 290 千字
定　　价 / 88.00 元

图书出现印装质量问题，请拨打售后服务热线，负责调换

《北京一零一中拔尖创新人才培养系列丛书》

编 委 会

主　编：熊永昌　陈　争

副主编：毛　筠　刘子森　程　丽　姚欣波　吕晓琳
　　　　　付鹏娟

编　委：李　佳　方　明　杨双伟　夏焕春　于　元
　　　　　纪志杰　崔　健　闫　霞　詹光奕　白光耀
　　　　　贺丽珍　孙　越　商　愔　孙淑松　田利华

本书作者

何　棋　鲁小凡　牛彩霞　孙宇伽
商　愔　熊永昌　夏焕春　詹光奕
翟　冰　陈　争

序 言

在知识经济的浪潮中，拔尖创新人才的培养显得尤为重要，它已经上升为国家发展战略。这不仅仅是因为他们是推动社会进步和科技发展的关键力量，更因为在这个日新月异的时代，我们需要那些敢于挑战现状、勇于探索未知的人才来引领我们走向未来。

我们深知，教育是国家发展的基石，而拔尖创新人才更是推动社会进步和科技发展的关键。在这个日新月异、竞争激烈的全球化时代，如何更有效地培养这类人才，已成为教育领域亟待解决的问题，也是教育一线学校领导、教师的时代使命，我们始终被这深深的使命感所驱动。

我们深知，教育的本质不仅仅是知识的传授，更是人格的塑造和能力的培养。在这个过程中，课程情愫与实践创新是两个不可或缺的元素。课程情愫，即在教学过程中融入情感教育的理念，让学生在获取知识的同时，也能感受到学习的乐趣和价值，从而激发他们的学习动力和创造力。实践创新，则是鼓励学生通过实际操作、动手实践来深化对知识的理解，培养他们的创新思维和解决问题的能力。

我们深知，拔尖创新人才的培养是一个复杂而系统的工程，需要全社会的共同努力和探索。作为教育工作者，我们肩负着培养未来领军人物的重任，在这个过程中，我们需要从教育理念、课程设置、教学方法等多个维度进行深入的探讨和实践，核心是课程情愫与实践创新这两个关键要素，它们相辅相成，共同推动着学生的全面发展，成就一幅拔尖创新人才培养的"清明上河图"。

时代之需：拔尖创新人才的紧迫性

我们身处的这个时代，知识更新迅速，科技飞速发展，无论是人工智能、大数据、云计算，还是生物科技、新能源等领域，都在以前所未有的速度发展。在这样的时代背景下，拔尖创新人才的重要性不言而喻。他们不仅是推动科技进步的关键力量，更是引领未来社会发展的领头羊。然而，拔尖创新人才并非一蹴而就，他们的培养需要长时间的积累，需要情感教育的熏陶，需要实践创新的锤炼。这正是我们编写这本书的初衷——希望通过分享先进的教育理念和实践经验，为拔尖创新人才的培养贡献一份力量。

课程情愫：让学习成为一种享受

在传统的教育观念中，学习往往被视为一种任务，一种压力。然而，在本书中，我们强调课程情愫的培养，即在学习过程中融入更多的情感教育元素，让学生在轻松愉快的氛围中获取知识，激发他们的学习兴趣和动力。我们相信，只有当学生真正热爱学习，享受学习带来的乐趣时，他们才能释放出最大的潜能，成为真正的拔尖创新人才。在本书的主要章节中，我们将深入探讨如何通过课程设计、教学方法等手段，培养学生的课程情愫，让学习成为一种享受。

实践创新：动手做，才能更深入地理解

"纸上得来终觉浅，绝知此事要躬行。"这句古诗道出了实践的重要性。在拔尖创新人才的培养过程中，实践创新同样占据举足轻重的地位。只有通过实践操作，学生才能更深入地理解知识，才能将理论知识转化为实际能力。在本书中，我们将分享若干课程建设实践创新案例，展示如何通过实验、项目、社会实践等方式，培养学生的动手能力和创新思维。我们相信，这些实践经验将对广大教育工作者和学生产生深远的启示和影响。

拔尖创新人才，指的是那些具备高度创新思维、批判性思考能力和解决复杂问题能力的人才，这类人才不仅具备深厚的专业知识，更能够跨学科思考，将不同领域的知识融会贯通，从而产生新的想法和解决方案。为了探索拔尖创新人才培养校本课程平台，让更多的学生受益，我们从国内外多个成功的拔尖创新人才培养案例中汲取灵感，结合当前的教育现状和未来社会的发展趋势，力求呈现一本既有理论深度，又具备实践指导意义的专著。因此，我们引导教师不断审视各个学科中面向拔尖创新人才培养的课程建设，最终遴选出数学、物理、化学、生物、地理、技术等六个学科进行呈现。

每一个学生都是独一无二的个体，他们有着不同的兴趣、才能和潜力。拔尖创新人才的培养，需要关注每一个学生的个性化发展，尊重他们的选择和兴趣，为他们提供多元化的教育资源和成长路径。因此，本书的写作过程是一个不断学习和探索的过程。在这个过程中，我们深感教育工作的复杂性和挑战性，也深刻体会到了拔尖创新人才培养的重要性和紧迫性。

面向未来,愿我们不断探索、不断创新,为培养出更多优秀的拔尖创新人才而努力,期望看到更多的拔尖创新人才脱颖而出,为社会的进步和科技的发展注入新的活力。

面向未来,北京一零一中学会不断深入思考和探索人才培养规律,总结、分享育人理念和实践经验,为国育才。

面向未来,我们也期待与广大教育工作者、家长和学生共同探讨和交流,共同推动我国教育事业的繁荣和发展,让教育的力量点亮每一个孩子的未来,为社会的进步注入源源不断的动力!

北京一零一中书记、校长　熊永昌

目 录

第一章　拔尖创新人才培养的时代命题　　1
　第一节　拔尖创新人才的由来及演变　　1
　第二节　拔尖创新人才的教育蕴意　　5
　第三节　拔尖创新人才培养的新样态　　11

第二章　拔尖创新人才培养的基础理论　　13
　第一节　拔尖创新人才研究述评　　13
　第二节　拔尖创新人才培养的基础理论　　19
　第三节　拔尖创新人才培养的模式与经验　　22

第三章　培养拔尖创新人才的课程情愫　　27
　第一节　实践探究与拔尖创新人才培养　　27
　第二节　科学思维与拔尖创新人才培养　　30
　第三节　学校课程与拔尖创新人才培养　　34

第四章　课程实践创新　　45
　第一节　数学课程实践创新与拔尖创新人才培养　　45
　第二节　物理课程实践创新与拔尖创新人才培养　　101
　第三节　化学课程实践创新与拔尖创新人才培养　　141
　第四节　生物学课程实践创新与拔尖创新人才培养　　173

第五节　信息技术课程实践创新与拔尖创新人才培养　　197

第六节　地理科学课程实践创新与拔尖创新人才培养　　223

参考文献　　255

后记　　258

第一章
拔尖创新人才培养的时代命题

第一节 拔尖创新人才的由来及演变

进入21世纪,中国开始实行"人才强国"战略,并建立了一系列的人才培养和教育体系。党的二十大将"教育、科技、人才"三位一体进行设计,党的二十届三中全会进一步提出,"教育、科技、人才是中国式现代化的基础性、战略性支撑。必须深入实施科教兴国战略、人才强国战略、创新驱动发展战略,统筹推进教育科技人才体制机制一体改革,健全新型举国体制,提升国家创新体系整体效能。"要"深化教育综合改革""深化科技体制改革""深化人才发展体制机制改革"。

拔尖创新人才培养是一项系统工程。教育部部长怀进鹏在中共中央举行的解读党的二十届三中全会精神的新闻发布会上谈道:"创新之教育培养创造之人才,创造之人才造就创新之国家。"在拔尖创新人才的发展历程中,我们可以发现一些规律和趋势,如拔尖创新人才的出现与社会的进步和发展密不可分,拔尖创新人才的培养和教育体系在不同的历史时期都有所变化等。以史为鉴,做好拔尖创新人才培养,我们不妨简要梳理拔尖创新人才的由来及演变。

一、国外对拔尖创新人才的研究

国内外学者在拔尖创新人才相关研究中,采用了不同的名词,如天才和有才能儿童、英才、资优儿童、超常儿童等,从内涵上讲这些名词无大差别。

"拔尖创新人才"这一概念的发展历程可以追溯到20世纪初的美国。当时,美国为了适应工业化的发展,开始重视培养具有创新精神和创新能力的人才。20世纪20年代,美国教育学家杜威提出了"教育适应社会需要"的理念,强调教育应该为社会培养具有创新精神和创新能力的人才。

20世纪60年代,泰勒提出多元才能图腾柱的观念,认为才能包括学业才能、生产性思考、沟通才能、预测才能、做决策才能、计划才能、执行才能、人际关系才能、洞察机会才能。

20世纪70年代,美国国会通过《马兰德报告》,报告里界定了英才儿童的概念,认为英才儿童是指在一般智力、特殊学科、创新能力、领导能力、视角或行为表现艺术、心理运动能力等个别或全部领域表现优异,或具有潜力的高水平表现儿童。这一定义突破了传统定义中"智力超常"的范畴,拓展到多个领域的多元智能。

同一时代,美国的伦祖利提出天才的三环论:天才是三种基本的人类特质的互动,平均以上的普通能力、高度的工作专注力和创造力三种主要的心理品质相互促进。

加涅明确区分出天赋和才能。他定义天赋为天生的、未经训练的能力,而才能为后天的、经过学习的能力。天赋包括四大领域:智力、创造力、社会情谊以及感觉动作;才能包括七大领域:学业、艺术、商业、休闲、社会活动、运动以及科技。但这些才能的发现必须有个人因素(如动机、人格)和环境因素(如机会及与能引导自己的人之间的互动),才能显现其成效。

从发展过程看,国外有关超常儿童的定义演变,从单一发展到多元,对超常儿童的定义逐渐宽泛。

二、我国不同历史时期对拔尖创新人才的培养

1. 古代拔尖创新人才的培养

我国古代对拔尖创新人才的培养有着一套自己的系统和方法,其中最具代表性的便是科举制度和书院教育。

科举制度是中国古代选拔官员的主要制度,起源于隋朝,成熟于唐朝,并在宋、明、清三个朝代得到了系统的发展与完善。科举制度的核心在于选拔有才华、有能力的人才进入国家管理层,为国家服务。科举考试分为县试、乡试、会试和殿试,通过这些层层选拔的方式,能够从大量的考生中挑选出真正的才俊。科举制度的核心宗旨之一便是选拔拔尖创新人才,以期通过这些人才的努力来推动社会的进步和国家的发展。

除了科举制度,古代的书院教育也扮演着重要的角色。书院起源于唐代,盛行于宋代,是中国古代的一种高等教育机构,其目的在于培养学生具有道德品质和文化素养的才能。书院注重学生的全面发展,不仅包括文学、史学等传统学科,也包括经学、哲学等人文学科。书院的教育方式更加注重学生的自学和独立

思考，经常通过讲学、讨论、实验等多种方式来提高学生的思维能力和创新能力。书院以自由研究、独立思考、批判性思维作为培养学生的目标，被视为古代重要的拔尖创新人才培养基地。

这些古代的教育和选拔方式，虽然与现代的教育体系有着显著的区别，但它们的核心目的都是选拔和培养能够推动社会进步、引领创新的人才。在科举制度下，通过考试选拔的官员往往需要具备解决实际问题的能力，能够在各自的职责范围内进行创新和改革。而书院教育则更加强调学生的全面发展，为学生提供一个自由探索、创新思考的环境。

通过科举制度和书院教育的方式，国家和社会积极地选拔和培养了一批批的拔尖创新人才，这些人才在各自的领域内为国家的治理、科学文化的进步以及社会经济的发展作出了重要贡献。在古代中国，拔尖创新人才的概念在历史演变中得到了进一步的发展。例如，在战国时期，出现了"士"阶层，他们以自己的才学和能力参与政治，推动社会变革。其中，一些杰出的士人如孟子、荀子等，成为中国古代思想史上的重要人物，他们所倡导的思想和价值观，对于中国文化的传承和发展产生了深远的影响。唐代的如杜甫、白居易等人，才学卓越，在政治和文化领域都有重要的贡献。在宋代，出现了"士人""文人"等称谓，这些人在文学、艺术、科学等领域都有重要的成就，例如，苏轼、李清照等人，在文学史上的地位举足轻重。这些人才的培养经验对于现代拔尖创新人才的培养依然具有借鉴意义。

2. 近现代拔尖创新人才的培养

新文化运动是我国现代教育史上的一个重要节点，它的兴起为我国现代教育体系的建立奠定了基础。在这一运动的影响下，我国的教育界开始重视对学生批判性思维能力，以及科学与民主精神的培养，这对于培养拔尖创新人才具有重要意义。

科技革命的到来对人才培养提出了新的要求。我国政府和教育部门开始意识到，要在科技日新月异的时代保持竞争力，必须拥有一大批掌握先进知识和技术、具备创新能力的拔尖创新人才。因此，如何在基础教育阶段就能识别并培养出这样的人才成为教育改革的重点。

改革开放初期，我国开始尝试培养拔尖创新人才的路径。以中国科技大学为代表的高等院校，创设"少年班"等特殊班级，旨在发掘并培养具有超常能力的青少年，为国家的科技创新和经济发展储备人才资源。这些举措取得了一定的成就，但也经历了从推广到取消的曲折过程，反映出我国在拔尖创新人才培养方面的探索之路并非一帆风顺。

3. 当代拔尖创新人才的培养

进入21世纪，随着"科教兴国"和"人才强国"战略的提出，我国对拔尖创新人才的培养工作更加重视。随着全球化和知识经济的快速发展，以及我国社会、经济的高速发展，我国的教育政策和实践正在经历深刻的变革，尤其是在培养拔尖创新人才这一领域。如何在中小学阶段就能有效地识别并培养出具有创新潜能的学生，并在其后的教育阶段进行合理引导和深造，成为当前教育改革的重点。

在我国，现代教育理念的引入对拔尖创新人才的培养起到了重要的推动作用。新的教育理念强调的是学生的个性化发展、批判性思维能力的培养以及终身学习的习惯养成。在这一理念的指引下，我国的课程改革也在不断推进，课程内容和教学方法都在向更加灵活多样的方向发展，以适应不同学生的需求和兴趣。

为了适应新时代的要求，我国在中小学阶段就开始注重对学生创新意识和创新能力的培养。例如，开设了"素质教育"相关的课程，鼓励学生参与各类科技创新竞赛，以及通过项目式学习等方式，让学生在解决实际问题的过程中学习和锻炼。此外，通过实行更加灵活的选课制度，学生可以根据自己的兴趣和未来发展方向选择课程，这在一定程度上有助于培养学生的主动性和创新性。

三、我国教育政策中对拔尖创新人才的关注

20世纪80年代，我国正处于改革开放的关键时期，为了适应经济建设的需要，国家开始重视培养具有创新精神和创新能力的人才，正是在这个时期，提出"拔尖创新人才"这一概念。1985年，我国颁布了《关于加强科学技术人才队伍建设的决定》，明确提出要培养"有创新精神和创新能力的人才"。此后，拔尖创新人才逐渐成为我国教育界、科技界和学术界的研究热点。

随着我国教育改革的深入，国家对拔尖创新人才培养越来越重视，一系列政策文件出台。2002年，中共中央办公厅、国务院办公厅印发的《2002—2005年全国人才队伍建设规划纲要》提出了实现"人才"战略的宏伟目标。同年，党的十六大首次明确提出"拔尖创新人才"这一概念，要求"造就数以亿计的高素质劳动者、数以千万计的专门人才和一大批拔尖创新人才"。2003年，第一次全国人才工作会议进一步将拔尖创新人才培养确定为落实人才强国战略的重要内容之一。2009年，教育部、中组部、财政部启动"基础学科拔尖学生培养试验计划"（简称"珠峰计划"）。特别是《国家中长期教育改革和发展规划纲要（2010—2020年）》的实施，明确提出了"培养数以亿计的高素质劳动者、数以千万计的专门人才和一大批拔尖创新人才"的宏伟目标。这不仅为我国教育改革指明了方向，而且将拔尖创新人才培养的重要性提到了前所未有的战略

高度。

随后，2013年，中国科协和教育部实施"中学生科技创新后备人才培养计划"（简称"英才计划"）。2018年，教育部、科技部等六部门出台《关于实施基础学科拔尖学生培养计划2.0的意见》（以下简称"拔尖计划2.0"），在总结10年探索经验的基础上启动了新一轮基础学科拔尖学生培养计划，提出要"经过5年的努力，建设一批国家青年英才培养基地，拔尖人才选拔、培养模式更加完善，培养机制更加健全，基础学科拔尖学生培养计划引领示范作用更加凸显，初步形成中国特色、世界水平的基础学科拔尖人才培养体系"，为把我国建设成为世界主要科学中心和思想高地奠定人才基础。2020年1月，《教育部关于在部分高校开展基础学科招生改革试点工作的意见》发布，决定自2020年起在部分高校开展基础学科招生改革试点，也称"强基计划"。

教育兴则国家兴。党的十八大以来，特别是党的二十大以来，全国统一思想到教育强国上来，认为教育强国是全面实现中国式现代化的基础和核心工作。2020年9月，习近平总书记在科学家座谈会上的讲话中指出，"要加强基础学科拔尖学生培养，在数理化生等学科建设一批基地，吸引最优秀的学生投身基础研究。"2023年5月29日，习近平总书记在主持第二十届中共中央政治局第五次集体学习时强调，"建设教育强国，是全面建成社会主义现代化强国的战略先导，是实现高水平科技自立自强的重要支撑，是促进全体人民共同富裕的有效途径，是以中国式现代化全面推进中华民族伟大复兴的基础工程。"选拔、培养拔尖创新人才既是时代赋予教育工作者的新使命，也是中国现代化事业不断发展的重要保障。

从"少年班""基地班""拔尖计划"到"强基计划"，我国已经进行了40多年拔尖创新人才培养的实践探索，虽然还面临着诸多不足和困难，但是取得的成绩是可喜的。整体上，我国拔尖创新人才培养的相关政策与服务国家重大战略需求的结合越来越紧密，与促进教育公平、推动教育相关改革等措施具有一致性。在为国育才的同时，深度实践、探索、创新特殊人才的培养模式，为当下我们大力推进基础教育拔尖创新人才培养提供了很好的基础和宝贵经验。

第二节 拔尖创新人才的教育蕴意

2024年政府工作报告提出"完善拔尖创新人才发现和培养机制"，这一国家战略向基础教育提出了新要求，即在提高中小学生科学素质的基础上，培养有科学家和工程技术人员潜质的青少年，为新时代创新人才培养奠定基础。

一、拔尖创新人才的内涵

1. 拔尖创新人才的定义

"拔尖创新人才"是近年来我国教育领域中的一个重要概念,定义为在各个领域具有突出表现和创新能力的人才。这类人才是推动社会进步和发展的重要力量,也是实现国家战略目标的关键因素。目前,国内学界关于"拔尖创新人才"已有很多论述,但大多进行描述性讨论,尚未形成统一的定义。

2003年,郝克明在《造就拔尖创新人才与高等教育改革》一文中指出,拔尖创新人才是指在各个领域,特别是科学、技术和管理领域,有强烈的事业心和社会责任感,有创新精神和能力,为国家发展作出重大贡献,在我国特别是在世界领先的带头人和杰出人才。此后众多学者结合社会形势和时代背景,不断提出新的定义并揭示拔尖创新人才的时代内涵。

其他研究人员也提出个人见解。如胡国胜认为,拔尖创新人才应具有丰富的科学文化知识、高尚的思想道德修养、较高的创新意识、独立的研究能力和创造精神,能够在某一领域中有较大影响且为社会作出突出贡献。张建红提出,拔尖创新人才的内涵包括具有强烈的事业心和社会责任感、创新精神和实践能力,并能为国家发展作出重大贡献等。

2. 拔尖创新人才的定义解析

分析各种不同的定义,我们不难得出,拔尖创新人才可以从以下几个方面来深度理解:

1)拔尖创新人才的定义包括其内涵和外延

内涵方面,拔尖创新人才应具备较高的综合素质,包括学术能力、实践能力、创新能力、人际交往能力等。外延方面,拔尖创新人才应具有明确的创新意识,敢于突破、勇于实践的品质。此外,拔尖创新人才还应具备强烈的社会责任感和使命感,为国家和社会发展贡献自己的力量。

2)拔尖创新人才的特征

一是具有扎实的知识基础与跨学科的知识视野。这是拔尖创新人才的基础,也是其进行创新活动的前提。只有具备了深厚的理论基础,并能够跨学科地整合知识,才能够在思维上拥有更广阔的创造空间,在解决问题上拥有更多的可能性。

二是具有强烈的创新意识与不断探索的精神。这是拔尖创新人才的核心特质。创新意识可以激发个人的创造潜能,而探索精神则是驱动个人不断前行、不断探索未知领域的重要动力。他们敢于挑战传统观念,勇于尝试新的方法和思路。他们具有前瞻性思维,能够在不断变化的社会环境中迅速适应,找到新的发展机遇。

三是具备良好的团队合作精神和人际交往能力。他们能够有效地与他人沟通，形成合力，共同推动项目或工作的发展。此外，他们还能够在团队中发挥自己的优势，为团队整体水平的提升作出贡献。

四是具有较强的社会责任感。他们关心社会问题，关注国家大局，积极参与公益活动，为改善社会环境和提高人民福祉贡献自己的力量。

五是具有国际化的视野与全球竞争意识。这是拔尖创新人才的重要特质。面对全球化的竞争环境，只有具备国际视野，才能够在全球范围内比较、学习、合作，并能在国际舞台上展示自己的创新能力和成果。

六是具有良好的身心素质与卓越的组织协调能力。这是拔尖创新人才的保障。一个健康的身心状态是进行创造性工作的基础保障，而卓越的组织协调能力则是进行团队合作，将创新想法转化为实际成果的关键。

3）拔尖创新人才与普通人才的关系

拔尖创新人才与普通人才是人才分类中的两个重要概念，明确他们之间的差异和联系，是理解人才发展的重要视角。

拔尖创新人才和普通人才之间的差异主要表现在知识结构、创新能力、综合素质等方面。拔尖创新人才具有深厚的专业知识，能够在专业领域中进行创新性的研究，推动学科的发展。他们具备较强的创新能力，能够在新的领域中进行开拓性的研究，为社会的发展作出重要贡献。拔尖创新人才还具备较高的综合素质，能够在不同的环境中适应和应对挑战。而普通人才相对而言，知识结构较为单一，创新能力较弱，综合素质也较低。他们在专业领域中能够进行常规性的工作，为社会的发展作出贡献，但很难在专业领域中进行创新性的研究，推动学科的发展。

在教育、职业和社会中，拔尖创新人才和普通人才的角色和地位也有所不同。在教育中，拔尖创新人才是教育的重点对象，他们的创新能力、综合素质等方面的培养是教育的重要任务。教育部门应当重视拔尖创新人才的培养，为他们提供更好的学习环境和条件。在职业中，拔尖创新人才是企业和社会发展的中坚力量，他们的创新能力、专业知识和综合素质等方面的优势，使得他们能够在职业领域中发挥重要作用，推动企业和社会的发展。

在社会中，拔尖创新人才是社会进步的重要推动力，他们的创新能力和综合素质等方面的优势，使得他们能够在社会中发挥重要作用，推动社会的进步和发展。

二、中小学拔尖创新人才培养的意义和价值

中小学阶段作为人类生命周期中至关重要的一个发展阶段，对于培养拔尖创新人才具有深远而重大的意义。在这个阶段，通过系统的教育与培养，不仅能够为青少年的综合素质打下坚实基础，而且还能在他们的心中播下创新思维的种子，这对于提升国家的创新能力、推动科技进步、加速经济社会的可持续发展具有不可替代的价值。

中小学是个体心智发展的关键期，是认知能力、情感、态度与价值观快速成长的黄金阶段。在此阶段，通过卓有成效的教育实践，可以有效促进学生创新思维的萌发与培养，为其未来发展打下坚实的基础。通过激发学生的好奇心与探究欲，培养他们的批判性思维能力以及解决问题的独立性和创新性，中学教育能在较大程度上提高未来拔尖创新人才的创新能力与实践能力。

中小学教育在拔尖创新人才培养中的作用是多方面的。它不仅提供了基础的知识学习，还包括思维训练、创新能力的激发与培养。通过多样化的课程设置、开放的学习环境、启发式的教学方法，中学教育能够在无形中培养学生的批判性思维、创新思维和解决问题的能力，这些能力对于未来是否能成为拔尖创新人才至关重要。

中小学教育对拔尖创新人才的培养具有深远的影响。在这个阶段，学生的学习习惯、学习方法、思维方式等都处在形成的关键期。一个鼓励创新、允许失败的教育环境，能够为学生提供一个自由探索、勇于尝试的空间，从而增加他们将来进行创新性研究的可能性。中小学教育的成功案例，如比尔·盖茨、乔布斯等人的早期教育经历，证明了优质的中学教育对于激发学生潜力、培养未来拔尖创新人才的重要性。

同时，中小学阶段的教育与培养不仅是对学生个体负责，更是对国家未来发展的负责。在全球化与信息化的大背景下，国家的创新能力越来越成为决定其在国际竞争中地位的关键因素。为国家培养出更多的拔尖创新人才，既是实现国家长远战略目标的需要，也是应对国际竞争挑战的必然要求。而中小学阶段的教育作为基础教育，为国家的可持续发展提供了人才保障和智力支持。

中小学阶段的拔尖创新人才培养具有深远的社会意义。在快速变化的社会中，创新精神与创造能力已经成为公民的重要素质。中小学阶段的教育不仅可以培养学生的学术能力，还可以通过课程与活动的多样化提升学生的社会责任感、团队协作能力以及国际视野，这些都是社会所需要的综合性素质。

三、学校开展拔尖创新人才培养的关键环节

学校开展拔尖创新人才培养，需要系统构建学校教育体系，形成育人生态，保障育人的可持续性，其关键环节包括以下十个方面：

1. 培根铸魂

拔尖创新人才培养是为国育才，首先就是要解决"根"的问题，即为谁培养人的问题。落实党的二十大报告关于"加快建设教育强国、科技强国、人才强国"精神，在人才培养过程中，首先要加强教师的意识形态建设和师德师风建设，这是解决人才培养的方向问题和动力问题。教师的正能量、干劲、执行力、正确价值观等是育人的关键要素。其次要加强学生及学生家庭的学习目标建设，用正确的成才观、学习行为、人际交往等形成成长的合力，夯实成长的基石。这个过程中，可以通过"红色榜样""科技报国""场馆参观"等系列德育活动，探索新时代德育赋能学生树立努力学习科学、立志报国的初心，激发学生科学兴趣、科学探究，乃至勇攀科学高峰的志向，激发青少年好奇心、想象力、探求欲，培育具备科学家潜质、勇于创新、求真求实的思维品质。

2. 课程赋能

以国家课程校本化建设为突破口，充分利用各级各类政策，搭建学校育人课程体系，满足学生成长需求。以国家课程为基础，夯实成长根基，以特殊课程为方向，提升成长品质。如北京一零一中学教育集团，充分利用国家课程的校本化实施激发学生的学习兴趣，以此为基础，构建数学、人工智能等方向的特殊课程，引导学生在实践中培养志趣。

3. 以研立校

拔尖创新人才培养不是一位教师能解决的问题，需要形成团队，形成合力，共奋斗，"以研立校"是重要策略。在新环境下，搭建"中国教师研修网+全国专家团队+区域专家团队+学校教师团队+数字技术"教研新机制，充分体现"平台赋能、专家启智、学校特色"的线上线下教研新样态，提升教师育人的综合素质和创新能力。

4. 规范制度

做好拔尖创新人才培养工作，前提是要有顶层的制度设计，它为持续高质量推进人才培养计划赋能，这些制度包括对教师的考核评价制度、学生的综合评价制度、办学的目标和定位、拔尖人才培养的制度体系、教师专业化成长体系，以及培优工作的规范要求和管理体系、流程标准等。

5. 建设场馆

结合学校办学特色，搭建学科高端实验室，为学生动手操作提供条件。如建

立当前市场主流的、前沿的新一代理化生高端实验室，利用数字技术建立远程实验、手持技术数字化实验室等，教师利用这些场馆，建立跨学科课程，探索跨学科综合教学，引导学生在真实的情境中研究真实的问题。

6. 强师计划

信息时代，培养创新型教师是培养未来拔尖创新人才的关键路径。对学校而言，在有限的师资队伍里，需要开展创新教师选拔与培养活动，为特殊育人提供可能。创新型教师重构个人的专业素养结构，通过改变传统教学实践，以身作则参与创新，鼓励学生创新，成为学生创新思维的引路人。

7. 文化润心

文化，如同细雨般润物无声，悄然滋养着每一颗渴望成长的心灵。良好的学校文化让学生的心灵得以丰富，情感得以深化，视野得以拓宽；教会学生敬畏自然，珍惜生命；引导学生思考人生，追求真善美；激励学生在面对挑战时坚韧不拔，勇于创新。学校要利用好墙壁、道路、连廊、教室内外等环境，营造良好育人氛围，推动心灵教育。

8. 校家联盟

校家联盟就是以学校为主导，加强学校、家庭之间的合作，共同关注学生的全面发展，形成统一的思想、统一的行动、统一的目标，消除误解和隔阂，增进理解和信任，共同为学生的成长和发展营造良好的环境。

9. 常规筑基

拔尖创新人才培养更应该重视常规，这里的常规包括教师的行为和学生行为。这类学生往往智育方面很突出，在一些常规方面却有懒惰心理、无所谓心理等，养成不好的习惯，不利于学生未来发展，需要强化常规，就是把这些学生当成一般学生，在常规教育上不搞特殊化。承担教育教学任务的教师，要做好教学常规流程与标准，做好备、讲、练、查、考、改（批）、评、纠、研、组、扶（辅）等 11 个字的标准要求，做学生的榜样。

10. 数字助学

数字时代，技术为学生的发展提供多种可能。如云端个性课程、AI 人工智能分析等，生成课堂教学能力测评报告，为学生精准找到不足、改进提升提供帮助。数字实验丰富学生科学探究场景。响应教育信息化 4.0 的政策号召，着眼于当下时代研究热点，学校可以建设以手持技术与远程控制、人工智能、虚拟现实的结合为主的数字化实验教育生态系统，为各类学习提供支持。

第三节 拔尖创新人才培养的新样态

2019年,诺贝尔奖获得者丁肇中在一次演讲中说:"我几乎认识每一位活着的诺贝尔奖获得者,其中考试考第一名的一个都没有,考最后一名的有几个。创新的特点不是他优秀,而是他的想法与众不同,他愿意去尝试……"可见,中学阶段的拔尖创新人才培养不应仅仅局限于知识的传授,更应该注重学生个性的发展、创新能力的培养以及未来发展的可塑性。创新的核心是想象力与创造性思维,这要求中学教育在注重基础知识与技能训练的同时,也要重视跨学科学习、批判性思维与问题解决能力的培育,为学生的终身学习和自我发展奠定坚实基础。学校不应只培育优秀的"模仿演员"、高分的"考霸",而在于培养积极探索的实践者,时时有新思维、新发现、新创造的小小"发现家"。

党的二十大报告再次强调,"加快建设教育强国、科技强国、人才强国,坚持为党育人、为国育才,全面提高人才自主培养质量,着力造就拔尖创新人才,聚天下英才而用之。"在基础教育阶段,用积极创造新质生产力,用改革的力量大力提升基础教育阶段拔尖创新人才培养水平。当然,培养拔尖创新人才,必须遵循规律、科学培养,坚持立德树人根本任务,坚持素质教育导向,坚持"五育"并举,提升学生的综合素质,为学生发挥其特殊禀赋和兴趣爱好创造条件。

北京八中的"素养班"经过40余年的研究和探索,基本构建起了智力超常儿童的甄别、培养和追踪研究三大体系,其中培养体系主要包含德育、体育、课程整合和教学方式改革等四项工程建设,探索了小初、初高的学段贯通培养机制,为当下拔尖创新人才培养奠定了基础。

古人云:"人才之难万冀一,一士其重九鼎轻。"拔尖创新人才培养要贯其脉,通其理,达其效,做到"贯穿""融通""畅达"的有机统一。从人才的成才周期规律看,拔尖创新人才培养需要长时段全方位地滋养沃土、精耕细作、厚植培育,贯通培养成为当下拔尖创新人才新样态。

1. 一以贯之,核心在"一"

建立"幼儿园-小学-初中-高中-大学"各学段相贯通的教育体系,健全大中小学连续性、互补性的课程体系和育人模式,为提升拔尖创新人才素养营造良好的育人环境,凸显育人的"一体化"。

北京一零一中学教育集团近年来进行了积极的探索,以教育集团建设为基础,开展了拔尖创新人才的"一体化"建设,体现在六个方面,包括:全教育集团拔尖创新人才目标的一体化;以初高中为主体,下延幼儿园、小学,上接大学的办学体制一体化;拔尖创新人才培养课程建设一体化;拔尖创新人才课程资源平台建设一体化；校家社育人环境一体化；教师研训一体化。用六位一体整体推进拔尖创新人才全链条培养，体现育人规律，实现高质量育人。

2. 纵横联通，关键在"通"

遵循人的成长与发展规律，"通"包括纵、横两个维度，至少包括五项内容。一是学段通，即幼儿园、小学、初中、高中学制的贯通，突破幼小、小初、初高的学段壁垒，减少一些不必要的重复性训练，让学生的创新思维持续化；二是课程通，充分利用好北京市"课创"行动，依托教育集团，构建贯通的拔尖创新人才培养课程系统；三是系统的管理、评价制度，实现评价育人，保障各个阶段人才成长的规范性、引导性、发展性；四是同学段课程的贯通性，充分体现"五育"融合；五是育人环境通，跨越校内外教育藩篱，中小学、高校、科研机构及企业要相互合作，立体赋能，形成育人共同体，体现鲁迅先生在《未有天才之前》中说的"在要求天才的产生之前，应该先要求可以使天才生长的民众"。

3. 务实畅达，要点在"达"

党的二十大报告中多次出现"造就"人才的表述，并将"培养造就"两词连用。"培养"体现了直接的目标导向，"造就"的着眼点在于优化土壤与环境，突出教育事业的系统性、全局性和多要素互联。任何人才的成就，自然潜能的施展和针对性的努力缺一不可。如何做到"达"，要点在于以下三点：

一是选拔。拔尖创新人才的选育看似仅涉及少部分师生，实则不然。当前多元化的教育和成才方向的多维化，相对比较传统，显然，当前的选拔面向的群体更多。这些需要学校在执行的时候，充分调研学情，规划设计学校选拔的方向，制定选拔方案，做到"多维度，宽入口"的后备人才选拔工作。

二是培养。学校应构建个性化学习指导体系，优选教师，整体设计课程，制定适切的课程实施方案，选择恰当的实施策略，吸引学生，激发学生的好奇心和探求欲，为学生提供完整的成长环境。

三是评价。评价是识别拔尖创新人才的关键要素。人才的成长是个长期、动态的过程，若要实现"拔尖且创新"，离不开人的内驱力。"拔尖"与"创新"两要素是评价的方向指导，也是评价量规设计的主要内容。要把握好"拔尖"与"创新"的度，避免陷入"内卷式"竞争。在评价中，还需要考虑动力、成就等方面的内容。动力由"志"与"趣"两要素构成，"志"即理想，"趣"即自我，三者一外一内，富有张力，二者融合为一是育人的基本逻辑。学生的阶段性成就直接影响学生后续学习动力和学习方向，一份好的评价方案、评价量规和评价反馈，对学生的成长是必要的，积极的。

第二章
拔尖创新人才培养的基础理论

第一节 拔尖创新人才研究述评

在知识经济的大背景下,创新已经成为一个国家或地区综合实力的重要标志。我国当前社会经济的发展对人才的需求正经历着深刻的转型,只有建立良好的拔尖创新人才培养生态,才能在国际市场上保持竞争力,实现可持续发展。中小学阶段是培养学生综合素质的关键阶段,也是激发学生创新意识和创新能力的重要时期,面对这样的人才需求,教育的目标也应相应地进行调整。通过改革现有的人才培养模式,强化创新能力的培育,建立拔尖创新人才的培养,这是一个系统工程,应积极回应时代对人才需求的号召。

一、拔尖创新人才的概念

在我国,拔尖创新人才的培养一直是教育和科研的重点。早期的政策文件和学者的论述中,已经有了对这一概念的深入探讨。例如,党的十六大报告中提出要"造就一大批拔尖创新人才",这标志着政策层面对拔尖创新人才的高度重视。随后的研究多集中于如何选拔和培养这样的人才,以及他们应具备的素质和能力。

具体来说,不同的学者对拔尖创新人才的理解有所差异。一些学者强调创新精神和创造意识,将其定义为能够通过创新思维取得成果的人才。另一些学者则将重点放在了这些个体在科学、技术和管理等特定领域的表现,认为这些人才不仅需要有强烈的事业心和社会责任感,还应当能在国际舞台上产生影响。

国际上,拔尖创新人才的培养也是一个重要议题。在西方国家,教育和研究机构也非常重视创新型人才的培养,但它们的定义可能与国内的有所不同。例如，一些国家可能更注重创新思维的培养，而另一些国家则可能更注重创新成果的产出。此外，国际合作项目和跨国研究也为拔尖创新人才的定义和理解带来了新的视角。

根据 Heller 在 2000 年的定义，拔尖创新人才是指在特定学科领域表现突出的个体，他们能够运用创新和创造性的方式解决复杂的问题，并且他们的成就能被广泛认可，同时具备一定的国际竞争力。这一定义强调了这些人才的创新精神和他们在全球范围内的影响力。

郝克明在 2003 年的定义中，将拔尖创新人才描述为那些在科学、技术和管理等领域具有强烈事业心和社会责任感的个体，他们拥有创造力和创新能力，能够为国家的发展作出重大贡献，成为国内外的领导者和杰出人才。

张秀萍在 2005 年的研究中，将拔尖创新人才界定为具有高层次创造性的科学研究者、具有高技术创新才能的应用研究者，以及在某一专业领域拥有特长的高级专门人才。她进一步指出，这些人才的基本素质包括合理的知识结构、较强的创新能力和实践能力，以及良好的非智力因素。

综合上述学者的研究，我们可以将拔尖创新人才定义为在某一学术领域或专业技术领域内具有超群的专业素质和杰出的创新能力的人才。他们不仅拥有深厚的理论基础和专业知识，而且具备创新意识、创造性思维、系统思考能力、融会贯通的学习能力，并且拥有健全的人格修养。这些人才能够在工作与生活中展示出积极性、主动性、前瞻性和敏感性，他们的创新成果不仅能够促进自身领域的发展，也能对社会产生积极的影响。

在中小学层面，对拔尖创新人才的研究和讨论同样重要。在中小学阶段，培养学生的创新意识和创新能力是至关重要的。通过各种教育实践活动，如科学探究、创新实验、编程设计、科技竞赛等，激发学生的好奇心和创造力，帮助他们建立起广博的知识结构，培养他们的创新思维和实践能力，为未来的学术或产业领域的发展打下坚实的基础。同时，通过多样化的课程设计和学习方式，激发学生的学习兴趣，培养他们的系统思考能力和学习能力，为他们的终身学习和自我发展奠定基础。通过这些方式，中小学可以有效地识别和培养未来的拔尖创新人才。那么，教育者和政策制定者需要考虑如何在基础教育阶段为学生提供适宜的学习环境和多元的学习路径，以激发他们的创新潜能，包括鼓励学生的创造性思考、团队合作以及解决复杂问题的能力。

总的来说，拔尖创新人才的定义和理解是多元化的。它受到文化、经济发展水平、教育体系以及全球科学技术发展趋势等多种因素的影响。不同国家的教育与研究机构在寻求最佳实践的同时，也在不断地调整和完善自己的策略和方法，以适应不断变化的全球创新趋势和国家发展需求。

二、国内外对拔尖创新人才研究的主要观点和理论

1. 国内外对拔尖创新人才研究的主要维度

在对中小学拔尖创新人才的研究中，国内外学者的主要观点和理论可以归纳为以下几个方面：

1）拔尖创新人才的定义与特征

学者们认为，创新型人才应具备的特质包括创新精神、创新能力、灵活开放的个性、精力充沛、坚持不懈、注意力集中、想象力丰富以及冒险精神。拔尖创新人才则在此基础上，还应有强烈的事业心、社会责任感，并能为国家发展作出重大贡献。

2）拔尖创新人才的选拔与培养

我国不同发展阶段的拔尖创新人才培养实践，展示了从改革开放后的辉煌发展阶段到新时期的调整后的发展，教育体系和政策的变革对拔尖创新人才培养的影响，包括选拔方式的更新，如智商测试外的多元化评价体系，以及个性化、创新性的教育培养模式。

3）非智力因素的作用

专家认为，在拔尖创新人才培养过程中，强调非智力因素在人才发展中的重要性。如个体动机、兴趣、自信、独立性、好奇心等对个人的创新能力和发展起到关键作用，素质教育的推广也被视为培养拔尖创新人才的关键途径。

4）教育环境与支持的重要性

创建支持的环境氛围和教育模式对拔尖创新人才的成长至关重要，包括教学资源、实验设备、创新平台以及相应的支持服务等。

5）拔尖创新人才培养的历史演变

我国拔尖创新人才培养经历了三个发展阶段，不同阶段中国家实施了相应的教育改革和政策，如少年班的创立、素质教育的推广以及"六卓越一拔尖"计划（即"六卓越一拔尖"计划2.0，是指卓越工程师教育培养计划2.0、卓越医生教育培养计划2.0、卓越农林人才教育培养计划2.0、卓越教师培养计划2.0、卓越法治人才教育培养计划2.0、卓越新闻传播人才教育培养计划2.0、基础学科拔尖学生培养计划2.0）的提出，对拔尖创新人才培养方式进行不断优化和创新。

2. 国内外对拔尖创新人才理论研究的异同

在对比国内外关于中小学拔尖创新人才的理论研究时，我们可以发现一些共通之处和差异。在解读这些内容时，我们需要注意的是，不同国家的教育体系、文化背景、价值观以及对创新的定义等因素都会影响到理论研究的方向和

重点。

1) 共通性

一是无论是在国内还是国外,拔尖创新人才的定义都被看作是重要的教育目标。这意味着无论是在哪个国家,相关的教育政策和课程设计都会尽可能地培养学生的创新能力,鼓励学生去质疑、探索和创造。

二是对于拔尖创新人才的培养,国内外的研究都强调了除智力因素以外的非智力因素的重要性,如创新精神、团队合作、实践能力等。

2) 差异性

一是体现在定义上。一些国外的研究可能更强调创新的全球性和综合性,而国内的研究则可能更注重与国家发展战略的紧密结合。例如,我国的拔尖创新人才培养更多的是与国家创新驱动发展战略相结合,强调为国家的科技发展培养人才。而在国际上,拔尖创新人才培养可能更多的是从全球化的视角出发,强调国际合作与交流。

二是体现在实际操作层面上。例如,在选拔和培养方式上,我国的一些研究提出了"拔尖创新人才早期发现、早期培养"的策略,强调利用好中小学生的黄金发展期。而国外的一些研究则可能更注重在高等教育阶段的创新能力培养,或者强调项目式、探究式的学习方法。

三是体现在拔尖创新人才的评价体系上。我国的研究可能更注重结果导向,即通过学科竞赛、科研项目等形式来评价和选拔拔尖创新人才。而国外的评价系统可能更加多元和全面,不仅包括学术成就,还包括学生的创新思维、领导力等软实力的评价。

显然,国内外关于中小学拔尖创新人才的理论研究虽有共通之处,但在理论的定义、操作策略以及评价体系等方面也存在显著的差异,这些差异反映了不同国家的教育目标、文化价值观以及对创新的理解和重视程度。

3. 国内外对拔尖创新人才培养模式的研究

关于拔尖创新人才培养模式的研究,许多国家的高等教育机构及政府都制定了相应的策略和政策,以吸引、培养和保留拔尖创新人才。

美国的 STEM(科学、技术、工程、数学)教育是培养拔尖创新人才的重要途径。美国政府和教育机构通过提供奖学金、研究资助等方式,激励学生和学者在 STEM 领域发展。同时,美国大学的本科教育注重通识教育和研究经历的结合,通过参与教授的研究项目、实习等方式,培养学生的创新能力。

欧洲许多国家也重视拔尖创新人才的培养,如德国的双元制教育体系,既强调理论学习,也强调实践技能的培养,这种模式对于培养拔尖创新人才尤为有效。

我国的情况稍有不同，出于历史原因，我国的基础教育和高等教育体系都比较强调应试教育，这在一定程度上限制了拔尖创新人才的早期识别和培养。进入21世纪以来，我国开始大力推进素质教育和拔尖创新人才的培养。以"强基计划"为代表的一系列教育改革措施，旨在通过改革教育教学模式、加强实践和创新能力，培养符合新时代需要的拔尖创新人才。

具体来说，国内外培养模式研究的差异性主要体现在以下几个方面：

一是在培养理念上，国外的拔尖创新人才培养模式更强调研究性、实用性以及个性化的教育。例如，德国强调学生的职业导向和实践能力的培养，欧美的教育模式更倾向于促进学生的主动学习和创新思维。相比之下，我国的拔尖创新人才培养模式更侧重于基础学科的深入研究和理论基础的打牢。"强基计划"等都强调了基础学科的深耕细作和高标准的学术要求，这种模式更强调系统的知识结构和扎实的学术训练。

二是在实施方式上，国外的培养模式往往更加灵活多样。国外比较开放，强调为学生个性化发展提供充分的空间；而国内的培养方式则更倾向于系统性、计划性的课程设置和相对固定的培养计划。

三是在评价体系上，国外的评价体系通常与课程体系紧密结合，能够及时反映学生的学习状况和成长轨迹，从而为个性化指导提供依据；而国内的评价体系往往更关注学生对既定知识和技能的掌握程度，评价方式相对标准化，这与中国的教育环境和评价文化有关。

四是在支持环境方面，国外有更为完善的创新文化建设和更加开放自由的创新氛围，这有利于拔尖创新人才的成长；而在我国，尽管近年来也在不断地推进教育改革，建设类似的创新教育平台，但这样的环境建设和创新文化的营造仍在进行中，与国际先进水平存在一定差距。

我国的拔尖创新人才培养模式在基础学科的深入研究和系统的知识训练方面具有独特的优势，而在创新能力的激发、个性化教育的实施以及创新环境的建设上还有较大的提升空间，未来的研究和实践需要在这些方面不断探索和优化，以更好地适应全球化竞争和经济发展的需要。

4. 国内外对拔尖创新人才评价和选拔的研究

评价和选拔拔尖创新人才的方法和标准是多元化的，不同的国家会根据自身的需求和教育体系的特点来进行人才的选拔。

1）不同国家有不同的评价方法和量规

例如，经济合作与发展组织（OECD）的国际学生评估项目（PISA）通过数学、阅读和科学三个领域的标准化测试来评价3~16岁学生的基础学力和潜能，这种方式虽然不是专门针对拔尖创新人才的选拔，但它提供了一种相对客观的方法来识别在某些关键领域表现优异的学生。

美国的国家教育进展评估（NAEP）也是一个被广泛认可的评价体系，它通过标准化测试来衡量学生在数学、阅读和科学等领域的学术表现。这些评价系统的建立，为识别和选拔那些在某些领域表现优异的学生提供了标准化和系统化的流程。

我国的教育体系对拔尖创新人才的选拔也有自己的方式。例如，中国教育部基础教育质量监测中心实施的国家教育质量评价，以及北京市等地方的学业水平监测，都是旨在通过大规模的学业水平测试来评估学生的学业水平，其中自然也包括对那些表现出色的学生进行识别和选拔。

不过，无论是在国内还是国外，大规模学业监测在拔尖创新人才的选拔上都面临一些挑战。首先，由于测试的性质更偏向于检测大多数学生是否达到基础水平，这可能导致无法充分识别那些真正具有特殊才能和创新潜力的学生；其次，大规模学业监测的数据虽然为教育决策者提供了一个宏观的视角，但如何精确地从这些数据中识别和分类拔尖学生，以及如何将其与一般人才区分开来，仍然是需要进一步研究和完善的问题。

2）不同国家的评价和选拔的特点不同

在对比国内外关于拔尖创新人才的评价和选拔的特点时，我们可以发现几个显著的区别点与相似点：

一是在评价标准方面，国际上特别是在发达国家，拔尖创新人才的评价往往更为全面和客观，不仅仅侧重于学术成就，还包括了创新思维、团队合作、领导力以及社会责任感等综合素质。例如，美国的 STEM（科学、技术、工程和数学）教育体系中，对于学生的评价不仅包括了学术成绩，还包括了项目参与、实践操作、创新思维的培养等方面。而国内的评价体系传统上更重视学生的学术成绩，但近年来也开始逐渐重视学生的创新能力、实践技能等非智力因素。

二是在选拔方式上，国际上的选拔方法更为多样化，包括了标准化测试、综合性评价、项目式评估等多种方式，并且强调个性化的成长路径和多元智能的发展。例如，美国的大学招生过程中，通过如 SAT、ACT 等标准化考试来评价学生的学术能力，同时也通过 SAT 主题测试、AP 课程等方式评价学生的特定学科能力和学习进度。此外，还通过课题项目、创新实验等方式来选拔和培养学生的创新能力。我国的选拔方式则相对传统且统一，以高考成绩为主，辅以各类竞赛成绩和特长生加分项，特别是在高考招生中体现得较为明显。近年来，随着素质教育的推广，高考改革也在试图通过如新高考改革的"3+3"模式来评价学生的能力和兴趣，但在操作层面上，这种改革的成效和影响力还有限。

综上所述，国内外关于拔尖创新人才的评价和选拔研究各有特点，反映了不同的教育理念和社会需求。随着全球化进程的深入和教育理念的不断更新，未来对于拔尖创新人才的评价和选拔研究将更加注重多元智能的发展、创新能力的培养以及个性化成长路径的构建。

第二节 拔尖创新人才培养的基础理论

在探讨中小学阶段拔尖创新人才培养的理论基础时，我们可以从教育心理学、教育经济学、人力资源开发以及创新教育等多个理论视角进行分析。这些理论为我们提供了关于如何高效、系统地培养学生的创新能力和综合素质的科学指导和实践指导。

一、教育心理学理论

教育心理学是研究人的学习过程和学习规律的科学，在拔尖创新人才培养中，教育心理学的应用主要体现在了解学生的认知发展水平、学习策略、动机机制等方面。通过教育心理学的原理，教育者可以设计适宜的教学方案，激发学生的学习兴趣，优化认知过程，提高学习效率，从而为拔尖创新人才的成长创造良好的内在条件。

教育心理学强调了个体的发展差异。根据加德纳的多元智能理论，学生的学习能力、创新思维和解决问题的能力都是多方面的，这要求教师认识到每个学生的独特天赋和强项，并据此设计个性化的教学方案。例如，一些学生可能在数学逻辑方面表现出色，而另一些学生则可能在艺术或语言艺术上更有才华，教师可以根据这些特点提供不同的挑战和支持，以帮助每个学生最大化释放潜能。

教育心理学的学习风格理论对拔尖创新人才的培养有重要影响。学习风格是指学生以何种方式（视觉、听觉、动手操作等）最有效地接收新信息。通过了解学生的学习风格，教师可以调整教学策略，使用更加吸引学生的教学方法，如项目导向学习、合作学习和问题解决学习，提升学生的主动学习能力和创新思维。

教育心理学的情感发展理论强调了积极情感在学习过程中的重要性。积极的情绪状态可以增强学生的内在动机，激发创新精神。因此，创建一个充满鼓励、支持和肯定的学习环境对于激发学生的创新潜能至关重要。教师可以通过积极的反馈鼓励学生进行探索和自主学习，通过错误中学习等方法来培养学生的创新精神。

教育心理学的成就动机理论对拔尖创新人才的培养有指导意义。根据这一理论，内在动机比外在激励对学生的长远发展更具影响力，因此，教育者应当培养学生的内在动机，鼓励他们为自己的成长和创新成果负责。这意味着教师应当设定具有挑战性但同时又能够实现的目标，以激励学生不断追求卓越。

教育心理学的元认知理论是培养拔尖创新人才的有力工具。元认知是指学生对自己的认知过程的认识和控制能力。通过培养学生的元认知能力，使其能够有效地规划、监控和评估自己的学习过程，更加自主地进行学习，这对于培养其创新精神至关重要。

二、教育经济学理论

教育经济学理论可以帮助我们从成本效益分析的角度审视拔尖创新人才的培养。教育经济学强调教育投资的回报与效率，这要求我们在培养过程中进行科学的资源配置和效果评估。通过成本-效益分析，可以优化教育资源的分配，提高教育资源的使用效率，确保有限的教育资源得到最大限度的利用，从而培养出最具价值的拔尖创新人才。

教育经济学理论强调教育投入与产出的经济合理性和效率问题。通过成本-效益分析，我们可以更加科学地规划和执行拔尖创新人才的培养项目。例如，通过合理配置教育资源，优先支持那些有可能带来较高社会和经济回报的项目，确保每一分投入都能够产生最大的培养效益。

在拔尖创新人才培养中，我们不仅要关注即时的培养效益，更要重视学生未来的发展潜力和社会贡献。通过建立长远的教育投资回报模型，我们可以更加客观地评估和监测教育投资的效益，从而不断调整和优化培养策略，对拔尖创新人才培养产生长远影响。

在拔尖创新人才培养中，了解和预测社会对高级人才的需求，可以帮助我们更好地调整教育计划和培养方向，引导学生做好学业规划，提升学生未来的社会竞争力。这就要求学校要根据国家战略、学生成长需要做好教育资源配置，平衡好教育的内外部矛盾。在追求拔尖创新人才培养的同时，我们不应忽视教育资源的公平分配。通过合理的政策安排，确保不同社会群体和地区都有机会参与到高质量的教育活动中，这不仅是社会公平的要求，也是拔尖创新人才培养的重要基础。

三、人力资源开发理论

人力资源开发理论为拔尖创新人才培养提供了组织层面的视角。该理论关注的是如何通过教育和培训提升劳动力的整体素质和创新能力。在中小学的教育实践中，可以借鉴人力资源开发理论的原理，通过建立科学的人才培养体系、完善的评价激励机制和持续的能力提升路径，为学生的全面发展和创新能力的提升提供组织保障。

在拔尖创新人才培养中，人力资源开发理论的应用主要体现在以下几个方面：

一是教育与培训。人力资源开发理论强调通过教育与培训提升个体的知识、技能和创新能力。对于拔尖创新人才的培养，这意味着不仅要提供传统的学科知识教育，还要注重跨学科的综合素质培养，以及创新思维和实践能力的培育。通过案例教学、项目式学习、研究性学习等多样的教学方法，激发学生的学习兴趣和创新精神。

二是个性化发展。基于人力资源开发理论，个性化的教育路径是培养拔尖创新人才的重要策略。这要求教育者深入了解每个学生的特点、兴趣和潜力，因材施教，为每一个学生提供适合其个性化发展的教育资源和支持。

三是持续的学习和专业发展。人力资源开发理论认为，个人的学习和发展是一个持续的过程。因此，对拔尖创新人才的培养也是一个动态的、持续的过程，需要不断地更新知识、提升技能和完善人格。这要求建立起终身学习的机制和平台，鼓励学生持续地进行自我学习和探索。

四是优化学习环境。人力资源开发理论强调良好的学习和工作环境对个人发展的重要性。对于拔尖创新人才的培养，需要营造一个开放、自由、包容、合作的学习环境，让学生在这样的环境中敢于质疑、勇于探索、乐于创造。

五是评价与激励。有效的评价体系和激励机制是人力资源开发的重要组成部分。在拔尖创新人才培养中，需要建立多元化的评价体系，不仅评价学生的知识掌握和学术成就，还要评价学生的创新能力、团队协作和社会贡献等综合素质。同时，通过奖学金、研究资助等多种激励方式，鼓励学生发挥潜能，追求卓越。

四、创新教育理论

创新教育理论为拔尖创新人才培养的实践提供了理论指导和方法论。创新教育强调培养学生的创新意识、创新思维和创新能力，它主张通过项目学习、问题解决、创新实验等教学模式，激发学生的创造性思考，培养学生的问题解决能力和创新实践能力。在实施拔尖创新人才培养时，可以结合创新教育理论，设计和实施富有创意的教育活动，为学生的创新潜能提供充分的释放空间。

从多个角度来看，创新教育理论不仅为拔尖创新人才的培养提供了理论基础，也为实践活动提供了价值导向和方法论的指引。

一是创新教育理论强调培养学生的创新意识和能力，这与拔尖创新人才的特点高度契合。拔尖创新人才需要的不仅仅是扎实的知识基础和专业技能，更重要的是具有创新思维和探索精神，能够在新知识的发现、新技术的开发、新方法的应用中起到引领作用。因此,创新教育理论为培养这类人才提供了重要的价值导向。

二是创新教育理论提倡多样化的教学方式和个性化的学习路径,鼓励学生的主动探索和独立思考。在拔尖创新人才培养中,这意味着需要打破传统的填鸭式教学,通过项目式学习、问题解决、团队合作等方式,激发学生的学习兴趣,提升他们发现问题和解决问题的能力,这有助于学生在学术和实践领域进行创新性探索。

三是创新教育理论提倡的教育环境的创新,也为拔尖创新人才的培养提供了实践的空间。这包括但不限于:提供充足的学术资源,创造宽松自由的学习氛围,搭建跨学科的交流平台等。这样的环境有利于激发学生的创新潜能,促进他们的个性化成长。

四是创新教育理论的应用还包括对现有教育体系和机制的改革。例如,北京市一零一中学构建"学校+书院"的双轨育人体制,为拔尖创新人才的培养提供了新的思路和实践平台。这种体制的创新不仅优化了管理结构,也为学生提供了更为广阔的学习和发展空间。

想在中小学阶段成功培养拔尖创新人才,需要以育人理论为指导,从更新教育理念、变革教学方式方法、深化各种教育资源育人合力建设、争取政策支持等多方面入手,共同营造有利于拔尖创新人才成长的教育环境和社会氛围。

第三节 拔尖创新人才培养的模式与经验

科学的培养模式,可以为学生提供更多元化的学习路径,激发他们学习的主动性和创新精神,有助于培养他们的批判性思维和问题解决能力。探索和建立拔尖创新人才的培养模式,发现并解决现有教育模式中存在的问题,实现教育的精准化、个性化发展,使每一个学生都能在最适合他们的环境中成长为国家的栋梁之才,是对我国教育体制的一种完善和优化。在不断深入研究和实践的过程中,我们期望构建出一套符合国情、富有创新精神和实践能力的人才培养模式,为我国的未来发展奠定坚实的人才基础。

一、我国中小学拔尖创新人才培养的常见模式

自中华人民共和国成立以来,我国中小学开始探索和实践了多种培养拔尖创新人才的模式与经验,并取得了一定的成绩。各地中小学以"素质教育"和"因材施教"作为核心教学理念,通过开设各类特色班、创新班以及成立 STEM 教育实验室等方式,为学生提供了多样化的学习路径,激发和培养学生的创新意

识和创新能力。在课程设置上，除了传统的文化课程，创新课程和综合实践活动也被赋予了更高的比重，以期通过多样化的学习经历，发现和培养具有创新潜质的学生。

同时，一些地区和学校充分利用在地教育资源，通过与高校、科研机构的合作，建立了"校对校"的合作模式，学生可以有机会直接接触科研项目，参与实际的科研活动，从而在真实的科研环境中培养创新能力。

无论是哪种外在的组织形式，学生学习模式主要包括课题研究、科技创新、社会实践以及艺术素养培养等方面。这些模式不仅充分考虑了学生的个性化发展，同时也符合当前教育的发展趋势，旨在培养学生的创新意识和创新能力。

课题研究是一种以问题为中心的学习方式，它鼓励学生在教师的指导下，针对具体问题进行独立的探索和研究。这种模式能够提高学生的独立思考能力和问题解决能力，同时也能够激发学生的学习兴趣，培养他们的科研兴趣和科学精神。在这个过程中，学生可以通过查阅资料、实验操作、数据分析等科学方法，深化对知识的理解和应用。

科技创新模式则是将科学探究的过程与创新能力的培养紧密结合起来。在这种模式下，学生需要在教师的引导下，运用科学原理解决实际问题，设计并实现创意作品或产品。例如，可以是设计一个小型科学实验，也可以是开发简单的技术产品。这样的教育模式不仅锻炼了学生的实际操作能力，而且锻炼了他们的创新思维和团队协作能力。

社会实践是指让学生走出校园、深入社会，通过亲身体验的方式，了解社会需求，培养责任意识和社会责任感。这类活动包括参观企业、工厂，进行志愿服务，或者参与社会服务项目。通过社会实践，学生可以将课堂上学到的理论知识与社会实际相结合，提高解决实际问题的能力，同时也能够增强人际交往能力和社会适应能力。

艺术素养培养则是通过音乐、美术、舞蹈等艺术形式的学习，来提高学生的审美能力和创造力。艺术教育可以培养学生的创造力、想象力以及对美的独立思考能力，促进学生全面发展。在艺术的创造过程中，学生可以发现自我、表达自我，从而增强自信心和自我认同感。

二、我国中小学拔尖创新人才培养模式的实践与经验

1. 北京市拔尖创新人才培养模式实践与经验

北京市在培养拔尖创新人才方面的实践与经验是我国教育改革的一个重要案例。随着教育的国际化发展，北京市对教育结构和人才培养模式进行了深入探索和实践，以适应新时代对拔尖创新人才的迫切需求。

北京市的拔尖创新人才培养模式主要体现在以下几个方面：

一是实施"拔尖计划"。北京市依托优质教育资源，启动了"拔尖计划"，旨在培养具有国际视野、创新精神和实践能力的优秀青年。这一计划通过选拔具有特殊才能和创新潜力的学生，为他们提供跨学科的学习和研究机会，使他们能够在各个领域进行深入探索和创新实践。2023年，北京市建立了"北京市青少年创新学院"，在小小科学家、科学人俱乐部等拔尖创新人才培养平台的基础上，进一步扩大了拔尖创新人才培养的范围。

二是改革课程体系。为了使学生能够全面发展，北京市的一些学校对传统的课程体系进行改革，增加了跨学科的课程，如STEAM（科学、技术、工程、艺术、数学）教育、创新创业课程等，以激发和培养学生的创新意识和创新能力。课程改革的同时，也注重对学生批判性思维、创造性思维的培养，以及团队协作能力的提升。

创新评价机制。在人才培养过程中，北京市注重构建多元化的评价体系，不仅评价学生的知识掌握程度，更重视学生的创新能力、实践能力和社会责任感。这种评价方式更贴近拔尖创新人才的培养目标，也更有利于激发学生的内在动力。

通过以上措施的实施，北京市的拔尖创新人才培养工作取得了显著成效。学生的创新意识和创新能力得到了有效提升，在各自领域内取得了一系列创新成果，不仅推动了学术研究的发展，也为区域经济发展作出了积极贡献。北京市的经验表明，构建多元化的教育生态、建立校企合作平台、改革课程体系和创新评价机制是培养拔尖创新人才的有效途径。

2. 上海市拔尖创新人才培养模式实践与经验

上海市的教育理念和政策导向一直强调拔尖创新人才的重要性，在拔尖创新人才的培养模式上进行了诸多有益的探索与实践。

上海市在基础教育阶段便开始重视学生的创新能力和综合素质的培养。例如，通过STEM教育的推广，激发学生的科学兴趣，培养其解决问题的能力。此外，还通过开展各种竞赛，如数学、物理、化学和信息技术竞赛，来选拔和培养具有创新潜质的学生。

进入高等教育阶段，上海的一些高校也进行了拔尖创新人才培养的有益尝试。例如，上海交通大学的"交大—宝钢"联合培养模式，就是产学研结合的一个成功案例。该模式将学生的理论学习与企业的实践经验相结合，通过"双导师"系统，让学生在大学期间不仅学习到扎实的理论基础，还能通过在企业的实习和项目研究，提升自己的实践能力和创新能力。这种模式不仅增强了学生的就业竞争力，也为企业提供了急需的创新型技术人才。

此外，上海还探索校际合作与交流，通过建立更广泛的教育合作网络，推动拔尖创新人才的培养。

在上海市的拔尖创新人才培养模式中，一个重要的经验就是将理论与实践紧密结合，通过多元化的教育和培养方式激发学生的创新潜能，并提供多元化的学习和实践平台，让学生在不同的环境中培养出宽广的知识视野和强大的创新能力。这种全方位、多层次的培养机制，为其他地区提供了有益的借鉴与参考。

3. 陕西省拔尖创新人才培养模式实践与经验

在拔尖创新人才的培养方面，陕西省也不断探索和实践，形成了具有一定特色的培养模式。

一是陕西省高度重视基础教育阶段的拔尖创新人才培养。这体现在各地市对中小学生科学教育的投入和重视，鼓励学生参与科技创新竞赛，如"NOC中国数学奥林匹克""全国物理奥林匹克"等，通过这些竞赛激发学生的创新意识和学习兴趣。同时，一些学校建立了少年科学院、创新实验班等特色班级，通过项目化学习、研究性学习等教学模式，培养学生的科学探究能力。

二是陕西省在高等教育阶段也进行了积极探索。例如，西安交通大学依托在材料科学、能源科学等领域的研究优势，建立了"钱学森创新实践基地"，专门为本科生提供科研训练的机会，旨在培养具有创新精神和实践能力的高端人才。同时，西安交通大学还与企业合作，建立了"企业创新实践基地"，让学生有机会参与实际工程项目，将理论知识与实践技能相结合。

三是陕西省还注重国际化教育的发展，鼓励学生通过国际学术交流与合作项目，提升自身的国际视野和创新思维。如某些高校的交换生项目，国际合作的科研项目等，都为学生提供了广阔的国际视野和学习机会。

四是陕西省在拔尖创新人才的培养上不断创新，形成了包括基础教育阶段的创新能力培养、高等教育阶段的科研训练与企业合作、高校与科研机构的合作以及国际化教育等多样化的培养模式，这些经验和做法为其他地区的相关工作提供了宝贵的借鉴和启示。

基础教育阶段是培养学生创新思维的黄金时期。无论哪种模式，应注重学生思维的开发和创造能力的激发，注重人才培养的系统性、贯通性，注重学生知识的积累与思维训练和创新能力培养并重，积极推广个性化教育和跨学科学习，通过问题导向的学习、项目式学习和探究式学习等教学模式，有效地激发学生的学习兴趣，提高其内在动机，让学生在解决实际问题的过程中主动学习和思考，从而提高其解决问题的能力和创新思维，这也是拔尖创新人才培养的基石。

第三章
培养拔尖创新人才的课程情愫

第一节　实践探究与拔尖创新人才培养

在传统的中小学教育模式中，知识传授往往是教育的主要方式，这导致教育过程中存在着"填鸭式"的教学现象，学生的学习主动性和创造性得不到充分发挥。然而，随着社会的快速发展和经济的全球化，单一的知识传授已不能满足新时代对拔尖创新人才的需求。因此，如何在基础教育阶段培养学生的实践能力和创新精神，成为教育改革的重要课题。实践探究教育的兴起，为中小学教育提供了新的发展方向。这种教育模式强调学生的主体地位，鼓励学生主动参与、主动探究、主动创造，通过解决实际问题来提升其综合素质。实践探究教育的核心在于"学以致用"，即通过将所学知识与实际问题结合起来，让学生在解决问题的过程中学习知识、培养能力、形成创新思维。

一、中小学实践探究教育

中小学实践探究教育在我国的发展历程是一个不断创新和深化的过程。从最初的实践教学到现在的更为强调学生主动探究、自主学习的实践探究教育，其发展过程体现了我国教育理念的进步和对学生综合素质培养的重视。

早期的实践教学主要集中于基本技能的培养和实际操作能力的提高。这种教学模式注重于通过大量的操作练习，使学生能够掌握一定的技能，为今后的学习和生活打下基础。在这种模式下，学生的学习往往是被动的，主要是重复和模仿，缺乏对知识的深入理解和探索。

随着社会的发展和教育理念的进步，人们逐渐认识到传统的填鸭式教学模式已不适应现代教育的需求。在此背景下，我国的教育体系开始进行改革，以培养学生的创新精神和实践能力为核心的实践探究教育模式逐渐兴起。

进入 21 世纪以来,随着科技的飞速发展和社会对拔尖创新人才的迫切需求,实践探究教育的重要性更加突出。国家层面高度重视中小学生的综合素质培养,相继出台了一系列政策和措施,支持和鼓励学校开展实践探究教育活动,如"素质教育实施方案""创新人才培养实验区"等,这些都为实践探究教育的发展提供了良好的外部条件。

同时,教育实践中也出现了大量的创新实践活动,如科技创新竞赛、社会实践活动、创新实验项目等,这些活动不仅丰富了学生的学习经历,也极大地激发了学生的学习兴趣和创新激情。教师的角色也由知识的传授者转变为学生学习的引导者和促进者。

我国中小学实践探究教育的发展历程是一个从实践到探究再到创新的过程,其发展不仅反映了教育模式的创新,也体现了国家对于培养拔尖创新人才的高度重视。实践探究教育注重于培养学生的独立思考能力、问题解决能力和创新能力,强调以学生为中心,鼓励学生主动提出问题、设计实验、收集和分析数据、解决问题,并在此过程中培养学生的合作精神和团队意识。这种模式下,学生从被动的知识接受者转变为主动的知识探索者,教学过程也由过去的以教师为中心转变为以学生为中心。

二、我国中小学实践探究教育的现状

当前,我国中小学实践探究教育虽然已经得到广泛的重视和应用,但是在实际操作过程中,还存在着一系列的问题和挑战,这些问题主要体现在以下几个方面:

实践探究教育的实施缺乏系统的支持体系。在中小学教育中,对于实践探究教育的资源投入、课程设置、教师培训以及教学评估等方面,尚未形成一套完善的支持体系,导致教师在进行实践探究教育中,可能会因为缺乏系统的指导和资源的支持而感到无所适从。

教师的专业素养水平参差不齐,影响了实践探究教育的质量。并非所有的教师都具备引导学生进行实践探究的能力,而且教师的专业知识更新换代也无法满足实践教学的需求,这限制了实践探究教育的深入开展。

学校的教学硬件条件存在差异,尤其是城乡之间的差距,限制了实践探究教育的普及和深入。一些乡村学校可能缺乏必要的教学器材和实验设施,这对于需要具体实验设备的实践探究活动来说是一个很大的障碍。

此外,学生的个体差异也是实践探究教育面临的一个挑战。不同的学生在实践活动中的接受程度和适应性存在差异,这要求教师要有更多的耐心和灵活性去指导每一个学生。

当前的教育评价体系以笔试成绩为主,这与实践探究教育注重的过程和能力的培养形成了矛盾。这种单一的评价方式影响了实践探究教育的评价体系建设,也限制了其在更大范围内的推广和实施。

尽管我国中小学实践探究教育的推广已经取得了一定的进展,但在实际操作中的有效性和广泛性仍然受到限制。要想进一步推动实践探究教育的发展,需要从系统的支持体系建设、教师专业素养的提升、硬件条件的改善、学生个体差异的适应以及评价体系的多元化等方面进行综合改革和优化。

三、实践探究与拔尖创新人才培养的关系与作用

实践探究与拔尖创新人才培养之间的关系是紧密且复杂的。实践探究教育不仅仅是一种学习方式,还是培养学生创新精神与实践能力的重要途径。通过实践探究,学生能够把理论知识与实际问题结合起来,通过"做中学"的方式,不仅能够加深对知识的理解和应用,还能激发创新思维和提高解决实际问题能力。

实践探究教育强调以学生为中心,通过动手操作和实际操作的方式,让学生在实践中学习、在学习中实践。这种方式可以有效地促进学生的主动学习,激发学生的学习兴趣,使学生的学习更具主动性和创造性,与传统的灌输式教学形成鲜明对比。实践探究教育强调学生的主体性和探究性学习,在实践探究的过程中,学生不再是被动的信息接收者,而是主动的问题解决者,他们需要提出问题、设计解决方案、实施方案,最后评估结果,这个过程培养了学生的独立思考能力、问题解决能力和创新能力。

实践探究教育能够有效地提高学生的实践创新能力。通过动手实践,学生能够亲身体验问题的发生、发展和解决过程,这种亲身体验远比理论学习更深刻。例如,在进行科学实验时,学生不仅能够理解科学理论,还能观察实验现象、分析实验数据,并根据实验结果进行科学推理,这样的过程无疑能够锻炼学生的实践操作能力和科学探究能力。

实践探究教育能激发学生的创新精神。在真实的学习场景,学生在解决现实问题中获得知识和经验,这种学习经验往往比传统的教室内的书本知识更为深刻和持久。这样的学习经验可以提升学生的社会实践能力,使学生的学习更具现实意义,也更容易激发学生的创新潜能。同时,学生需要不断地思考、尝试和创新,他们可能会提出非传统的观点,或者设计出新型的解决方案。这种创新精神是推动社会进步的原动力,也是当前教育培养的重点。

实践探究教育在促进学生综合能力提升中起着重要作用。在实践探究的过程中,学生不仅要运用所学的理论知识,还要学会如何观察、分析、解决问题。这

种综合性的学习方式，可以提高学生的问题解决能力、批判性思维能力、合作交流能力等多种重要的 21 世纪技能，这些技能对于学生的终身学习和未来职业发展都有重要的作用。在实践探究的过程中，学生不仅要运用科学知识，还需要管理时间、组织团队、沟通协作等，这些综合能力对于学生未来无论是继续深造还是直接进入职场都具有重要意义。

四、实践探究教育在中小学拔尖创新人才培养中的实践

引导学生进行实际操作、探索研究，不仅可以激发他们的好奇心和创造力，还能提高他们的问题解决能力和实际操作水平，这是利用实践探究教育培养中小学拔尖创新人才培养模式的核心，需要学校统筹设计，教师个性化实施。

以案例教学为例，这是一种以真实情境下的案例为基础，让学生在实际操作和思考中学习的教学方法，这种方法可以把抽象的理论知识具体化，让学生在具体的实践活动中加深对知识的理解和应用。

例如，在科学探究课程中，教师可以设计一个关于"水循环"的探究活动。首先，让学生通过观察和实验来了解水的循环过程，然后引导他们设计实验来模拟这个过程，最后讨论他们的发现如何帮助大家更好地理解自然界的水循环。这种以探究为基础的教学方法不仅提高了学生的动手能力，同时也培养了他们的批判性思维。

再如，数学教师可以设计一项"设计自己的篱笆"的项目，让学生应用数学知识计算所需材料的量和篱笆的设计。通过这样的项目，学生不仅能够应用数学知识，还能在实际问题解决中提高自己的创新思维。

一些学校还推行"项目制学习"，即让学生以小组的形式选择一个问题进行研究并提出解决方案，例如，设计一个机器人或开发一款应用程序。这样的项目让学生从理论学习走向了实践操作，不仅能够激发学生的创造力，还能提高他们的团队合作能力和项目管理能力。

最后要强调的，在拔尖创新人才培养的实践探究教育过程中，教师的角色也非常关键。教师需要提供一个鼓励探索、允许尝试和从错误中学习的环境。同时，教师应该提供必要的指导和支持，帮助学生建立正确的问题解决策略，引导他们进行深入思考和研究。

■ 第二节 科学思维与拔尖创新人才培养

在我国教育改革不断深化的背景下，拔尖创新人才的培养成为教育领域的核心议题。科学思维作为推动创新的重要思维工具，在培养拔尖创新人才方面的作

用越发凸显。科学思维的培养是提升学生问题解决能力的关键，强调学生应具有批判性思维、问题解决能力和创新能力。科学思维的培养能够提升学生的终身学习能力，强调培养过程中的开放性、动态性的学习态度和方法。科学思维的培养有助于促进学生科学素养的提高，从而形成一种以科学的态度和方法去认识世界、改造世界的能力。在全球化和知识经济的大背景下，创新已成为驱动国家发展的重要力量，科学思维的培养是实现国家创新驱动发展战略的需要，是国家创新体系建设中不可或缺的一部分，有助于形成一支具有创新精神和实践能力的人才队伍。

一、科学思维的内涵与特点

科学思维作为人类认识世界、改造世界的重要工具，其内涵与特点是实现中小学拔尖创新人才培养的基石。科学思维不仅仅是对世界的一种认识活动，更是一种积极主动、理性分析、创新解决问题的思维方式。

一是客观性。科学思维要求我们以客观的态度对待自然界和社会现象，避免主观臆断和情感偏好的干扰。它强调事实的收集、观察的准确性以及对现象进行客观分析的重要性。在中小学拔尖创新人才的培养过程中，教育者应该鼓励学生通过观察、实验和数据分析来探索问题的真相，而不是简单地接受既定的或传统的观点。

二是逻辑性。科学的探究过程遵循严格的逻辑规则，通过推理、论证建立起理论与事实之间的桥梁。逻辑性保证了科学思维的严谨性和严密性。在培养学生的科学思维时，教师需要引导学生学会如何正确地构建论证、识别谬误以及如何用逻辑推理解决问题。

三是可证伪性。可证伪性是科学与非科学的重要区别，它意味着一个科学理论必须能够被经验检验，并且在原则上能够被证伪。这要求科学探索必须建立在可观察的现象之上，并且通过实验的方式来验证或推翻理论。在教育拔尖创新人才的过程中，培养学生的可证伪思维意味着鼓励他们提出可以通过实验或观察来检验的假设，并且在理论构建的过程中始终保持开放性和可被验证的属性。

科学思维是科学探究不可或缺的思维方式，它要求我们以一种开放、客观、逻辑、可证伪的思维模式去认识和解决问题。在中小学拔尖创新人才培养过程中，教育者应该注重学生科学思维的培养，帮助他们建立起科学的世界观和方法论，为他们未来的学术研究和创新实践奠定坚实的基础。

二、科学思维与拔尖创新人才培养的关系

科学思维与拔尖创新人才培养的关系是建立在把科学思维作为一种认识问

题、解决问题的基本方式基础上的。科学思维不仅体现在对现有知识的质疑和探索，更重要的是要能够不断创新，形成新的见解和解决方案。因此，科学思维是培养拔尖创新人才不可或缺的基础和核心。

科学思维强调的是一种问题解决的方法论，它要求从事实出发，运用逻辑推理、批判性思维和创新性思考来分析和处理问题。这种方法论的培养能够帮助学生形成独立的思考能力，这在拔尖创新人才的培养中至关重要。拔尖创新人才需要具备的不仅是知识的积累，更重要的是能够独立思考、解决复杂问题的能力，这正是科学思维所培育的。

一是科学思维的培养能够提高学生的创新能力。科学思维鼓励学生对现有的知识和技术提出疑问，不断寻找改进和优化的可能性。在这一过程中，学生会被激励去探索未知，实验新思想，这种探索和实验的过程本身就是一种非常重要的创新实践。通过这样的实践，学生能够将理论知识与实际问题结合起来，创造出新的解决方案，这对于培养具有创新精神的人才来说至关重要。

二是科学思维的培养能激发学生的创新精神。科学思维不仅仅是一套理性思考的工具，它更是一种精神，一种永不满足于现状、不断追求更好的精神。在科学思维的熏陶下，学生能够形成独立的判断，不盲从权威，不满足于现状，而是不断去探索、去挑战。这种精神是拔尖创新人才的灵魂，是推动他们不断前行的动力。

三是科学思维的培养能提高学生的综合素质。科学思维的训练有助于学生形成系统的思考方式，这不仅对学术研究有重要意义，也能在解决实际问题时发挥作用。同时，科学思维的培养还能提高学生的批判性思维、创造性思维和解决复杂问题的能力，这些都是拔尖创新人才所必须具备的素质。

科学思维与拔尖创新人才培养的关系是密切而复杂的。科学思维的培养不仅是提高学生创新能力和创新精神的关键，也是提高整个社会的创新能力和推动社会进步的重要途径。因此，在中小学阶段重视科学思维的培养，对学生的全面发展和未来的创新发展都具有深远的意义。

三、科学思维对中小学拔尖创新人才培养的影响

科学思维作为一种理性、系统的思考方式，不仅能够提升学生的创新能力，还能培养学生的创新精神。科学的思维方式是探究未知、解决问题的基础，也是推动社会进步和科技发展的动力源泉。

一是科学思维能够提高学生的创新能力。科学思维的核心在于怀疑、探索和验证，这与拔尖创新人才的基本素质相契合。通过科学思维的训练，学生能够学会用批判的眼光审视问题，用逻辑的方式分析问题，用实验的方法解决问题。这

种能力的提升，为其创新思维的培养打下坚实的基础。例如，在面对一道数学问题时，经过科学思维训练的学生可能会从多个角度出发，探索多种解题方法，而不是满足于找到一个正确答案。

二是科学思维能够培养学生的创新精神。科学的方法和精神是推动科学进步的原动力，同样也是培养拔尖创新人才不可或缺的元素。通过科学思维的学习，学生能够理解到，创新不仅仅是找到新的方法或产品，更重要的是一种永无止境、不断探索的精神。在科学实验中，失败是常态，但拥有科学思维的学生能够从失败中汲取教训，不断尝试，直到找到解决问题的方法。

三是科学思维有助于学生建立跨学科的知识结构。现代社会问题越来越复杂，往往需要跨学科的知识和技能来共同解决。科学思维训练可以帮助学生建立起跨学科的视角，促进不同领域知识的整合应用，这对于拔尖创新人才的综合素质提升至关重要。

四、科学思维培养的策略与建议

学校教育加强科学思维的培养，夯实拔尖创新人才培养的基础，关键要做好系统设计。关照育人的整体性、系统性，通过小、初、高贯通的教育来实现。在整个基础教育阶段，重点做好以下几件事：

一是加强科学思维课程设置。科学思维是一种分析问题、解决问题的基本能力，它涉及批判性思考、创造性思考、逻辑推理以及问题解决等技能。要在中小学阶段有效地培养学生的科学思维，首要的是课程设计。教育者应该设计包含跨学科的综合性课程，鼓励学生从多视角、多层次探讨科学问题。例如，将数学、物理、化学等自然科学与生物学、生态学等生命科学相结合，引导学生探索自然科学与生活世界之间的联系。

二是提高教师科学思维水平。中小学教师是科学教育的直接实施者，他们的科学思维水平直接影响着学生的科学思维能力的培养。因此，建议设立专门的教师培训计划，包括但不限于定期的在职培训、工作坊、研讨会等形式，培训内容应涵盖最新的科学教育理念、方法论以及科学思维的培养技巧等。此外，还应鼓励教师参与国内外的学术交流，以拓宽他们的视野，并促进他们的专业成长。

三是创造有利于科学思维发展的环境是不可缺少的。学校应提供一个安全、开放、包容的学习环境，让学生敢于提问，勇于探索，自由地表达自己的观点和想法。同时，学校和教育机构可以建立科学项目或竞赛，鼓励学生将所学知识应用到实践中，通过项目的形式来培养解决实际问题的能力。

四是教育管理部门和学校管理层加大对科学教育的支持力度。这包括但不限于提供足够的教学资源，合理分配教育经费，设置科学教育研究项目等。这些措施可以为科学教育的发展提供稳定的外部环境，确保科学思维培养策略得以有效实施。

五是充分研究和借鉴成熟的方案。国际上，芬兰、新加坡和美国在科学教育方面的成功经验强调将科学教育与学生未来生活技能的培养相结合，这对我国传统的应试教育是一种有益的挑战和补充。借鉴这些先进的经验，我们可以更灵活地设计教学计划，以科学探究活动为载体促进学生综合素养的提升，包括科学态度、动机和创新能力的培养。

第三节　学校课程与拔尖创新人才培养

中小学学校课程与拔尖创新人才培养是当前教育改革的重要组成部分，其核心目的在于培养学生的创新能力和实践能力，使其成为符合时代要求的创新型人才。拔尖创新人才培养强调的是以学生为中心的教育理念，通过多样化、个性化的课程设计和教学实践，充分激发和发展学生的潜能，尤其是创新思维、问题解决能力、团队合作精神等核心素养。

一、学校课程对拔尖创新人才培养的影响

我国的中小学师生普遍对拔尖创新人才的培养持有较高的认同态度，认识到创新不仅是一种能力，也是一个国家发展的驱动力。在拔尖创新人才的特征上，普遍认同创新的新颖性和适用性，同时也意识到创新并非单一因素所能决定，它是受到动机、智力、知识和环境等多种因素的共同作用。因此，课程成为重要的育人载体。

1. 影响学生创新素养提升的课程维度

在我国的教育体系中，中小学学校的课程设计对拔尖创新人才的培养起着至关重要的作用。课程不仅仅是知识的传递工具，更是激发学生创新思维和创造力的重要途径。因此，探讨课程对拔尖创新人才培养的影响，不仅对当前的教育实践具有指导意义，也对未来中国教育的走向有着深远的影响。

一是课程内容的设计对学生的创新意识有着直接的影响。传统的课程往往以学科知识的传授为主，而忽视了创新能力的培养。例如，科学课程应该包含实验、探究的环节，鼓励学生通过动手操作和实验来理解科学原理，而不是简单地接受知识的灌输。同样，数学、语文等学科的课程也应该融入问题解决、批判性思维以及创新思维的训练。

二是课程实施的方式也会对学生的创新能力产生重要影响。传统的教学方式往往是以教师为中心、学生为接受者的单向教学，这种教学方式容易使学生的主

动性、创造性得不到有效发挥。相反，如果能够采用项目制、探究式学习等以学生为中心的教学方法，可以更好地激发学生的探索欲和创造力，从而促进拔尖创新人才的培养。

三是课程的评价体系也会对拔尖创新人才的培养产生影响。如果课程评价主要依赖于标准化考试，可能会导致教育的"标准化"和"模式化"，忽视了学生的个性化发展和创新能力的培养。因此，课程评价体系应当进行改革，以多元化、发展性的评价方式来考量学生的创新能力和综合素质。

2. 影响学生创新素养提升的课程辅助系统

在中小学学校课程中融入拔尖创新人才培养策略，并加以实施，对于培养学生的创造力、创新精神和实际动手能力具有重要意义，这需要为课程建设提供辅助系统。

一是加强科技社团的建设。通过有组织的活动，如定期的科研项目、科学竞赛和技术沙龙，学生可以在兴趣驱动下，与兴趣相近的同伴一起探讨科学问题，共同进步。这种基于社团的学习模式，不仅能够激发学生的学习热情，还能提高学生的合作精神和团队协作能力，为其创新能力的提升打下坚实基础。

二是协调多维实践平台和专业团队建设，是提高学生实践能力的有效策略。专业教师与学生团队合作，可以提供有针对性的指导和监督，使学生在解决实际问题的过程中不仅学会运用知识，还能培养问题解决能力和创新思维。这种教研相长的模式，可以有效提高学生的综合素质和创新能力。

三是立足培养学生兴趣，搭建实践探究性学习平台。开设特色实践类课程，如 STEM 教育、编程、机器人制作等，可以极大地激发学生的创新兴趣。这些课程通过实际操作和项目实操，让学生在实践中学习和探索，从而培养学生的创新精神和动手能力。

四是建立贯通拔尖创新人才培养制度。学生在这个阶段需要通过系统的训练，掌握必要的科学理论和实验技术，为创新活动打下坚实的理论和实践基础。只有基础扎实，才能在后续的技能提升阶段和能力拓展阶段更容易地将理论转化为实际的创新成果。

五是提升创新技能训练效能。通过参与多样化的科技实践活动，学生可以在实际操作中学会如何将基础知识转化为解决实际问题的能力，如何在团队合作中发挥自己的创意，如何在面对挑战时不断完善自己的方案。

六是拓展拔尖创新人才展示窗口。引导学生开展各种探究性小课题研究活动、参与省级和国家级竞赛等活动，使学生可以在更高的层次上进行创新实践，不断拓展自己的知识边界和能力边界，成为具有创新意识和创新能力的高级人才。

二、学校课程在培养学生创新素养中存在的问题

在中小学教育实践中,课程教学常面临着如何更好地培养学生的创新能力的挑战。尽管当前的课程体系在很多方面已经做得非常不错,但在培养具有创新精神与创新能力的人才方面,仍存在一些问题和挑战。

一是传统课程过于注重知识的传授,而忽视了学生的主动思考和创新能力的培养。在这样的教学模式下,学生往往是被动接受知识的容器,而不是积极探索世界的探险者。这导致学生的学习动力和学习效率都相对较低,难以在离开学校之后的现实世界中应用所学的知识和技能。

二是在课程设置上,虽然一些学校已经开始尝试开设创新课程和实践活动,但这些课程和活动的覆盖面还不够广泛,且与基础学科的结合度不够紧密。这既限制了学生创新能力的全面发展,也影响了创新教育的深入推广。

三是教学方法往往缺乏对学生个性化需求的关注。这意味着在教学过程中很难充分激发每一个学生的潜能和创新精神,往往只有少部分具有特殊才能的学生能够获得真正的发展。

四是现有的评价体系过于依赖标准化考试。这可能导致教师和学生的注意力集中在考试成绩上,从而忽视了创新能力的培养。这种情况下,学生的学习积极性和创造性都可能受到抑制。

五是教师素养也是一个重要的限制因素。目前,许多教师缺乏创新教育的理念和实践经验,这影响了他们在教学过程中有效培养学生创新能力的能力。因此,加强教师的专业发展和继续教育,提高教师的创新教育能力,是提升学生创新能力的关键。

三、基于创新素养培养的学校课程建设

1. 基本认识

在分析中小学学校课程与拔尖创新人才培养关系时,我们需要关注几个关键要素:

首先是"创新"的定义。在这里,"创新"指的不仅仅是技术或科学意义上的创新,更广泛地包括了创新思维、创新方法、创新行为等多个维度。中小学生正处在身心发展的黄金阶段,这是培养创新素质的关键时期。

其次是"人才培养"的内涵。这里的"人才"不单指学术成就或技能水平,还包括道德修养、社会责任感、合作精神、问题解决等非智力因素的培养。人才培养的目标是为学生的终身发展奠定基础,使其具备终身学习的能力和自我发展的潜力。

最后是"中小学学校课程"的特点。中小学教育阶段的课程设计需要符合学生的认知规律和心理特点,课程内容应全面覆盖知识的广度和深度,同时注重跨学科的整合,促进学科间的融合以及知识与实践技能的结合。

在这样的框架下,中小学学校课程与拔尖创新人才培养的关系体现在:中小学学校课程在遵循学生的认知发展规律和心理发展特点的基础上,通过整合各学科的知识体系,设计能够激发学生创新思维和实践能力的教学活动,并通过多元化的学习方式和评价体系,促进学生全面发展,培养他们的创新精神、实践能力及综合素养,从而为其未来成为具有创新能力的人才打下坚实的基础。

在中小学拔尖创新人才培养的课程建设中,需要注意以下几个方面:

一是创新思维的培养。课程设计应该鼓励学生进行探索性学习,培养他们的好奇心和求知欲,以及独立思考的习惯。这涉及将问题解决、创新设计、科学研究等元素融入课程,鼓励学生提出问题、假设、测试和反思。

二是跨学科学习。拔尖创新人才的培养往往需要跨学科的知识结构。例如,将数学、科学、艺术和社会科学的概念和方法结合在一起,可以帮助学生建立创新思维框架,并应用于跨学科的项目和问题解决中。

三是项目式学习。通过项目式学习,学生可以将课堂上学到的理论知识应用到真实世界的问题解决中。项目的设计需要结合跨学科的内容,鼓励学生进行团队合作,提高他们的项目管理和领导能力。

四是批判性思维。课程中应鼓励学生对现有的知识和信息进行分析、评估和批判,这不仅包括对学术作品的研究,也包括对日常生活中问题的反思性思考。

五是技术与工具的使用。随着技术的发展,掌握新的数字工具和技术变得越来越重要。课程应包括基本的计算机科学知识、新媒体制作技能等,以培养学生的技术素养和创新应用能力。

六是情感与社交技能。拔尖创新人才的培养也需要强化学生的情感和社交技能,如团队协作、沟通交流能力等,因为这些也是未来职场和社会生活中必不可少的。

七是持续的评估与反馈机制。为了确保学生在拔尖创新人才培养的过程中得到持续进步,需要有系统的评估体系和及时的反馈机制,帮助学生及时调整学习策略,并为教师提供教学调整的参考。

2. 文化取向的课程创新

一是文化取向的课程创新强调了课程的境域性。这意味着每所学校的课程创新都应是其特定的历史文化、地域环境、教育传统和教育理念的产物。例如,北京一零一中学的"百尺竿头更进一步"就是其独特的教育哲学和办学理念的具体体现。这种课程的创新不是将其视为孤立的、可以任意移植的模式,而是要紧密结合自身的文化背景和发展需要，以保证创新的特色和有效性。

二是文化取向的课程创新重视课程的过程性。课程创新不是一个简单的从起点到终点的过程，而是一个动态的、不断发展的过程。课程方案设计的"实践优位"意味着课程创新要紧密结合实际教学的需求，注重课程实施过程中的实际问题，并通过实践、反思和再实践的循环过程来不断完善课程，从而确保其始终能够适应不断变化的教育需求和学生的个性化发展。

三是文化取向的课程创新强调课程是一种意义建构的过程。课程的知识和内容不再被视为静态的、静态的"输入"，而是教师、学生、教材和环境之间的动态互动和创造性的建构。这种过程中，课程不再是被动接受的对象，而是师生共同投入和创造的结果。这种对课程的深入理解和创造性的发挥，为拔尖创新人才的培养提供了肥沃的土壤。

四是文化取向的课程创新突出了课程实施的反思性实践。课程的创新不是一次性的活动，而是一个包括计划、实践、反思、修正和再计划的连续过程。这种反思性实践的特点，保证了课程创新能够经过持续的反思和优化，不断贴合学校的实际需要，并促进学生创新能力的提升。

文化取向的课程创新以其独特的境域性、过程性、建构性和反思性实践的特征，为中小学的拔尖创新人才培养提供了一个动态、开放和创新的环境。这种环境有助于学生在理解和吸收传统文化的同时，培养创新意识和能力，为未来的持续发展打下坚实的基础。

3. 基本理念

在当前的教育体系中，中小学教育是重要的奠基阶段，它对学生未来的学习和发展具有深远的影响。中小学教育需要引入创新教育的理念，以培养具有创新精神和实践能力的人才，这是社会发展的需求。

在中小学教育中，强调拔尖创新人才的培养，首要的理念就是"以学生为中心"的教育理念。这意味着所有的教学活动都应以学生的兴趣、需求和发展为导向，鼓励学生主动学习，充分发挥他们的主动性和创造性。

在拔尖创新人才培养的过程中，另一个重要的理念是"整合资源、激发潜能"。这要求教育者不断探索和整合不同的教育资源，如利用现代信息技术来丰富教学手段，以及结合本土化和国际化的视角来拓宽学生的视野。同时，教育者应关注每一位学生的个性和潜能，通过个性化的教学和评价方式来激发学生的创新潜能。

"学以致用"也是一个重要的教育理念。学习的目的不应仅仅停留在知识的传授上，而应该引导学生将所学知识应用到实际问题的解决中，通过项目式学习、探究式学习等多种学习方式，让学生在实践中学习、在学习中实践，从而培养他们的问题解决能力和创新能力。

不可忽视的是"合作与分享"的理念。创新往往需要团队的协作，因此，课程设计应鼓励学生进行小组合作，学习合作与沟通技巧，并将成果分享给同伴乃至更广泛的社会，以培养学生的团队合作精神和社会参与意识。

4. 育人目标

在中小学的教育实践中，课程目标的设定是至关重要的一环，它直接关系到拔尖创新人才的培养质量。针对中小学学校课程与拔尖创新人才培养的主题，目标的设定需要综合考量教育理念、课程内容、教学实践以及学生的发展需求。

中小学的课程目标应该围绕培养学生的创新精神和实践能力展开。创新精神是指引导学生具有主动探究、独立思考和创造的能力，而实践能力则是指让学生能够将所学知识应用到实际问题解决中去。这两方面能力的培养是新时代教育对学生提出的重要要求，也是实现终身学习和适应未来社会的关键能力。

在制定课程目标时，应该明确创新与实践的内涵，并将其融入课程标准和教学大纲中。例如，数学课程可以通过解决实际生活中的问题来培养学生的问题解决能力，科学课程可以通过实验探究活动来提升学生的科学探究能力。通过这样的课程设计，让创新与实践成为学习的内在动机和必要过程。

课程目标的设定需要具体、清晰，且具有可操作性。这意味着课程目标不仅需要与培养目标保持一致，同时还需要具体到每个学科、每一堂课的具体教学活动中去。例如，在科学课堂中，目标可以是"通过种植植物的实验让学生能够掌握植物生长的观察记录方法，培养观察记录的习惯和科学探究的基本方法"。

课程目标的设定应当具有一定的灵活性，以适应不同学生的个性化需求。拔尖创新人才在个性和才能上存在差异，因此，为了让每个学生都有机会发展自己的创新能力，课程目标应当允许一定程度的调整和个性化表达。例如，有的学生可能在艺术方面展现出更多的创造力，那么在美术课程的目标中，可以增加更多关于创新性艺术作品的创作和欣赏的内容。

课程目标的实现需要建立相应的评价和反馈机制。通过定期的学习成果展示、项目作品评选、创新实践报告等形式，让学生、教师和家长都能清晰地看到目标达成的过程和结果，同时为后续的教学调整和学生的持续进步提供反馈。

在具体的课程目标制定时，应关照以下几个方面：

一是重视激发学生的好奇心和探究欲。通过提供充满挑战性的课程内容和问题解决的机会，激发学生的内在动力，让他们对学习产生兴趣，并在探索过程中发现自己的兴趣所在。这样的目标设定有助于培养学生的主动学习习惯和终身学习能力。

二是注重培养学生的批判性思维能力。让学生探究、讨论和分析问题，促使他们不仅仅停留在知识的表层，而是能够深入理解、分析和评估信息，进而发展独立思考的能力。这对于培养未来的拔尖创新人才至关重要。

三是包含实践技能的培养。通过项目式学习、实验性学习等形式，让学生有机会应用他们的知识，通过实践来巩固理论学习，并培养解决实际问题的能力。这种目标设定鼓励学生将理论应用到实践中，为将来无论是在学术还是职业生涯中的创新活动打下坚实的基础。

四是课程目标也应重视跨学科的整合和创新能力的培育。通过跨学科的课程设计，学生可以学会从不同角度、使用不同学科的知识来综合解决问题，这种跨学科的学习有助于培养学生的系统性思维和创新性思维。

五是应该分析支持性学习的环境，包括提供丰富的学习资源、鼓励学生的创新表达，以及建立积极的师生关系。通过这种方式，可以有效地激发学生的创新潜能，让他们在一个安全、支持的环境中探索、学习和成长。

中小学的课程与拔尖创新人才培养的核心目标设定，是一个需要多方参与、科学规划和不断调整的过程。它不仅关乎知识的传授，更关乎能力的塑造和个性的发展，是培养新时代拔尖创新人才的根本保障。合理设定课程目标，可以更好地激发学生的创新潜能，培养他们的实践操作能力，为他们的终身学习和未来发展奠定坚实的基础。

5. 课程设计

1）课程分类

在当前的教育体系中，课程分类往往是基于国家的课程标准和学校的特色进行的。传统的课程分类主要是将课程内容划分为必修和选修，以及基础型、拓展型和研究型等。然而，随着社会发展的需要，特别是对拔尖创新人才的渴求，课程的分类也在不断地进行优化和创新。

在中小学"创新精神和实践能力"的核心目标下，学校课程进行创新的分类设计，旨在更好地培养学生的创新能力和实践技能。这里，需要关注课程的结构设计和内容设计。

比如，我们建立一个"二维三层六翼"为基础构建的拔尖创新人才培养课程体系，在这一体系下，课程分类不仅仅是为了满足基本的学习要求，更是为了激发学生的创新潜能，培养他们的综合素质。

具体来说，"二维"指的是场域文化和特色德育的融合，这意味着课程不仅仅局限于教室的四面墙内，还包括了校园文化的熏陶和德育的实践活动。通过这种方式，课程的分类不仅仅是学科的分类，更是一种环境和文化的融合。

"三层"则是课程在纵向上的分类设计，包括奠基课程、博识课程和荣誉课程。这样的设计确保了不同层次学生的需求都能得到满足。奠基课程主要是国家必修课程，重点在于确保所有学生都能掌握基础的知识和技能。博识课程则更加注重学生的个性化发展和兴趣培养，为有特殊兴趣和才能的学生提供选修课程。荣誉课程则服务于那些有特殊才能和兴趣的学生，帮助他们在特定领域进行深入的学习和研究。

"六翼"是课程的又一层分类，包括了语言与文学、数学与逻辑、实践与创新、艺术与健康、人文与社会、科学与技术六大领域。这种分类体现了课程设计的全方位和综合性，旨在通过跨学科的学习，培养学生的综合解决问题的能力。

2）课程内容

在中小学拔尖创新人才培养的过程中，实践活动起着至关重要的作用。实践不仅是知识的应用，更是激发创新思维、培养解决问题能力的重要方式。通过实践，学生可以把理论知识与现实问题结合起来，从而培养出具有创新意识和创新能力的个体。因此，在课程内容选择时，应重视学生实践学习的内容。

一是通过实践活动培养学生自主学习能力。在实践过程中，学生需要独立或团队协作解决实际问题，这就要求他们必须掌握相关的理论知识，并能够灵活运用这些知识。这种"学以致用"的过程，能够有效地提升学生的学习兴趣和积极性，培养他们的自主学习能力。

二是通过实践活动培养学生的创新意识。在实践活动中，学生往往需要跳出传统思维模式，发挥创造性地解决问题。这种创新的尝试和探索过程，是培养创新意识的重要途径。通过不断尝试，学生可以学会如何进行创新思维，如何把自己的想法转化为实际的创新成果。

三是通过实践活动提高学生的实践能力。在实践活动中，学生有机会通过动手操作来深化对知识的理解，通过反复实验来掌握科学的方法和技能。这种通过实践来提升的能力，是未来社会特别需要的。

四是通过实践活动完善学生的综合素质。在实践活动中，学生不仅能学习知识和提升能力，还能培养团队合作、沟通交流、问题解决等综合素质，这些都是拔尖创新人才不可或缺的素质。

课程设计，不仅体现了对学生个性化发展的重视，也体现了对未来社会所需拔尖创新人才培养的前瞻性思考。通过适当的指向拔尖创新人才培养的课程设计，可以有效地激发学生的创新精神，提高他们的实践能力，从而为社会培养出更具有创新能力和实践经验的优秀人才。

6. 课程实施

在实施中小学学校课程与拔尖创新人才培养的过程中，我们需要综合运用多种手段和策略，以期培养学生的创新知识、技能、精神和能力。

实施拔尖创新人才培养需要在课程设计上进行改革，这意味着课程设计需要从传统的、以知识传授为主转向更加注重学生的创造力、创新思维和实践能力培养。课程内容不仅要包括传统学科知识，还要融入创新思维的培养、科学实验技能的学习，以及项目式、探究式学习法的实践等。

拔尖创新人才的培养也需要营造一个鼓励创新、包容失败的学习环境。学校应提供充足的资源和自由的空间，让学生能够自由探索、实验和创造，包括但不限于建立科技创新实验室、提供科学实验材料、开设科技创新竞赛等。

教师是拔尖创新人才培养的关键。需要通过教师培训、提供创新教育资源等方式，提升教师的创新意识和教学能力。同时，鼓励教师在教学中进行创新实践，如采用项目引导、问题解决等教学方法，以激发学生的创新潜能。

拔尖创新人才培养还涉及与家庭、社区的紧密合作。学校应当积极与家长沟通，让家长理解创新教育的重要性，并为孩子创造一个鼓励创新、允许尝试和失败的家庭环境。同时，还可以与本地企业、研究机构等社会资源进行合作，为学生提供实习、实践的机会，使学生能够将所学知识与解决实际问题相结合。

建立科学的评价标准和方法也是拔尖创新人才培养的重要环节。评价体系不仅需要评价学生的知识掌握情况，更要评价学生的创新能力、实践能力和创造思维。这要求我们采用多元化的评价方式，如项目报告、团队合作、口头报告等，可以更全面地评价学生的创新素养。

整体上，在课程实施过程中，我们可以为学生打造一个促进创新思维发展、鼓励独立思考和问题解决的学习环境，从而为拔尖创新人才的成长打下坚实的基础。

在课程实施中，应该强调以下几个方面的拔尖创新人才培养理念：

一是创新意识的培养。在日常的教育活动中，教师需要不断强调创新的重要性，并通过具体的教学案例和活动设计来激发学生的好奇心和探索欲望。通过创设开放的学习环境，鼓励学生提问和质疑，让学生在不断的问题发现和探讨过程中建立起创新的意识。

二是创新思维的训练。传统的填鸭式教学方法可能会抑制学生的创新思维，因此，课程与教学应该更多地采用讨论、探究和项目式学习等方法，这些方法可以促进学生的批判性思维、系统性思维和创造性思维的发展。教师在这一过程中的角色是引导者，而不仅仅是知识的传递者。

三是创新能力的提升。创新能力的培养是以创新意识和创新思维的培养为基础的。学校课程应该设计和安排多样化的实践活动，如科学实验、数学建模、编程课程、艺术设计等，这些活动不仅能让学生将理论知识应用于实际问题的解决中，还能让学生在实际操作过程中学会设计、实践和优化，这些都是创新能力的重要组成部分。

四是教育国际化视野的融入。随着全球化的发展,国际视野的重要性日益增加。因此,学校课程设计应该融入国际化的元素,如多语言学习、国际事务的学习等,帮助学生建立国际视野,为将来的创新活动和国际化竞争做好准备。

五是学生个性化发展的关注。每个学生的兴趣、能力和学习风格都是独一无二的,因此,课程的设计和教学的实施应该尊重学生的个性化需求,为学生提供个性化学习的机会和资源,让每一个学生都能在自己感兴趣的领域内实现创新的发展。

7. 建设策略

在利用课程培养拔尖创新人才的条件下,面临的挑战主要集中在如何有效地整合课程设计以培养学生的创新能力,同时还需兼顾学生的全面发展和个性发展。课程内容的更新与改革是一个持续的挑战,如何平衡学术知识的深度与广度是一个挑战,师资的素养是一个挑战,评价体系的挑战也不容忽视,资源分配的不均衡也是一个不可忽视的挑战。如何应对挑战,可以选择以下对策:

一是课程设计的创新整合。针对中小学生的认知特点和学习需求,课程设计需要融入创新教育的理念。这意味着在保持知识传承的基础上,需要融入更多的创新性学习活动,如项目式学习、研究性学习等。通过这些学习活动,学生可以在解决实际问题的过程中发展创新思维和解决问题的能力。

二是创新能力的专门培养。可以在课程体系中设置专门的创新能力培养模块,如"创新思维与实践"等。这些模块可以通过案例分析、创新工作坊、创业实践等形式,培养学生的创造性思维、批判性思维、团队合作等关键能力。

三是跨学科的课程设置。拔尖创新人才的培养需要跨学科的思维模式,因此,课程设置应打破传统学科之间的界限,鼓励学生跨领域的学习和探索。比如,可以通过跨学科项目让学生结合科学、技术、工程和数学的知识来解决真实世界的问题。

四是创新思维的日常训练。创建一个鼓励创新思维的学习环境是非常重要的,可以通过日常的讨论、小组工作、思维导图制作等方法,让学生在不同的学习场景中练习和加强创新思维。

五是增强实践和实验的机会。创新技能的培养需要"学以致用"的实践环节,学校应提供足够的实验设备和实验项目,让学生有机会将所学的理论知识应用于具体实践中,通过"做中学"的方式提高创新能力。

六是建立多元化的评价体系。评价体系的改革也是拔尖创新人才培养的重要一环,除了传统的笔试,可以增加项目评价、团队评价、过程评价等多元化评价方式,这些方式更能全面评价学生的创新能力和综合素质。

七是转变教师的角色。教师在这一过程中的角色也应发生转变,从传统的知识传授者转变为学习的引导者、合作者和支持者。教师需要不断地学习和适应新的教育理念和教学方法，以激发和培养学生的创新潜能。

8. 建设建议

在当前教育改革的大背景下，中小学学校课程与拔尖创新人才培养成为教育领域的重要议题。为了适应新时代的要求，学校课程建设需要不断地进行实践创新，从而更好地培养符合社会需求的拔尖创新人才。

中小学学校课程建设应从实际出发，结合自身的实际情况，整合教育资源，设计出具有整合性、创新性和适应性的课程体系。这要求学校在制订课程计划时，不仅要考虑到知识的系统性和科学性，还要兼顾学生的兴趣、特长以及未来社会的需求，实现课程的个性化和差异化发展。

拔尖创新人才的培养不仅要注重知识传授，更要强调实践能力的培养。学校应建立或完善以实践为导向的教学模式，如项目制学习、探究式学习等，让学生在真实或模拟的问题解决情境中学习，增强学生的实践能力和创新能力。同时，学校应建立相应的实践平台和设施，如科学实验室、创新实验室、实验工厂等，为学生提供充分的实践机会。

课程内容的更新也是提升课程能力的关键。学校应及时将学科研究的最新成果和行业发展的新要求融入课程内容中，使课程内容与时俱进。例如，将编程、人工智能等前沿科技知识融入信息技术课程中，培养学生的创新思维和未来技能。

课程思政的实施也是拔尖创新人才培养的重要途径。学校应将社会主义核心价值观、职业素养和大国工匠精神融入课程教学和学生活动中，实现立德树人的根本任务。通过课程思政，学生不仅能够学到知识，还能够树立正确的世界观、人生观和价值观。

建立科学的评价体系和反馈机制也非常重要。学校应通过建立多元化的评价体系，对课程建设和人才培养的效果进行全面评估，并根据评估结果不断调整和优化课程设置，形成持续改进的良性循环。

中小学学校课程与拔尖创新人才培养的实践创新是一个系统工程，需要学校、教师、学生及社会多方共同参与。通过不断的探索和实践，我们有望培养出更多具有创新精神和实践能力的优秀人才，为社会的发展作出积极贡献。

为更好地促进中小学生的创新能力培养，应从多个维度进行改革和创新，提升课程育人的质量：丰富和完善创新教育课程，将其与基础学科教学相融合，形成系统的创新教育体系；改革教学方式，推广以学生为中心的教学方法，鼓励学生的主动学习和创新思考；改革教育评价体系，减少对考试成绩的依赖，增加对学生创新能力和实践能力的评价；提升教师的创新教育能力，通过培训和专业发展，使教师能够更好地指导学生的创新学习。

第四章
课程实践创新

■ 第一节 数学课程实践创新与拔尖创新人才培养

一、背景分析

1. 21 世纪个人的基本素养

在 21 世纪信息化时代，随着全球科技迅猛发展与数字化转型，创新成为推动社会进步和经济发展的核心动力。同时世界政治的多极化和逆全球化趋势越发明显，经济、科技、文化竞争更加激烈，人才竞争日趋激烈。这给教育带来了前所未有的机遇和挑战，在这样的时代背景下，各国都纷纷加强拔尖创新人才的培养，以适应国际竞争的需求。我国也提出了建设创新型国家的战略目标，急需大量拔尖创新人才来支撑和推动国家的创新发展。这些因素为拔尖创新人才的培养提供了广阔的舞台和无限的机遇，也对中学教育提出了新的挑战和要求。

新时代个人基本素养已经成为个体适应社会、实现自我发展的关键因素。2002 年，美国在联邦教育部组织成立了"21 世纪技能伙伴协会"（以下简称 P21），由教育工作者、教育专家和商业领袖共同参与研究，提出了具有代表性的《21 世纪学习框架》，明确指出学生未来要具备的信息素养、媒介素养、信息与交流和技术素养、生活和职业素养。"21 世纪素养的评价与教学项目"（Assessment and Teaching of 21st Century Skills Project）于 2012 年提出了一个共识性框架，包括 10 个方面的素养，其中也包含信息素养、信息通信技术（ICT）素养。

信息素养是指个人在信息时代中能够识别、检索、评价、使用信息，并且能够有效地利用信息解决实际问题和作出决策的能力。它是一种综合能力，包括以下几个核心方面：

信息意识：指对信息价值的认识，能够意识到信息在个人、社会、经济和文化活动中的重要作用。

信息知识：了解信息的基础知识，包括信息的产生、处理、存储、检索和传递的基本原理。

信息技能：包括信息检索、评价、处理、交流的能力，能够有效地检索到所需信息，批判性地评估信息来源的可靠性、相关性和准确性，对获取的信息进行有效的筛选、组织、分析和应用，能够利用现代信息技术手段与他人进行有效的信息交流和分享。

信息道德：在信息获取和使用过程中遵守法律法规，尊重知识产权，保护个人隐私，遵循社会伦理道德。

当今社会信息素养对每个人都很重要。信息素养能够帮助个人快速准确地找到所需信息，从而提高学习和研究的效率；能够帮助个人批判性地分析和评价信息来源，区分事实与观点，避免误信虚假信息，促进批判性思维发展；能够帮助个人有效地利用信息来支持决策过程，提高决策的质量和准确性。信息素养有助于个人在现有知识的基础上进行创新，推动社会进步和科技发展。信息素养是终身学习的重要组成部分，它使得个人能够不断学习新知识，适应不断变化的环境。信息素养有助于个人更有效地获取和传递信息，提高沟通的效果。信息素养也是文化素养的一部分，它反映了个人对信息的理解、评价和应用能力，是现代公民素质的体现。

数学是信息素养的重要支撑，数学中的统计和概率知识为信息素养提供了数据处理和分析的工具。在信息时代，数据的收集、整理和分析是信息素养的重要组成部分，而数学为此提供了必要的理论和方法。数学的严谨性和逻辑性有助于培养个体在信息处理中的精确性和条理性。数学中的问题解决方法和思维模式，如逻辑推理、归纳演绎等，对于信息素养中的信息分析和决策制定具有重要影响。数学的抽象思维能力在信息素养中同样重要，有助于个体从复杂的信息中提炼出关键要素，形成清晰的认知框架。数学训练人们识别模式和规律，这在信息检索和评估中非常有用，可以帮助识别信息的结构和相关性。数学教育中的算法思维对于理解计算机科学和信息处理的基本原理至关重要，是信息素养的一部分。

信息素养对数学应用和发展以至于数学学习都起到很大的促进作用。在数字化时代，较高信息素养的个人可以通过搜索引擎、学术数据库等工具，轻松地找到数学教材、习题、论文等学习资源，从而提高学习效率。信息素养中的信息整合和创新能力也有助于个体在数学研究或者实验探究中发现新的规律和定理。这使得在数学教学中引入信息技术可以创设更加生动、直观的教学情境，促进数学概念的深刻理解、数学思想方法的感悟。

可以看出，信息素养是 21 世纪不可或缺的基本素养之一。互联网的普及和信息技术的快速发展，需要人们具备获取、处理和应用信息的能力，包括搜索、筛选、评估和使用信息的技能，以及批判性思维和创新能力。只有具备了这些能力，个体才能在信息爆炸的时代中保持竞争力。21 世纪的基本素养还包括创新素养。在快速变化的社会中，个体需要具备创新思维和解决问题的能力，包括对新技术和新思想的接受和应用，以及对传统观念的挑战和改变。只有具备了创新素养，个体才能在竞争激烈的环境中保持领先地位。

数学是培养逻辑思维、抽象思维和批判性思维的基础，这些能力对于拔尖创新人才至关重要。通过数学训练强化逻辑思维，培养严谨的科学态度，为创新提供坚实的思维基础。学生学会如何严谨地推理和证明，对于形成和验证新想法至关重要；数学能够提升学生抽象能力，帮助学生从复杂现象中提炼本质，为创新提供独特的视角，这种抽象思维能力是拔尖创新人才在解决复杂问题时不可或缺的，因为它允许他们超越具体情境，提炼出一般性的解决方案。数学问题解决鼓励创新思维，促使学生不断尝试新方法，打破常规，推动创新。数学提供了一套工具和方法，如代数、几何、微积分等，这些工具和方法可以应用于创新过程中的模型构建和优化，对于理解和预测复杂系统至关重要，是拔尖创新人才在科学研究和技术开发中的核心竞争力。数学教育有助于培养识别和分析模式的能力，这对于创新过程中发现新趋势和规律至关重要。数学问题往往具有开放性，鼓励学生探索多种解决方案，这种探索过程能够激发创新意识和创造力。数学是许多学科的基础，它的跨学科特性有助于拔尖创新人才将不同领域的知识结合起来，从而在交叉领域产生新的思想和创新。总之，数学在拔尖创新人才培养中起着关键作用，强化数学教育有助于培养具有创新能力的人才。

2. 拔尖创新人才教育需要创新教学方式

1）拔尖创新人才的特质

拔尖创新人才的特质体现在多个维度，通常具有卓越的学术表现、智力能力、良好学习能力、强烈的好奇心和探索精神、创新的思维模式、强大的自我驱动力、坚韧不拔的精神、较强的适应能力，以及良好的社交和领导能力。在高中阶段尤为突出的是：

卓越的学习能力：他们具备快速吸收新知识、掌握新技能的能力，能够深入理解复杂概念和理论，同时保持对学习的持续热情和好奇心。

批判性思维：不满足于表面的信息或既有的结论，而是能够独立思考，从多个角度分析问题，提出疑问，并寻找更合理的解释或解决方案。

创新精神和创造力：勇于尝试新方法，不畏失败，能够在解决问题时展现出独特的见解和创造性的解决方案。他们善于将不同领域的知识融合，产生新的想法。

自我驱动力和自律性：拥有明确的目标和动力，能够自我激励，主动寻求挑战，不需要过多外界监督即能保持良好的学习习惯和学习状态。

良好的心理素质：面对压力和挫折时能够保持冷静和乐观，具有较强的心理调适能力，能够迅速从失败中恢复并继续前进。

这些特质共同构成了高中阶段拔尖创新人才的核心素养，使他们不仅在学术和科技领域表现卓越，也在个人品质和社会责任感方面展现出积极的特质，并为未来的全面发展奠定了坚实基础。

高中阶段的拔尖创新人才往往具有深厚的数学基础，熟练掌握基本知识和技能，具有很强的逻辑推理、抽象思维能力，具有很强的数学运算和证明、数学建模能力，具有很强的数据分析以及各种数学工具软件应用能力；同时创新能力也较高，在解决数学问题时，能够提出新颖的解题方法，有时甚至能够提出新的数学猜想或理论。从表现看，他们往往能够完成高级数学课程的学习，如高等数学、线性代数、概率论与数理统计等课程；在各类数学竞赛中取得优异成绩；主动参与数学研究项目，如数学建模竞赛、科学研究项目等。总之，高中阶段的拔尖创新人才在数学方面表现出良好的数学认知结构、良好的数学建模能力、创新意识等，这不仅体现了他们对数学知识的掌握，更重要的是展示了他们运用数学工具解决实际问题的能力，这是拔尖创新人才的重要标志。

2）拔尖创新人才的教育

由于拔尖创新人才具有良好的学业基础，思维敏捷，层次较高，因此，相对于中学传统教育，拔尖创新人才的教育要注重培养创新思维，提升他们的科研能力和综合素质。

从教育目标和理念上看，传统教育侧重于传授基础知识和基本技能，注重学生对知识的掌握程度和学科成绩的高低；而拔尖创新人才对基础学业掌握较好，理解能力很强，很快学会基础知识。因此应更注重对拔尖创新人才的创新能力、批判性思维和实践能力的培养，旨在培养他们的创新思维和解决问题的能力。

从教学内容上看，传统教育往往以固定的教材为依据，内容相对固定且有限。因此对于拔尖创新人才的培养应更加注重教学内容的开放性和多样性，鼓励跨学科的学习，任何规律、现象、思路等都可以作为教育的内容。这种教学方式有助于培养他们的综合素质和解决问题的能力。

从教育方式上看，传统教育多采用填鸭式教学，学生被动接受知识；拔尖创新人才的教育则鼓励主动探索和实践，通过启发式、引导式的教学方法，激发他们的创新意识和积极性，通过项目式学习、研究性学习等方式激发他们的学习兴趣和创新潜能。

从教育评价上看，传统教育通常以考试成绩作为评价学生的主要标准，这种评价方式过于单一且无法全面反映学生的创新能力。拔尖创新人才的教育则更注重学生的综合素质和创新能力的评价，采用多元化的评价方式，如项目评价、实践评价等，以更全面地评估他们的表现。

林崇德教授指出，要在课堂教学中开发学生的创新能力。通过激发学生创造的动机、教师的灵活性提问和布置作业，掌握和运用一些创造性教学方法（例如发现教学法、问题教学法、讨论教学法、开放式教学法等），在课堂上创设创造性问题情境，引导学生解决等方式培养学生的创新能力。吕世虎、王积建的实验结果表明，探究式教学的功能和价值有：能够提高发散思维水平，增强创新意识、创新精神和创新能力，增强数学兴趣，深化数学体验，养成探究性学习的习惯。总之，拔尖创新人才的教育更加注重学生的创新能力、批判性思维和实践能力的培养，采用启发式、引导式的教学方法，给予学生充分的活动空间和时间；通过实际操作活动，学生能够发现问题；通过观察，学生能够发现规律；通过比较，学生能够产生联想；通过猜想和验证的过程，学生解决问题，实现探究性学习，从而培养创新能力。这些特点使得拔尖创新人才的教育更加符合当前社会对人才的需求和发展趋势。

3）信息技术助力智慧教育

祝智庭教授提出了信息时代智慧教育的基本内涵：通过构建智慧学习环境，运用智慧教学法，促进学习者进行智慧学习，从而提升成才期望，即培养具有高智能和创造力的人，利用适当的技术智慧地参与各种实践活动并不断地创造制品和价值，实现对学习环境、生活环境和工作环境灵巧机敏的适应、塑造和选择。在数字化时代的背景下，信息技术与教育领域的深度融合正在推动传统教育模式向智慧教育转型。与传统信息化教育相比，智慧教育呈现出不同的教育特征和技术特征。传统信息化教育主要依赖于计算机和互联网技术，提供在线课程、电子教材和远程教育等；而智慧教育不仅包括计算机和互联网技术，还涉及物联网、大数据、人工智能、虚拟现实等前沿技术。传统信息化教育采用传统的讲授式教学，教师在课堂上使用多媒体设备辅助教学，但学生参与度相对较低，学生的学习体验较为被动，主要是接受知识；而智慧教育采用探究式、协作式和项目式教学，提供沉浸式、互动式的学习体验，强调学生的主动参与和个性化学习，学生可以自主选择学习路径和内容，教师的角色更多是引导和辅助。传统信息化教育主要依赖于考试成绩和标准化测试，对学生全面发展的评价不足；而智慧教育采用多元化的评价方式，包括过程性评价、形成性评价和总结性评价，全面评估学生的学习成果和发展潜力。

智慧教育作为教育现代化的重要标志,以学习者为中心,深度融合了信息技术、智能技术与新教育理念,旨在构建一个更加个性化、高效、互动和持续发展的学习环境。它有以下特点:

(1) 技术赋能的教育环境

智能感知与个性化服务:利用大数据、人工智能等技术,智慧教育能够实时感知学习者的学习状态、情绪变化等,提供精准的个性化学习资源推荐、学习路径规划和学习效果评估,实现"一人一案"的精准教学。这不仅减轻了教师的负担,还提高了教学的精准度和针对性。

动态适应与持续优化:智慧教育环境能够根据学习者的反馈和学习成效,动态调整教学内容、方法和策略,形成一个持续优化、自我完善的闭环系统,确保教学效果最优化。

(2) 学习者为中心的核心地位

主动性增强:智慧教育鼓励学习者从被动接受转为主动探索,通过个性化学习路径的设计,让每个学习者都能根据自己的兴趣、能力和学习节奏进行学习,从而极大地提高了学习的积极性和自主性。

全面素养提升:除了知识技能的传授,智慧教育还注重培养学习者的创新思维、批判性思维、问题解决能力、协作交流能力等 21 世纪核心素养,为学习者的终身学习和全面发展奠定基础。

(3) 教师角色的转变与能力提升

多重身份融合:在智慧教育背景下,教师不仅是知识的传授者,更是学习的引导者、促进者和设计者,他们需要具备信息技术应用能力、课程设计能力、学生数据分析能力等多方面的素养,以适应角色转变的需求。

专业发展与创新:智慧教育为教师提供了丰富的专业发展资源和平台,教师可以通过参与在线培训、教学研讨、课题研究等活动,不断提升自己的专业素养和创新能力,同时利用智慧教育环境进行教学改革和实验,探索新的教学模式和方法。

(4) 教育管理的角度

智慧教育使得教育管理更加高效和透明,管理者可以实时监控教学活动的质量和进度,及时调整教育资源分配。教育政策制定者可以依据大数据分析的结果来优化教育政策,使之更符合实际的教育需求。

信息技术使得学习评估和反馈更加及时和全面。通过智能分析学生的学习数据,系统可以实时生成学习报告,帮助师生了解学习进度和存在的问题,及时调整教学策略和学习方法。

(5) 社会和文化的角度

智慧教育有助于缩小不同地区、不同社会经济背景学习者之间的教育差距，提高教育公平性。智慧教育支持文化的多样性和包容性，使所有学习者都能在充满尊重的环境中获取知识。智慧教育支持终身学习的理念，为不同年龄和背景的学习者提供持续的学习机会。

【实践案例】"三门问题"游戏探究性学习

我们在著名的"三门问题"游戏（图1）的探究性学习中，构建了独立于互联网的 TI 无线网络教室环境，采用线上线下融合的教学模式，上课时每个学生的数学学习工具——图形计算器作为一个终端，连接在整个无线网络系统中，教师可以将所有学生的界面展示在大屏幕上，实时呈现学生终端的界面。在玩"三门问题"游戏过程中，通过无线网络系统开展调查"换与不换"的实时调查，实时在大屏幕上显示所有学生的结果。我们看到开始时刻多数学生支持"不交换"，大概有十几个学生支持"交换"，他们看到多数人支持"不交换"，然后不能坚持原来的观点，就改变自己观点，最后我们看到只有6个学生支持"交换"（图2）。实际上经过研究学习后发现，交换后中奖的概率是不交换的2倍。所以可以看到从众心理会影响自己的判断，这个过程如果没有网络教学系统的支持恐怕难以发现。教师在问题解决以后也特别问了一个问题："票选产生真理吗？"所以学生都明白，票选并不产生真理，真理要通过理性思考，严谨推理分析，应用科学文化知识去探索才能得到。

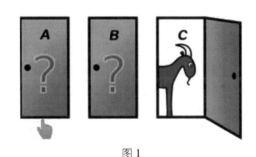

图1

4）信息技术与高中数学深度融合

《普通高中数学课程标准（2017年版2020年修订）》强调"重视信息技术运用，实现信息技术与数学课程的深度融合"，凸显了信息技术在数学教学中的重要性和必要性。信息技术在数学教学中的作用体现为符号运算、直观展示、动态呈现、模拟实验等。信息技术与高中数学深度融合为学生提供了更加丰富多样的学习资源和更加便捷高效的学习方式，同时也对教师的教学模式和教育理念产生

图 2

了深远的影响。

在教学内容的呈现上,信息技术使得数学知识可以通过多媒体等形式生动直观地展现在学生面前。几何画板、数学软件等工具的运用,不仅帮助学生更好地理解抽象的数学概念,还能激发他们的学习兴趣和探究欲望。通过动态演示和互动操作,学生能够更加深入地理解数学原理,提高学习效率。从数学表征角度看,同一个数学对象,至少可以进行"数"和"形"两种形式的多元表征,并附以情境、操作、动态视觉等其他表征形式。"数的表征"包括数学中言语表征,如文字、符号、式子、数字、数学概念、数学定理、数学性质等,"形的表征"主要是指数学中视觉化表征,图象、图表、实物、教学模型等。唐剑岚教授的研究表明,通过数学多元外在表征和数学多元内在表征相互间的转化作用能促进学生对数学概念的理解,有助于学生完善认知结构,提高数学表达能力,提升数学素养。显然基于多元表征理论的数学教学强调数学对象心理表征的多元性,强调数学对象表征不同方面的相互渗透与必要互补。信息技术可以将数学对象进行多元表征,并且能够动态连续展现出来,进而将抽象的数学思维可视化、形象化,从而便于进行概括、抽象等数学思维活动,使得学生更容易理解数学,抓住数学的本质,提升核心素养。

在教学方式上,信息技术的应用使得个性化教学和合作式学习成为可能。教师可以根据学生的学习情况和兴趣爱好，利用信息技术提供个性化的教学方案，从而更好地满足不同学生的学习需求。此外，网络平台的运用也促进了学生之间的交流与合作，他们可以在网络环境下共同探讨数学问题，分享学习心得，从而培养团队合作精神和创新能力。网络平台和在线资源为学生提供了更加广阔的学习空间，通过互联网，学生可以随时随地访问到大量的数学学习资源，包括在线课程、教学视频、互动习题等。这些资源不仅丰富了学生的学习内容，还为他们提供了自主学习的机会，学生可以根据自己的兴趣和需求，选择合适的学习材料，以自己的节奏进行学习，从而实现个性化学习。

教师角色的转变也是信息技术与高中数学深度融合的一个重要体现。在这一过程中，教师不再仅仅是知识的传授者，更是学生学习的引导者和促进者。他们需要掌握现代信息技术，运用丰富的教学资源和工具，创造一个开放、互动、合作的学习环境，引导学生进行自主学习和探究学习。

综上所述，信息技术与高中数学的深度融合为数学教学带来了新的机遇和挑战。这种融合不仅丰富了教学资源和手段，还促进了教育模式的创新和教师角色的转变，可以提升教学效果，激发学生学习兴趣，促进自主学习，实现个性化教学。

（5）高中数学国际课程中的图形计算器

图形计算器最先出现在 20 世纪 80 年代中期。作为现代教育技术的一项重要工具，图形计算器从诞生到现在，已经在全球 30 多个国家各层次教学中得到了广泛的普及和应用。TI 图形计算器在美国中学的使用最为广泛，2004 年对全美中学数学老师的一项最新调查显示，约 80% 的高中数学老师在日常教学中使用 TI 图形计算器。在欧洲许多国家，如法国、荷兰、丹麦、挪威、芬兰、葡萄牙、瑞典、英国和卢森堡等，TI 图形计算器也已成为课堂教学的常用工具，并被允许在考试中使用。其中新加坡的数学课标中提出使用图形计算器属于"理解和应用数学知识的技能"，同时也要求学生"必须清楚图形计算器使用的限制"。

Bechkmann，Oml，Thompson，Senk 等人在文章《在图形计算器情景下评价学生对函数的理解》中将数学试题分成了三类：一是计算器无效型试题（calculator - inactive），是指那些在解决问题中计算器无用（甚至是不利）的问题；二是计算器有效型试题（calculator - active），是指必须使用计算器来解决的问题；三是中性试题（calculator - neutral），是指那些虽然计算器可能会在解题中提供一些帮助，但是不用计算器也能解决的问题。

图形计算器帮助学生提高解决问题的能力，Ellington 进行了一项元研究，对 54 项关于图形计算器效果的研究进行了分析，其中的一个结论是，当计算器被包括在评估和教学中时，学生在理解数学概念所需的智力手段方面表现出了改进，例如在函数和它们的图形之间建立有意义的联系的能力。计算器作为测试和教学的重要组成部分，使学生的操作技能和解决问题的能力都得到了提高。在所有情况下，计算器的使用并不妨碍数学技能的发展，使用计算器的学生对数学的态度比不使用计算器的学生要好。

  李海媚老师通过对两个班级进行对比教学实验，研究了图形计算器在三角函数教学中的实际应用，从测验成绩进行对比分析，总结出在三角函数这一教学内容中使用图形计算器对教学效果有明显的提高（其中一个班使用图形计算器，另一个班未使用）。文中还对学生使用图形计算器的情况做了调查，显示学生更乐意使用图形计算器，学生也体会到图形计算器对他们的学习起到的帮助作用。

  美国大学理事会的大学先修课程（AP）微积分的课程描述中，清晰说明了AP 考试将评估学生用图形计算器进行探究的能力。强烈建议使用图形计算器来帮助学生匹配同一个数学对象的不同表征，聚焦在建立适合学生水平的解析表征和语言表征相互转换。AP－微积分考试分为可用计算器的部分和不可用计算器的部分：选择题部分，不可用计算器的题目 30 个、60 分钟，可用计算器的题目 15 个、45 分钟；解答题部分，不可用计算器的题目 4 个、60 分钟，可用计算器的题目 2 个、30 分钟。从时间看，不可用计算器的部分占比为 54%，可用计算器的部分占比为 46%，可见官方非常重视用技术解决问题，考查学生基于技术的思维来解决问题的能力，因此这部分试题答得不好会影响总成绩。AP－微积分课程的可用计算器的部分中有一半的选择题是计算器有效试题，解答题都是计算器有效试题。而另一门 AP－统计考试中全程可以用图形计算器，其中必须用计算器的题目约占 1/3。

  国际文凭组织（IB）数学课程说明提出，准确、适当、高效地利用技术来探索新思路和解决问题也是本课程的评估目标之一。允许使用图形计算器的考试题，对于图形计算器来说基本上是有效性试题，不用图形计算器求解就很难得分。很多试题是应用问题，更加符合实际生活情景，比如出现超越函数方程等，考试中可以基于计算器用经典的数学思想方法求解，也可以基于计算器的图形探索、数据处理等数学实验的方法求解，能够评价 Pisa 提出的"个体在不同情境中形成、运用和解释数学的能力"的核心素养，同样能够考查学生的直观想象、数学运算、数据分析、数学建模等核心素养。

  图形计算器是一种先进的计算器，它除了具备基本数学运算的功能，还提供了图形显示和高级数学运算的能力。如通常支持微积分、矩阵运算、概率统计等运算，可以进行函数绘图与可视化，支持动态模拟和动画功能，可以实时显示数学对象的变化和互动关系，帮助学生更直观地理解数学概念和原理，提高解题能力和直观想象素养。

中国国内的考试不能使用图形计算器，国内教师的技术素养不高，数据意识不够，难以开展使用技术手段辅助课堂教学的研究。学生使用图形计算器进行数学实验探究的机会很少，并未形成技术思维情境下的数学问题解决方式，在考试中存在使用图形计算器解题薄弱环节。因此教师要研究图形计算器的功能，要教会学生应用图形计算器探索发现解决数学问题，要准确把握核心素养的价值定位，发挥中国学生逻辑思维强的优势，探索核心素养的国际视野下图形计算器试题的评价功能，探索学生核心素养的国际视野下的培育途径。开展基于图形计算器的数学探究学习实践活动，引导学生通过动手操作、实验验证等方式，来探究数学问题的本质和规律，有助于学生深入理解数学知识，提高解决问题能力。

总之，图形计算器是解题的工具，更是高效的学习工具，基于图形计算器的试题也能够评价学生的素养。只有在真正理解数学概念和掌握数学思想方法的基础上，才能合理利用图形计算器正确求解问题。在教学实施过程中要想办法做到纸笔训练和计算器解题训练的平衡。

6）学科课程建设的现状分析及未来发展的方向、策略

（1）学校学科建设的基本情况

北京一零一中学始终坚持全面发展的教育方针，倡导和实践"生态智慧"教育。生态智慧课堂的目标追求的是建构生命成长和智慧生成的场域，把学生放在学校正中央，关注学生"生命、生活、生长"。德智体美劳五育并举，培养健康善良的生命，活泼智慧的头脑，丰富高贵的灵魂。为了更好地培养具有全球化视野的、国家发展急需的、具有担当精神的拔尖创新人才，北京一零一中学于2019年成立了英才学院，不断探索具有鲜明的一零一特色的拔尖创新人才培养机制。借助国内外著名高校的力量，开发和拓展高端CIE课程，在清华大学、同济大学、中国科学院等科研机构的支持下，由国内最高水平的专家和院士领衔在北京一零一中学英才学院创建实验室，并亲自指导。

英才学院采用项目式培养的新模式。学生在校可以有双重身份，普通学生和英才学院学生，英才学院的学生可以申请免修某些课程或者跨年级学习。学院为学生提供最好的自习和讨论空间，鼓励并可为学生定制个性化发展规划、以项目为载体制定课程规划，为学生的主动学习、深度学习、无边界学习提供支持和服务。

目前学校在国际课程项目中，结合21世纪核心技能形成了以中国高中必修课程为基础，国际学术引入课程为主的课程体系，并且针对学生的个性化发展开

发了国际拓展与校本课程、特色素养与提升课程,具有鲜明的课程特色(图4-1-1)。国际英才项目形成了本部、国际部,及国内外大学项目课程的三维联合培养模式(图4-1-2)。

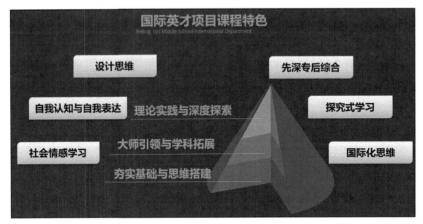

图4-1-1　国际英才项目课程特色

图4-1-2　国际英才班三维联合培养模式

目前国际课程项目的高中数学课程开设的是国家课程中的必修课程,以毕业要求为基准,发展学生的数学核心素养,引导学生会用数学眼光观察世界,会用数学思维思考世界,会用数学语言表达世界;促进学生思维能力、实践能力和创新意识的发展，探寻事物变化规律，增强社会责任感；形成正确的世界观、人生观和价值观。同时国际课程项目课程也开设相应的国际学术引入课程，其中有预备微积分必修课程，以及 AP－微积分、AP－统计学、线性代数初步等选修课程。必修课程是每个学生都必须学习的内容，它涵盖了数学的基础知识，如数与代数、几何、函数与图象、概率与统计等，这些课程旨在为学生打下坚实的数学基础，满足未来公民的基本数学需求。选修课程则是为了满足学生的兴趣和对未来发展的需求而设置的，学生可以根据自己的兴趣和职业规划，选择适合自己的选修课程。这些课程的学习有助于提升学生的数学素养，培养他们的创新意识和实践能力。

（2）高中数学国际课程的 SWOT 分析

高中数学国际课程的 SWOT 分析如表 4－1－1 所示。

表 4－1－1　高中数学国际课程的 SWOT 分析

优势（Strengths）	劣势（Weaknesses）
（1）基础学科的支撑。数学是众多学科的基础，高中数学为学生进一步学习高等数学、物理、化学、计算机等其他学科提供了必要的数学基础，也对学生日常生活中的逻辑思考和问题解决能力有重要影响，为学生未来的学习和职业发展奠定了基础，特别是对于那些选择理工科专业的学生来说，高中数学的学习是不可或缺的。 （2）数学思维能力培养。高中数学课程不仅注重知识的传授，更强调对学生思维能力的培养。高中数学强调严密的逻辑推理和高度抽象的概念，培养了学生的逻辑思维和抽象思维能力，这对于学生的综合素质提升非常关键。通过解题、推理、证明等活动，学生的分析、判断和创新能力得到锻炼。 （3）注重数学实际应用。高中数学国际课程注重数学与实际问题的联系，强调数学在现实生活中的应用，这有助于培养学生的实际应用能力和数学建模能力。 （4）国际化教学方式。高中数学国际课程通常采用先进的教学方法和教学理念，有助于提高学生的数学素养和解决问题的能力。课程内容通常具有较高的国际认可度，有助于学生在全球范围内寻求高等教育和就业机会	（1）面临竞争压力。国际课程通常具有较高的学术要求，高中数学课程的部分内容难度较大，大部分学生压力较大，需要投入大量的时间和精力来学习和复习，可能影响其他学科的学习。对于部分基础薄弱的学生来说，学习起来非常吃力。部分教师仍采用传统的讲授式教学，缺乏创新和互动，使得学生的学习兴趣和积极性受到影响。不同学生的数学基础和学习能力差异较大，统一的教学进度和难度可能导致部分学生跟不上。 （2）语言障碍和文化差异。国际课程通常使用英语授课，对于非英语母语的学生来说，可能会面临一定的语言障碍。国际课程可能涉及不同国家和地区的文化背景，学生需要适应不同的教育体系和文化差异。这两方面都会影响学生对数学的深刻理解

续表

机会（Opportunities）	威胁（Threats）
（1）教育政策与改革。随着社会经济的发展和教育改革的不断深化，高中数学课程内容有机会进行更为系统化和科学化的调整。教育部门会出台更多有利于数学教育发展的政策，为高中数学课程提供更多的支持和资源。还会推动高中数学课程与其他学科的融合，形成跨学科的综合学习模式，以更好地培养学生的综合素质和创新能力。 （2）技术与教学的融合。随着科技的不断发展，新的教育技术和工具为高中数学课程提供了丰富的教学资源和手段。例如，教师可以利用在线教学平台、智能辅导系统、虚拟现实技术等，为学生创造更加生动、直观的学习体验。这些技术可以帮助学生更好地理解抽象的数学概念，提高学习效果。同时，教师还可以利用大数据和人工智能技术，对学生的学习情况进行精准分析和反馈，以便更好地指导学生的学习。 （3）国际交流与合作。在全球化的背景下，国际教育交流与合作日益频繁，国际课程有助于学校之间建立合作关系，共享教育资源，提高教育质量。高中数学国际课程有机会借鉴国际先进的教育理念和教学方法，吸收国外数学教育的优秀成果，以不断提升教学质量和水平。此外，通过参与国际数学竞赛、学术交流等活动，学生也可以拓宽视野，增强国际竞争力，成为国际化人才。 （4）多元化的学习资源。随着社会的进步和教育观念的转变，越来越多的学生开始追求个性化的学习体验。高中数学国际课程可以针对不同学生的需求和兴趣，提供多样化的学习资源和路径，如在线课程、教材、实验设备等，有助于提高学生的学习兴趣和效果。还可以设置选修课程或开展兴趣小组活动，以满足学生对特定数学领域或问题的探究欲望。同时，教师还可以根据学生的学习特点和进度，提供个性化的辅导和指导，帮助学生实现自我发展和提升	（1）高中数学国际课程面临着应试教育的沉重压力。在当前的教育体制下，高考依然是评价学生学习成果和决定其未来发展的重要指标。国内学生申请国外大学也需要参加 SAT、AP 课程、IB 课程的国际统一标准化考试，也需要靓丽的成绩，这导致很多学校和教师过于追求高分数，数学课程往往变成了题海战术和应试技巧的传授，而忽视了对学生数学思维和综合能力的培养。 （2）学生兴趣与动力的丧失。由于高中数学内容的抽象性和复杂性，以及应试教育的负面影响，许多学生对数学产生了畏惧和厌倦情绪，觉得数学枯燥无味，难以理解，从而失去了学习的动力和兴趣。这导致学生在数学课堂上的参与度降低，学习效果下降。 （3）社会对数学的认知偏见。一些人认为数学是一门"枯燥无味"的学科，认为数学在今后的生活中除了算账没有什么其他用处，对于未来职业发展的帮助有限。这种观念既影响了学生和家长对数学学习的重视程度，也影响了学校对数学课程的投入和安排

（3）确定课程建设的方向

一是课标为本。高中数学课程建设要以课程标准和教学要求为准绳，以准备数学统考工作为重点，以落实核心素养为抓手，旨在培养学生"四基四能"，提高数学思维能力，发展数学实践能力，提升数学核心素养。这对学生未来的学习和职业发展至关重要，也是适应现代社会、参与社会竞争的基础。

二是注重应用实践。高中数学课程要注重实践应用，课程不仅应该包括基础的数学概念、定理和公式，同时也要注重知识的应用和实践。通过案例分析、项目探究等方式，建立数学模型，应用数学思想方法和手段解决问题，让学生能够将数学知识与实际生活相联系，提高他们的数学应用能力。

三是强调主动探究。在教学方法上，高中数学课程建设强调学生的主体性和教师的引导作用。教师应该采用多样化的教学手段，如启发式教学、探究式学习等，激发学生的学习兴趣和积极性。同时，教师还要注重培养学生的自主学习能力，让他们学会独立思考和解决问题。

四是进行技术融合。高中数学课程教学中要改进教学手段，结合当前信息技术的发展，创设适合探究的教学情景。通过多媒体、互联网等信息技术手段，教师可以设计出生动有趣的教学课件，将抽象复杂的数学概念以直观形象的方式展现出来。通过动画模拟、虚拟现实等技术，教师可以展示数学对象的动态变化过程，让学生更直观地感受数学规律，从而抓住数学本质。同时，信息技术还可以实现个性化教学，根据学生的学习情况和需求，提供不同难度和层次的教学资源，满足学生的个性化学习需求。信息技术可以将数学与现实生活相结合，通过生活中的数学案例、实际问题等，让学生感受到数学的实用性和趣味性。此外，信息技术还可以为学生提供丰富的学习资源和互动平台，让他们能够在轻松愉快的氛围中学习数学，从而激发他们对数学的兴趣和热情。

五是开展跨学科学习。高中数学课程建设还需要注重与其他学科的融合。这种融合不仅可以丰富数学课程的内容，提高学生的学习兴趣，还能帮助学生更好地理解数学在其他学科中的应用，从而培养他们的综合能力和跨学科思维。在高中数学课程中，可以引入一些与理工科相关的应用问题，让学生在解决实际问题的过程中，巩固数学知识，提高应用能力。在经济学中，数学模型和统计方法被广泛用于分析和预测经济现象；在历史学中，通过量化分析可以更深入地理解历史事件的演变和规律。因此，在数学课程中，可以加入一些与这些学科相关的案例和讨论，让学生认识到数学在社会科学领域的重要性和应用价值。此外，数学与艺术、体育等领域的融合也可以带来意想不到的效果。例如，通过几何图形和对称性的研究，可以欣赏到艺术中的美感；通过运动轨迹和速度的研究，可以理解体育比赛中的策略和技巧。这种融合不仅可以拓宽学生的视野，还能让他们在轻松愉快的氛围中学习数学。总之，通过跨学科的学习和实践，学生可以更好地理解数学的本质和应用价值，提高他们的综合能力和创新思维。

二、课程设计

1. 课程建设的依据

1）在国家拔尖创新人才培养政策指导下确定内容

参照国家对拔尖创新人才培养的总体要求，以及数学学科教育的具体政策，课程的建设应依据高中数学课程标准和教材。课程标准规定了数学学科的基本知识和技能要求，而教材则是实现这些要求的重要载体。校本选修课程的建设应在满足课程标准的基础上，进一步拓展和深化数学知识，以满足拔尖创新人才的需求。

2019年国家发布《关于深化教育教学改革全面提高义务教育质量的意见》，指出要着力培养学生的科学精神和创新实践能力，注重激发学生的好奇心、想象力和探求欲，提倡跨学科综合性教学，开展研究型、项目化、合作式学习，加强实践育人。

《关于新时代推进普通高中育人方式改革的指导意见》强调：优化课程实施，改进科学文化教育，统筹课堂学习和课外实践，强化实验操作，建设书香校园，培养学生创新思维和实践能力，提升人文素养和科学素养；开展丰富多彩的德育活动，培育学生创新素养；鼓励学校探索创新人才培养途径，建立科学的人才培养机制。指导意见还提出深化课堂教学改革。按照教学计划循序渐进开展教学，提高课堂教学效率，培养学生学习能力，促进学生系统掌握各学科基础知识、基本技能、基本方法，培养适应终身发展和社会发展需要的正确价值观念、必备品格和关键能力。积极探索基于情境、问题导向的互动式、启发式、探究式、体验式等课堂教学，注重加强课题研究、项目设计、研究性学习等跨学科综合性教学，认真开展验证性实验和探究性实验教学。提高作业设计质量，精心设计基础性作业，适当增加探究性、实践性、综合性作业。积极推广应用优秀教学成果，推进信息技术与教育教学深度融合，加强教学研究和指导。

国家也实施了多项计划，支持高中拔尖人才的培养。比如"英才计划"和"强基计划"，主要选拔培养有志于服务国家重大战略需求且综合素质优秀或基础学科拔尖的学生，在数学、物理、化学、生物和计算机等领域，致力于培养对基础学科感兴趣的学生，旨在建立健全基础学科拔尖创新人才选拔培养的有效机制。这些计划通过遴选一流师资担任导师，创新培养方式，强化学生的基础科研能力，为国家高精尖科学技术突破储备人才。截止到2023年，"英才计划"启动10年。计划实施范围进一步拓展，培养高校数量增至58所，覆盖25个城市，计划培养1 700余名品学兼优、学有余力的中学生。这批中学生将在北京大学、清华大学、南京大学等一流高校，在数学、物理、化学、生物、计算机等自然科学基础学科领域的知名学者指导下，参加为期一年的科学研究、学术研讨和科研实践。中学负责推荐品学兼优、学有余力、对基础学科具有浓厚兴趣的高中一年级和高中二年级学生参加报名。学生相应学科成绩排名应在年级前10%，或者综合成绩排名在年级前15%。在培养周期内，导师将根据学生兴趣和实际情况提出培养计划，师生共同实施。全国管理办公室组织开展冬令营、夏令营、野外科学考察等综合实践活动。

高中拔尖创新人才培养还依赖于各类创新竞赛和活动的持续开展。例如，青少年科技创新大赛、青少年机器人竞赛以及五项学科竞赛等活动，旨在全面提升学生的科技创新能力。这些竞赛不仅激发了学生的学习兴趣，还提供了展示自己才华的平台，从而促进他们的全面发展。

根据《普通高中数学课程标准（2017年版2020年修订）》，高中数学课程分为必修课程、选择性必修课程和选修课程。必修课程为学生提供共同基础，是高中毕业和高考的必备内容（表4-1-2）；选择性必修课程旨在满足学生个性发展和升学考试的需要。在学分设置上，必修课程8学分，选择性必修课程6学分，选修课程6学分。如果学生只计划高中毕业，只需完成必修课程并通过毕业考试即可。而选修课程则是为了引导学生发展方向，展示数学才能，发展数学兴趣，并为大学自主招生提供参考。

表4-1-2 高中数学必修课程的主题和内容

主题	单元	建议课时
主题一 预备知识	集合	18
	常用逻辑用语	
	相等关系与不等关系	
	从函数观点看一元二次方程和一元二次不等式	
主题二 函数	函数概念与性质	52
	幂函数、指数函数、对数函数	
	三角函数	
	函数应用	
主题三 几何与代数	平面向量及其应用	42
	复数	
	立体几何初步	
主题四 概率与统计	概率	20
	统计	

续表

主题	单元	建议课时
主题五 数学建模活动与数学探究活动	数学建模活动与数学探究活动	6
	机动	6

根据国际课程项目的特点，学生在高一要首先完成国家规定的数学必修课程，教材选用海淀区确定的人教版高中数学教材，国外的学生在 10 年级一般学习的是预备微积分课程，其内容主要体现在主题一、二、五中，但是其内容广度比国内课程大，如三角函数里面要求掌握 6 个三角函数、反三角函数知识等，国内课程中只学习前 6 个函数，基本不涉及反三角函数，因此高一年级会融合国内国外课程内容。但是在 11～12 年级，学生可以选择相应的高阶 AP - 数学课程或者 IB - 数学等其他课程。根据相应的学科课程标准和考查的要求，学生要学习相关微积分的知识，包括极限与连续、导数与微分、反导数、微积分基本定理、定积分概念及应用、微分方程、级数等，还会学习概率统计知识，包括数据描述、实验设计、概率分布、估计和检验等内容。

2）信息技术与数学学习深度融合

《普通高中数学课程标准（2017 年版 2020 年修订）》提出了"信息技术与数学教学深度融合"的应用理念，实现传统教学手段难以达到的效果。例如，利用计算机展示函数图象、几何图形运动变化过程；利用计算机探究算法、进行较大规模的计算；从数据库中获得数据，绘制合适的统计图表；利用计算机的随机模拟结果，帮助学生更好地理解随机事件以及随机事件发生的概率。这一理念的核心在于，信息技术不仅仅用于辅助教师教学，而是成为教学的主流，与教学活动深度融合。信息技术在创设教学情境、吸引学生参与、动手操作、思考与经验积累等方面发挥重要作用，从而优化课堂教学，转变教学与学习方式。例如，为学生理解概念创设背景，为学生探索规律启发思路，为学生解决问题提供直观，引导学生自主获取资源。在这个过程中，教师要有意识地积累数学活动案例，总结出生动、自主、有效的教学方式和学习方式。

AP - 微积分课程标准提出，图形计算器是探索数学实践多个组成部分的宝贵工具，包括使用技术开发适合指定参数或数据的函数模型，在其图形、数值、分析和口头表示之间联系概念，以及识别和传达准确的信息。AP - 微积分课程还支持学生使用其他可用的技术，并鼓励教师以各种方式将技术融入教学中，作为促进发现和反思的手段。

在 AP - 微积分课程中使用图形计算器的适当例子包括但不限于：

①通过放缩显示局部线性；
②构造一个函数值表格来推测极限；
③通过画泰勒多项式函数图象，理解泰勒级数的收敛区间；
④绘制一个斜率场，并研究初始条件的选择如何影响微分方程的解。

当然 AP-微积分课程对图形计算器的使用也有限制。在利用技术之前，要求学生必须学会没有图形计算器的时候如何解决问题，而不能用图形计算器代替技能学习或者问题解决。这一点与考试要求是同步的，AP-微积分课程的考试分为不可用图形计算器作答和可用图形计算器作答两部分题目，可谓兼收并蓄。

AP-统计学课程学习中学生应该在课堂内外都能使用电脑和计算器。首先，它生成专门为数据分析设计的图形。这些图形显示使观察数据中的模式、识别数据的重要子组以及定位任何异常数据点变得更加容易。其次，计算机允许学生将复杂的数学模型拟合到数据中，并通过检查残差来评估模型与数据的拟合程度。最后，计算机有助于识别对分析有不适当影响的观察结果并消除其影响。计算机还促进了 AP-统计学课程中强调的概率模拟方法。随机事件的概率、随机变量的概率分布和统计的抽样分布可以通过模拟从概念上进行研究，这使学生和教师摆脱了依赖于几个简单概率模型的狭隘方法。

由于计算是统计学家工作的核心，因此计算机或者计算器被认为是教授 AP-统计学课程的必要条件。然而，在 AP-统计学课程考试期间，学生还不能使用计算机。没有计算机，在定时考试的条件下，学生不可能被要求进行许多统计调查所需的大量计算。因此，必要时将提供标准的计算机输出，并要求学生解释它。目前，图形计算器是唯一可供学生使用的计算辅助工具，作为 AP-统计学课程考试的数据分析工具。在课程和考试中使用的图形计算器的计算能力应包括通过线性回归进行的标准统计单变量和双变量统计。图形功能应包括常见的单变量和双变量显示，如直方图、箱形图和散点图。学生们发现将数据输入电子表格格式的计算器特别容易使用。

因此校本课程的设计要充分发挥计算器、计算机等信息技术在数学学习和教学中的重要性，根据课程标准要求充分考虑这些技术对数学教学内容和方法的影响，设计基于信息技术的教学活动进行数学探究，大力开发并向学生提供更为丰富的学习资源，鼓励学生运用信息技术学习、探索和解决问题，鼓励学生使用信息技术进行数学建模活动。

3）倡导主动探究

教师应具备扎实的数学基础知识，不断学习创新教育理念，要灵活运用各种教学方法和手段，引导学生主动探究和创新。教育部在《教育信息化 2.0 行动计划》中也提出了推进信息技术与课堂教学融合创新的新要求。在新形势下，教师需要不断提升自身的数学教学能力和信息技术应用能力，同时要抓住数学的本质，提出合适的问题以引发学生思考。有效的情境应该是真实的、生活化的、有趣的、简明的、有价值的，并且尽可能让学生自己领悟并得出结论。因此从教学方法上看，要尽量避免出现填鸭式教学和题海战术，要采用以学生为主的教学方式，开展真正的探究性学习，要根据知识的形成过程设计好教学活动，让学生在探究中获得真知，体验到数学思想，掌握数学方法。

2. 课程建设的原则

1）针对性与前瞻性相结合

针对数学拔尖学生的特点，设计具有挑战性的课程内容，如大学数学理论、数学竞赛题目解析等，以满足他们深入学习的需求。同时，注重课程内容的个性化定制，根据学生的兴趣和能力差异，提供不同的学习方向和选择。课程内容应涵盖数学领域的最新发展动态和前沿研究成果，引导学生关注数学科学的前沿问题。

2）系统性与拓展性相统一

构建完整的数学知识体系，确保学生从基础知识到高级知识的连贯学习。课程应包括数学的基本概念、原理和方法，并注重它们之间的内在联系和逻辑结构。在掌握基础知识的基础上，引入跨学科的内容和方法，如数学与物理、计算机科学等领域的交叉融合。同时，鼓励学生参与数学研究项目或竞赛，通过实践拓展数学应用能力和创新思维。

3）实践性与创新性相协调

加强实践性教学，设计数学实验、数学建模等实践活动，让学生在实践中应用数学知识解决问题。激发学生的创新精神和探究欲望，鼓励他们提出新的数学问题、猜想和解决方案。设立创新项目或竞赛，提供必要的支持和指导，让学生有机会展示自己的创新成果。

4）因材施教与个性化发展相促进

根据学生的数学基础、学习能力和兴趣特点，采用灵活多样的教学方法和手段。尊重学生的个性差异和兴趣爱好，提供多样化的学习路径和发展空间。

5）资源整合与共享共赢

充分利用校内外的教学资源，包括优秀的师资、教学设备、图书资料等。与数学领域的专家、学者建立合作关系，邀请他们参与课程设计和教学指导。积极引进先进的数学教学软件和工具，提升教学效果和学习体验。加强与其他学校或机构的合作与交流，实现教学资源的共享和互补。例如，积极参与数学领域的学术交流和合作研究，提升学校的学术影响力和竞争力。

3. 课程建设的目标

1）建设目标

（1）校本课程实现对国家课程和地方课程的深化与拓展

在课程内容方面、对高中数学核心概念进行深入挖掘，对数学方法和技能进行强化训练，对数学前沿领域进行探索与引入。通过这些内容的学习，拔尖创新人才能够建立起更为全面、深入的数学知识体系，为未来的学术研究和职业发展奠定坚实的基础。同时课程的开设可以积累包括学习讲义、课程活动设计、教学资料等多种课程资源。

（2）校本课程注重培养学生的创新能力和实践精神

在课程实施方面，利用信息技术创设富有挑战性的学习任务和实践活动，引导学生主动探索、发现和创新。通过信息技术支持的项目式学习、探究式学习等教学模式，鼓励学生运用数学知识解决实际问题，如数学建模、数据分析等。这不仅能够加深学生对数学知识的理解与应用，还能培养他们的创新思维、批判性思维和团队协作能力，为未来成为创新型人才打下坚实基础。

（3）提升在信息技术支持下的基于技术思维的数学问题解决能力

基于信息技术融合的数学校本课程，使学生掌握必要的信息技术工具和方法，如数据处理、软件操作、编程基础等；有利于学生形成基于技术思维的问题解决方式，不仅能够服务于数学学习，锻炼学生的数学思维和提升解决问题的能力，还能提升学生的信息技术素养，为学生未来的学习和职业生涯提供广泛的技术支持，使他们能够更好地适应信息化社会。

2）育人目标

高中数学拔尖创新人才育人目标，旨在培养具备扎实数学基础、卓越创新能力、全面综合素质和个性特长的杰出人才，为他们在未来的学术研究和职业发展奠定坚实的基础，并为国家的科技进步和社会发展作出重要贡献。

（1）夯实数学基础和技能，提升核心素养

首要目标是加深学生对数学基础知识的理解，提高运用数学知识解决实际问题的能力。拔尖创新人才需要深入理解并掌握高中数学的核心概念、原理和方法，打下坚实的数学基础。同时，他们还应具备出色的数学运算、推理和问题解决能力，能够灵活运用数学知识解决复杂的实际问题。利用信息技术展示数学知识的发展过程，如动态图形展示、数据可视化等，使抽象的数学概念具体化，帮助学生深入理解数学原理、公式和定理。

（2）培养数学应用和表达能力

数学应用能力的培养使学生能够将学到的数学知识应用到现实生活中。校本课程通过模拟实际过程、解决实际问题的实践活动，提高学生的实际操作能力，增强学生的现实应用意识。通过小组讨论、课后探究问题等方式,学生能够清晰地表达自己的数学思想和解决问题的方法,促进其数学语言的准确性和逻辑性。

(3)创新思维和批判性思维的培养为核心

创新能力的培养包括培养学生的创新思维、创新方法和创新精神。通过引入信息技术工具和手段、动态图形展示和模拟实验,使学生能够通过直观的观察和操作发现数学规律,激发学生的好奇心和探索欲,鼓励他们进行创新性思考和实验。鼓励他们对数学问题、答案和解题过程保持怀疑态度,并且利用信息技术进行探索,提出自己的疑问和见解,培养学生的质疑精神。通过设计具有挑战性的学习任务和探究项目,引导他们主动探索、发现和创新。学生将面对真实或模拟的复杂问题,通过自主或团队协作的方式,提出解决方案并实施,从而培养其创新思维和动手实践能力。利用信息技术展示数学问题的多种解决途径,从而培养学生的发散性思维和创新能力,帮助他们感受数学之美。

4. 课程结构

课程结构主要包括四个板块,如图4-1-3所示。

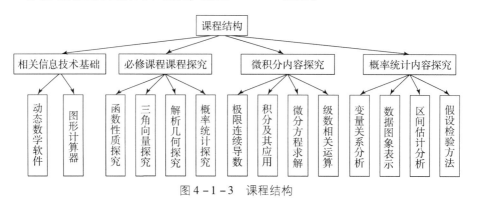

图4-1-3 课程结构

1)与课程相关的信息技术或者软件基础知识

动态几何软件:这类软件能够动态地展示几何图形和变换过程,使学生更容易理解几何概念。通过拖动、旋转和缩放图形,学生可以直观地观察几何对象的性质,从而加深对几何定理和公式的理解。

图形计算器:这是一种能够处理数学运算并绘制图形的手持设备。它允许学生直观地探索数学函数、几何图形和统计数据的性质,从而加深对数学概念的理解。图形计算器还能帮助学生解决复杂的数学问题,提高他们的计算能力和问题解决能力。

数据可视化工具:在统计学和概率论的学习中,数据可视化工具如Excel、Tableau等能够帮助学生将复杂的数据集转化为直观的图表和图象,这有助于学生分析数据、发现规律,并提高他们的数据处理和问题解决能力。

2）与高中数学国家课程内容相关的数学探究活动

根据数学课程标准中的内容和国际课程中高中数学内容，选择合适的课程内容，利用信息技术创设可视化的学习探究情景，进行数学探究。

3）拓展的数学内容相关探究活动

这部分内容主要是微积分课程和概率统计课程。为了提高拔尖创新学生的科学素养，培养科学思维，为他们将来进行科学研究打下基础，根据科研需求，像概率统计等知识、学习实验方案的设计、数据的处理分析方法，学生可以使用数据分析软件处理实际数据，建立统计模型，并解释模型的意义。这样的活动不仅有助于培养学生的数学建模能力，还能提高他们的实际应用能力。

5. 课程内容

根据高中数学国际课程的实际情况，学生将来需要参加高中数学课程的国际统一考试，需要考查学生使用图形计算器解决问题的能力，因此结合高中数学 AP 教材和国内教材开发课程内容。

1）函数与方程主题内容

以幂指对函数、多项式函数、有理函数及其运算合成或者复合构成新函数为载体，能够利用图形计算器进行符号代数运算和求解方程（组）；能够利用图形计算器绘制函数图象以及显示函数值表，探究函数的性质，如求解最值、判断单调性奇偶性；能够利用图形法求零点、方程组的解，求不等式的解集；能够画出含有参数的函数图象，进行数学实验，动态变化图象，探索参数对图象的影响，如图象的平移伸缩、对称翻转变换等；能够将数据输入图形计算器，并且作出散点图，然后选择合适的函数模型进行拟合，找出函数关系并利用结果进行预测，开展数学实际应用的问题探索。

2）三角与几何主题内容

能够利用图形计算器正确地计算出 6 个三角函数的值，会用图形计算器展开三角恒等式，求解三角方程；能够利用图形计算器进行向量的相关运算、作出向量的图形；能够利用正余弦定理进行解三角形运算；能够利用图形计算器绘制 6 个三角函数图象以及显示函数值表，探究函数的性质，如周期性；能够利用图形法求函数的零点、三角方程组的解，求三角不等式的解集；能够画出含有参数的三角函数图象，进行数学实验，动态变化图象，探索参数对图象的影响，如图象的平移伸缩、对称翻转变换等；能够针对周期性相关的实际问题收集数据，将数据输入图形计算器，并且作出散点图，根据周期性特点然后选择合适的三角函数模型进行拟合，找出函数关系并进行预测。

3）微积分主题内容

这部分内容主要是以 AP－微积分、IB－数学课程中微积分内容为主。能够利用图形计算器正确计算各种函数的值，能够完成极限、微分、高阶导数、积分等运算；能够画出函数图象，进行图象分析；能够利用图形计算器探索积分的概念和性质、微积分基本定理；能够正确画出微分方程的斜率场，求解可分离变量的微分方程和逻辑斯蒂微分方程；在应用中会利用图形计算器求面积、体积和弧长等；能够画出参数方程、极坐标曲线，以及曲线运动的向量方程，进行微分和积分计算，会解决相应的曲线长度和形成的图形面积问题；能够探索和计算广义积分、无穷级数，探索审敛法则和完成各种级数的求解。

4）概率统计主题内容

这部分内容主要是以 AP – 统计学、IB – 数学课程中概率统计内容为主，主要包括描述性统计、实验设计与抽样、概率论和统计推断等部分，同时要求学生能够掌握数据收集和分析的方法，进行参数估计与假设检验等。

能够利用图形计算器作出点图、茎叶图、直方图以及箱线图等，完成单变量数据的分析；能够作出散点图，完成相关系数及最小二乘回归线计算，对双变量数据进行正确分析；能够利用图形计算器进行随机抽样，并进行实验设计，深入理解各种抽样方法及其适用场景；能够完成涉及事件的独立性及概率计算，包括离散型随机变量（如二项分布、几何分布）和连续型随机变量（如正态分布）的处理；能够利用图形计算器探索样本均值、样本比例及其抽样分布；能够利用图形计算器对样本、总体、参数进行估计和假设检验，例如总体平均值和总体比例的置信区间估计和假设检验，深入理解和掌握 Z 检验、t 检验及卡方检验的方法；能够利用图形计算器进行涉及简单线性回归模型的建立、回归方程的估计与检验，深入理解和体验回归分析的基本原理和应用。在学习过程中，不仅要掌握理论知识，还要注重实践应用，以提高对统计学的综合理解和应用能力。

三、课程实施

1. 课程实施的基本思考

随着数学在现实生活中的应用越来越广泛，培养学生的数学应用能力成为数学教育的重要目标。动态数学软件和图形计算器作为一种强大的数学工具，能够帮助学生将抽象的数学知识与实际问题相结合，提高他们的数学应用意识和能力。技术的使用为学生提供了一个直观、交互的学习环境，有助于学生通过亲手操作、观察图形变化来主动建构数学知识体系，积累数学活动经验，有利于培养核心素养。

课程融合到学校智慧教育中，与学校的科技教育特色相结合，注重培养学生的科技素养和创新精神，提高学生的数学创新能力。在校本化过程中，我们还要注重课程内容的实用性和趣味性，将课程内容与学生的实际生活和学习需求紧密相连，能够帮助学生解决实际问题，能够激发学生的学习兴趣和积极性。通过设计与学生生活密切相关的数学问题和实践活动,让学生在解决问题的过程中感受到数学的应用价值和乐趣。

2. 课程实施原则

1) 整合性原则

课程内容要融合国际课程,确保动态数学软件和图形计算器的使用与高中数学课程内容紧密相连,如函数、几何、概率等章节。案例设计具有针对性,使动态数学软件和图形计算器的使用与数学问题的解决紧密结合,帮助学生深入理解数学概念和原理。教学资源要整合,结合教材、教辅材料和网络资源,构建丰富的动态数学软件和图形计算器等教学资源库,供教师和学生选择使用。

2) 实践性原则

操作训练要充分,通过课堂讲解、演示和练习,让学生掌握动态数学软件和图形计算器的基本操作和技能。要进行问题解决的实践,引导学生利用动态数学软件和图形计算器解决实际问题,如数学建模、数据分析等,培养学生的实践能力。要设计有趣的数学实验探究活动,让学生在实践中探索数学规律,发现数学之美。

3) 循序渐进原则

螺旋式分阶段教学,根据学生的学习进度和能力水平,将动态数学软件和图形计算器的使用分为基础、中级和高级三个阶段,逐步引导学生掌握更复杂的功能和应用。为每个阶段设计适当的学习任务和练习,确保学生能够在逐步挑战中提升能力。根据学生的表现和反馈,及时调整教学策略和进度,确保每个学生都能在合适的节奏下学习。

4) 互动性原则

开展小组讨论式学习,鼓励学生进行小组讨论,分享动态数学软件和图形计算器的使用心得和问题解决策略,促进思维碰撞和知识共享。设计需要小组合作才能完成的数学问题,让学生在合作中提升团队协作能力。

3. 课程实施计划

1) 高一年级实施计划

这部分以预备微积分课程内容为主,同时结合国内高中数学课程内容,进行实施(表4-1-3)。

表4-1-3 高一年级数学课程实施计划

主题	内容	技术探究过程	课时
技术基础	图形计算器的基本功能	熟悉图形计算器的界面布局,进行基本操作,熟悉各种符号的输入,完成简单计算等常用功能	2

续表

主题	内容	技术探究过程	课时
函数与方程	方程的图象探索	在方程图象界面下画出直线、圆的图象，跟踪图象，探索截距、零点，探索直线和圆的位置关系	2
	方程的图象性质探索	对抛物线方程的图象，作出任意垂直对称轴的直线的交点，测出坐标探索对称性，利用作对称点方法探索对称性	2
	函数的表示	作出函数的图象，调整合适显示窗口，显示出函数值表，设置合理的起始值和步长，求出函数图象的交点，表格函数用散点图作出函数的图象，分段函数的输入和绘图，进行图象跟踪等	2
	探索函数的性质	进行函数作图，显示函数值表等功能，探究函数图象的对称性及图象的变换，体验函数的奇偶性与单调性的本质属性，探究函数的渐近线，能够构造出关于 y 轴对称的函数	2
	函数图象的变换	根据表达式作出对应函数的图象，探索图象的平移、伸缩、对称、翻折等变换，通过含有参数的函数图象，探索参数对函数的影响	2
	幂函数、有理函数性质探索	作出幂函数的图象，显示函数值表，探究函数的性质，探究幂指数为参数的函数，总结性质；作出有理函数的图象，探究性质，找出水平、竖直、斜渐近线等	2
	指数运算以及指数函数性质探索	进行分数指数幂的运算，探索指数函数的图象和性质，通过变化底数参数探索底数对图象的影响	2
	对数运算及对数函数性质探索	进行对数运算，探索对数运算规律，探索对数函数的图象和性质，通过变化底数参数探索底数对图象的影响，探究对数函数和指数函数的关系	2
	复合函数的性质探索	通过作出内层函数、外层函数、复合后的函数图象，分析复合过程，深刻理解复合函数，通过动态变化函数图象的点和显示函数值表，分析复合函数的单调性等性质	2
	函数应用与函数拟合	通过输入数据进行函数拟合，找出最适合的关系；通过动画中数据的抓取功能，获取数据，进行拟合并解决一些实际问题	2
	代数法求解方程和不等式	通过图形计算器提供的方程求解器解方程和不等式，并利用计算器作出图象进行验证	2

续表

主题	内容	技术探究过程	课时
三角与几何	三角函数定义和图象	利用图形计算器完成弧度角度互化,计算6个三角函数值;用数据表验证三角函数的定义的合理性,用单位圆法作出三角函数的图象	1
	$y=A\sin(\omega x+\varphi)$中参数对函数图象的影响	利用图形计算器游标功能,作出每个参数的图象,探究参数变化对图象影响的规律	2
	反三角函数	利用图形计算器完成反三角计算,探究三角函数存在反函数的区间,选定区间的三角函数的反函数才是反三角函数,作出反三角函数的图象,探究其性质	2
	三角恒等式	利用图形计算器展开三角公式、和差化积、积化和差等	2
	三角函数实际应用	根据实际问题的数据绘制散点图,进行三角函数拟合,建立三角函数模型,求解相应的方程或者不等式	2
	正余弦定理探究和应用	利用图形计算器作出图形,探索正弦定理比值是常数,探索常数是外接圆的直径,用几何图形证明正弦定理,利用图形计算器求解三角形的应用问题	2
	向量问题探索	利用图形计算器绘制向量图形,探索向量基本定理,由向量关系式作出对应的图象,探索不变的规律,完成向量的坐标运算	2
	几何轨迹探究	利用图形计算器的几何界面探索动点的轨迹,如圆锥曲线轨迹的几何做法、定义法、内含圆法、压缩法、斜率积为定值等多种方法	2
	圆锥曲线性质探索	利用图形计算器的方程作图功能作出一条二次曲线,探索其焦点、顶点、对称轴、离心率、准线、切线等性质,求解直线和圆锥曲线的交点坐标等	2
综合实践应用	项目式学习活动	学生自己确定生活中的问题,应用函数方程或者三角几何思想方法解决	10

2) 高二年级实施计划

这部分以 AP–微积分和 IB–数学的课程内容为主进行实施(表4–1–4)。

表4-1-4　高二年级数学课程实施计划

主题	内容	技术探究过程	课时
极限与连续	从表达式、图形、数据理解极限	利用图形计算器作出图象，进行缩放，观察极限；利用函数值表，设置步长观察趋势，理解极限；从图象和函数值表中探索重要极限 $\lim\limits_{x \to 0} \dfrac{\sin x}{x}$	2
	复合函数、分段函数的左右极限	能够使用数学模板直接计算极限，作出内层、外层函数的图象，跟踪图象分析函数的左右极限，显示函数值表分析复合后的函数的极限	2
	连续与间断点	探索各类间断点，尤其是利用图象缩放和函数值表观察震荡间断点，探索介值定理的条件	2
导数及其应用	平均变化率和导数概念	计算具体的平均变化率，计算平均变化率的极限；联系割线的斜率，通过割线的变化到极限位置及切线位置，理解导数是切点处的切线斜率；根据定义法用计算器计算导数值	2
	导数公式	利用图形计算器求解基本初等函数的一些导数值，猜想归纳导数公式，并进行代数证明	2
	链式法则探索	作出函数 $y=f(x), y=f(kx+b), y=f(x^2)$ 等函数的图象，作出内层函数的图象，确定 x 值，作出切线，通过计算探索链式法则	1
	隐函数导数和相关率	作出隐函数和相关率方程的图象，利用切线功能作出给定点处的切线，通过测量斜率得到此处的导数值，用代数方法直接求解隐函数导数和相关率	2
	反函数的导数	通过具体的函数如指数函数、对数函数，作出图象，作出直线 $y=x$，在原函数和反函数上作出关于直线 $y=x$ 对称的点，然后分别作出在该点处的切线，度量出斜率，发现斜率乘积为1，直观理解反函数的导数和原函数的导数关系，并用代数方法证明	1
	单调性与极值	作出函数的图象和对应导函数的图象，分析增减性和导函数值的关系，得到单调性判断方法和极值的求法	1
	凸凹性与二阶导数	作出函数的图象和对应导函数、二阶导函数的图象，分析凸凹性和二阶导函数值的关系，得到凸凹性判断方法和极值的第二种求法，形成拐点的概念	2

续表

主题	内容	技术探究过程	课时
导数及其应用	线性近似和牛顿方法找零点	在图象上作出切线,得出方程,进行近似计算,在图象上作出切线,然后作出切线和 x 轴的交点,作为零点的一阶近似值,从这个近似零点出发,依次进行这个过程,直到找出满足精度要求的近似零点	2
积分及其应用	曲边梯形面积黎曼和与定积分	根据给定区间函数作出图象,计算左右、中点、梯形近似的黎曼和;减小步长增加分割区间,再计算相应的黎曼和;再进行多次,探究黎曼和极限的存在性,理解定积分的概念	2
	微积分基本定理	作出函数 $y = x^2$ 的图象,在图象上作出点 $P(a, a^2)$,度量或者计算出 $\int_0^a x^2 dx$,拖动点 P,将点 P 的坐标采集到数据表,然后进行函数拟合,找出变上限积分的函数,作出其导函数,发现与函数 $y = x^2$ 的图象重合,从而深刻理解微积分基本定理	2
	两个或多个曲线围成面积	作出曲线,利用图形直接度量面积,然后用积分代数算法求解面积	2
	体积	利用图形计算器作出图象,确定积分变量,分析截面或者圆壳的表达式,写出体积积分表达式,进行计算	2
	积分应用-累积变化	根据实际问题建立"流入流出"模型,写出积分表达式,进行积分运算,如果反导数不存在,可以应用图形方法进行近似计算	2
	反常积分	对于无穷积分,作出具体函数的图象,度量出给定区间的面积;保持区间一侧不变,拖动区间另一侧端点向无穷大的方向移动,观察积分面积的变化,理解极限存在就是无穷积分。同样对于瑕点积分,将区间端点无限接近瑕点,观察面积的变化,抽象瑕积分的概念	2

续表

主题	内容	技术探究过程	课时
参数方程极坐标	参数方程	由给出的参数方程画出图象，跟踪图象确定方向，画出图象的切线，度量出切线斜率，求得导数值；利用代数求法求出导数值，并写出切线方程，能写出弧长和运动路程的积分表达式，并计算出弧长和运动路程	2
	极坐标方程	作出不同极坐标的点，发现某些点位置是相同的，体会点与极坐标不是一一对应的；由给出的极坐标方程画出图象，跟踪图象确定方向，画出图象的切线，度量出切线斜率，求得导数值；掌握代数求法求出导数值，并写出切线方程；能写出多个极坐标曲线围成的图形面积的积分表达式，并计算出面积	2
微分方程	微分方程的求解和斜率场	利用图形计算器作出微分方程对应的斜率场，作出过特殊点的特解；用代数方法求解简单的微分方程，探究逻辑斯蒂微分方程，及其对应函数的性质	2
级数	常数项级数	在图形计算器上利用通项公式或者列表作出数列的图象和计算通项，探究收敛性；根据递推关系作出数列的图象和计算通项；利用求和公式或者列表作级数的图象，探究收敛性；由具体的交替级数例子，利用数据表和图象探索交替级数收敛的条件	2
	幂级数	根据比例检验法计算收敛半径，作出函数的各阶幂级数展开的近似函数图象，观察收敛区间之内和之外的图象区别，计算误差界，或根据近似精度确定近似多项式函数	2
	泰勒级数	根据给定函数构造泰勒级数，作出函数的各阶泰勒级数展开的近似函数图象，观察收敛区间之内和之外的图象区别，计算误差界，或根据近似精度确定近似泰勒多项式函数	2
综合实践应用	项目式学习活动	学生自己确定生活中的问题，应用微积分思想方法解决	10

3）高三年级实施计划

这部分以 AP–统计学和 IB–数学的课程内容为主进行实施（表4-1-5）。

表4-1-5 高三年级数学课程实施计划

主题	内容	技术探究过程	课时
描述性统计	分类变量数据	利用图形计算器输入数据，进行数据统计，作出条形图、饼图、累计条形图等	2
	数量变量数据	利用图形计算器输入数据，完成描述性统计量的计算，作出点图、直方图、箱线图、累计频率分布图等，探索数据分布的形态和特征	2
	两个数量变量的关系探索	利用图形计算器输入数据，作出散点图，观察图象，选择合适的关系，完成回归关系的计算，得出回归方程，并能够用回归方程进行预测计算，完成残差计算	2
抽样与实验设计	随机抽样设计	确定总体，进行编号，利用图形计算器的随机数功能，根据简单随机抽样、分层抽样、整群抽样等方法，产生随机样本	2
	随机实验安排	确定实验单元，进行编号，利用图形计算器的随机数功能，根据完全随机设计、随机区组设计、配对实验设计等方案，产生一个实验安排方案	2
概率及分布	古典概型与几何概型	由古典概率模型和几何概型计算概率值，绘制概率分布图象	2
	随机变量及分布列	由分布列的定义验证两点分布、二项分布、超几何分布、几何分布符合概率分布定义，并计算相应的概率值，绘制相应的图象	2
	分布列的期望方差	根据期望和方差的定义计算出随机变量的期望和方差，探究并掌握两点分布、二项分布、超几何分布、几何分布的期望和方差	2
	连续型随机变量	根据概率分布的定义，构建符合条件的连续型随机变量的分布，确定概率分布函数，并作出图象，用面积法验证概率为1；能够直接用图形求面积方法得出确定区间上概率，能够作出累积概率分布函数图象	2
	连续型随机变量期望和方差	由定义法计算简单连续型随机变量分布的期望与方差，作出分布图形分析观察期望和方差的意义	2
	随机变量和差的期望方程探索	给定两个相同的离散随机变量的分布，分别计算随机变量和的取值，以及和对应的概率，作出随机变量和的概率分布图象，并且与原来随机变量分布的图象进行比较，再计算出随机变量和分	2

续表

主题	内容	技术探究过程	课时
概率及分布		布的均值与方差，并且和原来分布进行比较，猜想出它们之间的数量关系。作出随机变量2倍的新随机变量的分布，计算出均值和方差，并且和前面的随机变量和的分布进行比较，找出差异	
	正态分布	作出正态分布 $X \sim N(\mu, \sigma^2)$ 函数图象，探索 μ，σ 对分布的影响，用面积法探索在均值 μ 两侧1倍、2倍、3倍 σ 区间之内的概率，理解数值如果位于 2σ 之外就可以看到异常值的原则；理解和掌握用标准化后的标准正态分布来计算一般正态分布区间概率的方法；会用命令计算区间概率，能够由给定概率计算临界值	2
	t-分布	作出 t-分布 $X \sim t(n)$ 函数图象，探索自由度 n 对分布的影响，作出标准正态分布图象，并和 t 分布图象对比，发现当 n 趋于无穷大时，极限分布是标准正态分布；在图象上用面积法计算区间概率，会用命令计算区间概率，能够由给定概率计算临界值	2
	χ^2-分布	作出 χ^2-分布 $X \sim \chi^2(n)$ 函数图象，探索自由度 n 对分布的影响；作出标准正态分布图象，并和 t 分布图象对比，发现当 n 趋于无穷大时，极限分布是标准正态分布；在图象上用面积法计算区间概率，会用命令计算区间概率，能够由给定概率计算临界值	2
	样本比例的抽样分布	利用图形计算器进行模拟，从含有100个个体的总体中抽样本容量为5个、10个、20个的样本，计算样本的比例，分别作1 000次，再作出这1 000样本的比例的分布图形，探究样本容量如何影响样本比例的分布，抽象出样本比例的期望是总体比例的期望，样本方差是总体方差的 n 分之一，探索样本比例抽样分布的正态近似条件	2
	样本均值的抽样分布	利用图形计算器进行模拟，从含有4个个体的总体中进行放回抽样，确定样本容量为2的所有样本，计算出所有样本的均值，再计算出这些均值的期望和方差，作出对应的分布图象；再确定样本容量为4的所有样本，计算出所有样本的均值，再计算出这些均值的期望和方差，作出对应的分布图象，并进行对比，猜想关系，确定样本容量为2、4的两个抽样分布期望和方差的关系；再随机模拟1 000次样本容量为4的抽样分布的均值，作出图形进行对比验证，探索样本均值抽样分布的正态近似条件	2

续表

主题	内容	技术探究过程	课时
估计和检验	样本比例的区间估计	输入原始数据,由给定命令,选定参数,求出置信区间;直接从样本比例的统计量,构造置信区间;直接利用命令构造两个样本比例差的置信区间	2
	样本均值的区间估计	输入原始数据,由给定命令,选定参数,求出置信区间;直接从样本均值的统计量,构造置信区间;直接利用命令构造两个样本均值差的置信区间	2
	样本比例的假设检验	输入原始数据,由给定命令,选定参数,求出相应检验统计量,得出 p 值;直接从样本比例的统计量,进行假设检验;直接利用命令对两个样本比例大小的假设检验;利用图形计算器作出图形说明 p 值	2
	样本均值的假设检验	输入原始数据,由给定命令,选定参数,求出相应检验统计量,得出 p 值;直接从样本均值的统计量,进行假设检验;直接利用命令对两个样本均值大小的假设检验;利用图形计算器作出图形说明 p 值	2
	两类错误的关系	利用图形计算器作出图形,说明两类错误概率的关系,说明检验水平与犯两类错误概率的关系,探究样本容量 n 与犯两类错误概率的关系	2
	线性回归方程中参数的估计和检验	输入数据,作出散点图,得出线性回归方程的方差、相关系数、判别系数;利用命令直接对参数做区间估计和假设检验	2
	χ^2 检验	输入数据,利用命令直接进行分布检验、独立性检验、一致性检验,得出相应的统计量、p 值,作出符合实际的解释	2
综合实践应用	项目式学习活动	学生自己确定生活中的问题,应用统计思想方法解决	10

4. 课程实施策略

课程实施中特别注重以学生为本,开展基于信息技术的数学实验探究式教学方法,帮助学生构建数学概念,理解数学思想,掌握数学方法,提高数学思维层次,提升数学核心素养。图形计算器等工具,具备强大的数学计算和图形绘制功能,融合了几何、代数、表格、图形、统计和微积分等多个学科,通过简单的操作就能实现图形的动态变化,真正做到了图形与代数方程的同步变化。因此课程首先要学习基本操作,了解技术的功能和作用,学会基本运算、图形绘制、数据输入、图表制作等。同时要尽可能理解技术背后的机理,逐步形成以技术思维为基础的数学问题探究方法。

数学实验活动指的是围绕一定的数学目标,借助相应的工具、仪器和各种技术手段,对数字、图形、图象、有数学意义的实物、模型、情景等,进行观察、测量、计算、符号化运算等数学操作,经历数学发现和再发现过程,从而获取直观感性认知和数学概念方法思想等。可以看到"数学实验"体现了数学研究中具体与抽象的辩证关系。数学实验的目的是学生通过自己动手操作,进行探究、发现、思考、分析、归纳等思维活动,最后完成知识建构或解决问题。高中数学实验探究教学模式,采用"问题驱动—尝试探究—感悟发现—归纳猜想—反思验证—应用拓展"的教学策略,强调学生的主动性和自主性,鼓励学生通过动态数学软件或者图形计算器进行数学问题的探究和发现。教师可以设计一系列具有层次性和挑战性的问题,引导学生逐步深入,从而发现数学规律,掌握数学知识。同时,教师还可以组织学生进行小组合作,共同解决复杂问题,培养学生的团队协作精神和沟通能力。

1) 基于数学实验构建数学概念的探究教学

在传统的数学概念、公式、公理、定理的教学中,有的教师采用的仍然是讲授式的方式,也有的教师采用先直接告诉学生结果再进行题海训练的方式,这导致学生缺乏知识的产生与发展过程的体验和感悟。因此,将数学基本概念进行探究式学习,有助于学生牢记数学知识,深刻理解概念、领悟思想、掌握方法。比如学习极限概念时,需要从数值上观察逐步接近的过程,需要大量运算,基于这种运算的实验探究也是一种较为有效的教学模式,可以充分利用图形计算器的计算页面、数据表格、函数值表等方式快速实现。

【案例1】 利用连续利率问题探究数值 e

如果本金为 a,年利率为 r,计息周期为 n,那么一年后的本息和为:

$$a \times \left(1 + \frac{r}{n}\right)^n$$

假设你在银行存款1元,存款年利率为100%!计息周期分别是1年、半年、季度、2个月、每月、每天、每小时、每分钟、每秒,利用计算器增加一个表格,在第一列输入计息周期,第二列用公式计算出对应的本息和,如图1和图2所示。

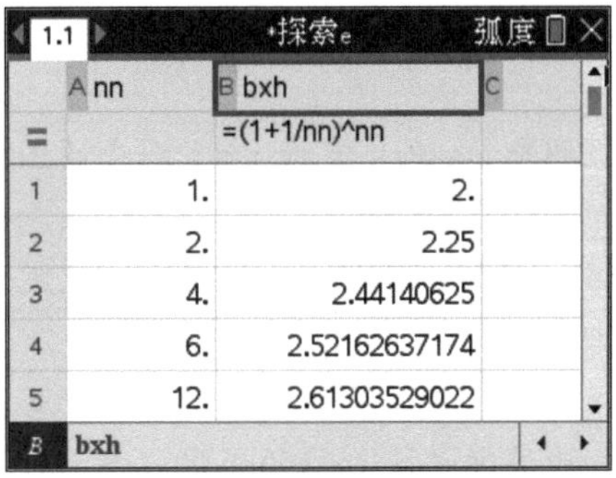

	A nn	B bxh	C
=		=(1+1/nn)^nn	
1	1.	2.	
2	2.	2.25	
3	4.	2.44140625	
4	6.	2.52162637174	
5	12.	2.61303529022	

图 1

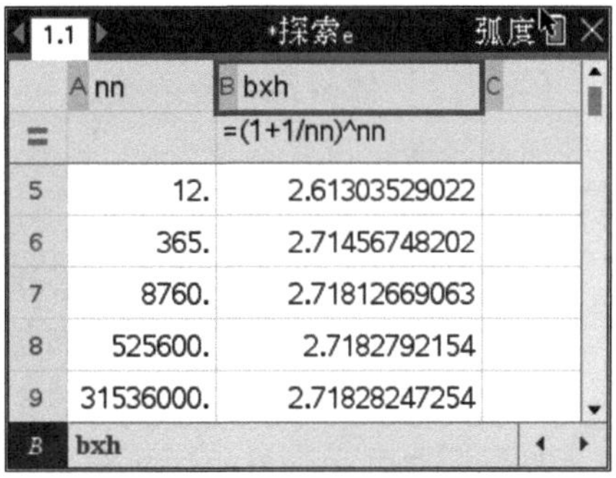

	A nn	B bxh	C
=		=(1+1/nn)^nn	
5	12.	2.61303529022	
6	365.	2.71456748202	
7	8760.	2.71812669063	
8	525600.	2.7182792154	
9	31536000.	2.71828247254	

图 2

计息周期为 1 年，利息 1 元，满 1 年后本息和 $=1+1=2$（元）。

计息周期为半年，上一期的利息计入下一期的本金，利息生利息，1 年本息和 $=1\times\left(1+\frac{1}{2}\right)^2=2.25$（元）。

计息周期为季度，利息生利息，1 年本息和 $=1\times\left(1+\frac{1}{4}\right)^4=2.441\,406\,25$（元）。

计息周期为 2 个月，利息生利息，1 年本息和 $=1\times\left(1+\frac{1}{6}\right)^6=2.521\,626\,371\,74$（元）。

计息周期为月，利息生利息，1 年本息和 $=1\times\left(1+\frac{1}{12}\right)^{12}=2.613\,035\,290\,22$（元）。

计息周期为天，1 年本息和 $=1\times\left(1+\frac{1}{365}\right)^{365}=2.714\,567\,482\,02$（元）。

计息周期为小时，1 年 $=24\times365=8\,760$（小时），1 年本息和 $=1\times\left(1+\frac{1}{8\,760}\right)^{8\,760}=2.718\,126\,690\,63$（元）。

计息周期为分钟，1 年 $=24\times60\times365=525\,600$（分钟），1 年本息和 $=1\times\left(1+\frac{1}{525\,600}\right)^{525\,600}=2.718\,279\,215\,4$（元）。

计息周期为秒，1 年 $=24\times60\times60\times365=31\,536\,000$（秒），1 年本息和 $=1\times\left(1+\frac{1}{31\,536\,000}\right)^{31\,536\,000}=2.718\,282\,472\,54$（元）。这个数就非常接近常数 e。

经历解决实际问题过程以后，学生能够深刻体验无理数 e 的产生和作用，同时也能够理解连续复利的模型，就是在分期计息的复利模型基础上，当 $n\to\infty$

时,利息时时刻刻都在产生,成为连续复利模型,一年后的本息和是 $a \cdot e^r$。

【案例2】体验定积分的概念

问题情景:探究函数 $f(x) = x^2$,求函数图象、x 轴、直线 $x=1$ 围成的图形的面积。

实验目的:体验定积分基本思想——分割、近似、求和、求极限,探究定积分概念形成过程,体验无限逼近思想。

实验活动:教师把课件发给学生,让学生选择左、右、中点矩形以及梯形近似,观察面积的和,然后增加分割的数量 n,观察黎曼和数值的变化,逐渐接近真实的面积值。

步骤:

(1) 打开课件,选择区间左端点近似,拖动 n 改变分割数目,观察图形的变化,分析面积的不足近似值与真实的面积误差,如图1和图2所示;发现随着 n 的增加,误差越来越小,选择区间右端点近似,拖动 n 改变分割数目,观察图形的变化,分析面积的过剩近似值与真实的面积误差,如图3和图4所示;体会到当 n 趋向无穷大时,面积的不足近似值和过剩近似值的极限就是真实面积。

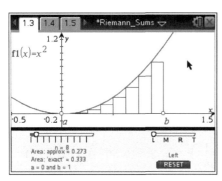

图1　　　　　　　　　　　图2

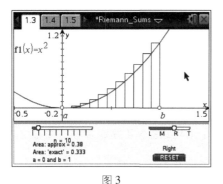
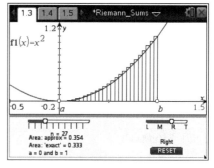

图3　　　　　　　　　　　图4

（2）进入"记事本"页面，插入数学模板，进行以下计算：
先计算面积过剩近似值，如图5所示：

$$S1 = \frac{1}{n}\left(\left(\frac{1}{n}\right)^2 + \left(\frac{2}{n}\right)^2 + \left(\frac{3}{n}\right)^2 + \cdots \left(\frac{n}{n}\right)^2\right)$$

$$= \frac{1}{n^3}(1^2 + 2^2 + 3^2 + \cdots n^2)$$

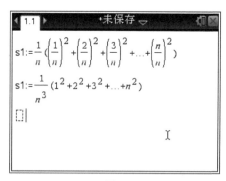

图5

再计算面积不足近似值，如图6～图7所示。

$$S1 = \frac{1}{n^3}\sum_{n=1}^{n} i^2 = \frac{(n+1)(2n+1)}{6n^2},$$

$$\lim_{n\to\infty} S1 = \lim_{n\to\infty} \frac{(n+1)(2n+1)}{6n^2} = \frac{1}{3}$$

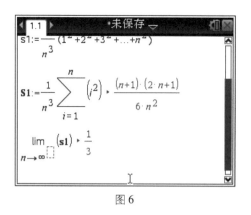

图6

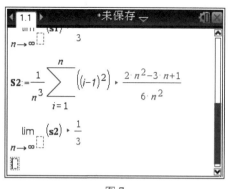

图7

（3）插入"图形"页面，输入函数，作出图象，调整好显示窗口，如图8所示；选择积分命令，如图9所示；再输入左端点0，右端点1，确认后作出阴影，并测出积分值，如图 10 所示。

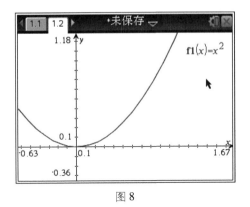

图 8

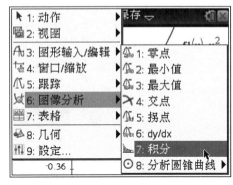

图 9

（4）在记事本页面，直接求定积分，结果如图 11 所示。

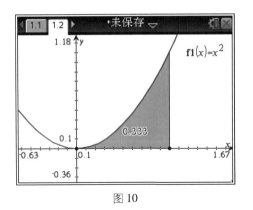

图 10

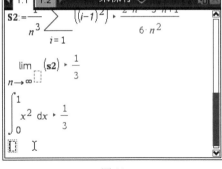

图 11

2）基于技术思维的解题探究

高中数学国际课程的全球统一考试中，都要考查利用技术解决问题的能力，考查学生基于数学知识方法思想创新解决问题的能力，因此在平时教学中要创设情景让学生体会技术思维下数学问题的解决方式，熟练地利用工具探究解决数学问题。

【案例 3】

Let R be the region bounded by the graphs of $y = \sin(\pi x)$ and $y = x^3 - 4x$, as shown in the figure（图 1）。

(a) Find the area of R.

(b) The horizontal line $y = -2$ splits the region R into two parts. Write, but do not evaluate, an integral expression for the area of the part of R that is below this horizontal line.

(c) The region R is the base of a solid. For this solid, each cross section perpendicular to the x – axis is a square. Find the volume of this solid.

(d) The region R models the surface of a small pond. At all points in R at a distance x from the y – axis, the depth of the water is given by $h(x) = 3 - x$. Find the volume of water in the pond.

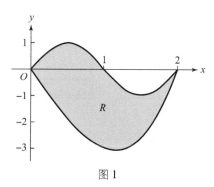

图 1

分析：本题是自由解答试题，考查微积分在求面积、体积的应用问题，在求解后面 3 个小问时，如果不用计算器难以算出答案，即使能算出也花很多精力，恐怕考试中不会有那么长的时间。

探究：

（a）首先输入两个函数表达式，作出函数图象，如图 2 所示；根据在确定区间内夹在两个函数图象之间的图形面积的积分算法，求出面积，发现正弦函数的对称性，可以简化运算，如图 3 所示。

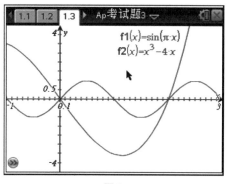

图 2

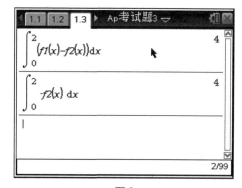

图 3

（b）作出函数 $y=-2$，在图象上，直接利用求交点功能得到交点的坐标，再写出面积的积分表达式。这里特别要注意，虽然不需要求出具体面积，但是在表达式中必须要把积分上下限求出来，这样才能得分，如图4和图5所示。

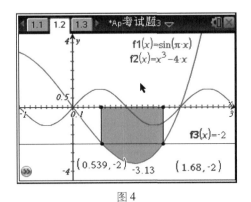

图4　　　　　　　　　　　　图5

（c）原题构造了一个几何体，以区域为底面，垂直于 x 的截面是一个正方形，要求算出这个几何体的体积。显然根据叠片法求体积，直接列出表达式用计算器算出结果，如图6所示，如果不用计算器，这个近似结果很难得出。

（d）原题构造了另外一个水池，以区域为底面，垂直于 x 的截面是一个长方形，离 y 轴的距离为 x 时，深度函数 $h(x)=3-x$，要求算出这个水池的体积。显然根据叠片法求体积，直接列出表达式并用计算器算出结果，如图7所示。如果不用计算器，这个近似结果很难得出。

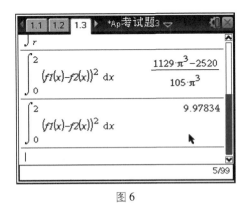 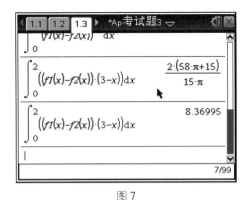

图6　　　　　　　　　　　　图7

最终完成解答，规范书写解答过程，如下：

Solution：

(a) $\sin(\pi x) = x^3 - 4x$ at $x = 0$ and $x = 2$

Area $= \int_0^2 (\sin(\pi x) - (x^3 - 4x))\mathrm{d}x = 4$

(b) $x^3 - 4x = -2$ at $x = 0.5391899$ and $s = 1.6751309$

The area of stated region is $= \int_r^s (-2 - (x^3 - 4x))\mathrm{d}x$

(c) Volume $= \int_0^2 (\sin(\pi x) - (x^3 - 4x))^2 \mathrm{d}x = 9.978$

(d) Volume $= \int_0^2 (3 - x)(\sin(\pi x) - (x^3 - 4x))\mathrm{d}x = 8.369$ or 8.370

3)随机模拟数学思想方法实验探究

这种模式的数学实验要进行大量重复的实验,如进行大量计算,作很多的图象、图形,大量数据统计计算,如果没有技术的支持几乎是不可能完成的。这种模式需要学生对图形计算器有较好的操作能力,可能需要用到图形计算器较高级一些的功能,如需要调用图形计算器的几个不同模块的功能,需要设计程序并能调试运行等;同时,也对教师有较高的要求,可能需要事先根据自己的教学目的做好教学设计,编制程序,存好文件,上课传给学生使用。

随机模拟法也叫蒙特卡罗法,它是用信息技术模拟随机现象,通过大量仿真试验进行分析推断,特别是对于一些复杂的随机变量,不能从数学上得到它的概率分布,而通过简单的随机模拟就可以得到近似的解答。

【案例4】

如图1所示,用蒙特卡罗方法估计函数 $f(x) = \mathrm{e}^{-x^2}, x \in [0,1]$ 的图象和坐标轴围成图形的面积。

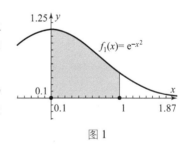

图1

这是一个积分求曲边梯形面积问题,由于函数在单变量微积分里面无法找出原函数,因此不能用微积分第一定理进行求解,探究是否能够用随机模拟方法求面积。

基本想法就是构建顶点在原点邻边坐标轴上位于第一象限的正方形,然后随机产生正方形内的点,看看是否在所求的区域里面,重复多次,计算点落在区域里面的比例,由于正方形的面积为1,这个比例可以作为所求面积的估计。

首先,在图形计算器里面建立记事本页面、数据表页面、函数图形页面,并且按照图2的形式进行布局设置,函数图形页面上输入函数表达式,显示函数和图象,以坐标原点为一个顶点,在第一象限作边长为1个单位长度的正方形;在记事本页面插入数学框,输入"n:=2000",表示实验次数;在表格最上面一行一次输入变量名字"hzb""zzb""hsz""mz",分别表示点的横坐标、纵坐标、相应的函数值、是否在阴影区域内;依次在第二行输入公式"rand('n)""rand('n)""f1(hzb)""iffn(zzb<hsz,1,0)",回车后得出 n 组数据。然后,在函数图形页面添加散点图(hzb,zzb),可以直观看出这些点比较均匀地分布在正方形内;在记事本页面的数学框里输入"n1:=sum(mz)",回车后计算出"1"的个数,以及点在阴影区域内的个数;再输入"s:=$\frac{n1}{n}$",回车后,得出模拟后的结果为 0.738;我们也可以在函数图形页面用积分计算出阴影的面积大约为 0.747,相差不大。

我们也可以用编程进行模拟,如图 3 所示。插入程序编辑器,输入名字"intap(m)",m 表示要取的点数,然后按照图 3 的过程输入程序,编译过后,在计算页面 intap(100000) 输出了模拟结果 0.748 14,再输入"intap(1000000)",得到模拟结果 0.746 68,这个值和 0.747 差异很小,因此这个方法可以帮助我们认识和解决问题。借助信息技术,蒙特卡罗方法体现了在科技爆炸时代的优点,就是简单快捷,在没有繁复的数学推导和演算过程下,可以得出问题的近似解,而且一般人也能够理解和掌握。

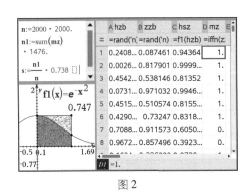

图 2

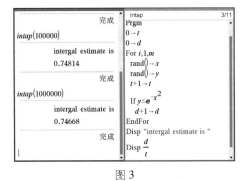

图 3

4) 数学问题深度学习探究活动

问题的深度学习离不开对问题的数学变式探究,通过不断更换命题中的非本质特征,但保留好对象中的本质因素,从而使学生掌握数学对象的本质属性。主要表现为:问题本身的多种变化,同一个问题多种解法,同一方法解决多种问题。对于问题的变化,常常改变问题的条件和结论,也可以进一步将条件一般化,进而需要分类讨论解决问题;也可以去掉一些条件变成开放性问题进行探究,积累数学探究活动经验。

【案例 5】 函数 $f(x) = ax + \dfrac{b}{x}(ab \neq 0)$ 的图象性质探究

在学生探究过 $f(x) = x + \dfrac{1}{x}$ 性质后，将函数换成 $f(x) = ax + \dfrac{b}{x}(ab \neq 0)$，引导学生任意确定满足条件的 a，b 值，利用图形计算器作出函数的图象；引导学生归类出 4 种情况（表 1），再引导学生利用游标功能，作出含参数 a，b 的函数图象；然后改变 a，b 值验证猜想的结论，再分析和讨论函数的性质。这个案例也体现了动态参数影响函数图象和性质规律。这样的案例在数学的学习中出现最多，也最为常见，这个模式也是利用图形计算器进行数学实验的主要教学模式。

表 1　函数 $f(x) = ax + \dfrac{b}{x}(ab \neq 0)$ 的性质

定义域	$f(x)$ 定义域为 $\{x \mid x \neq 0\}$			
奇偶性	奇函数			
参数	$\begin{cases} a > 0 \\ b > 0 \end{cases}$	$\begin{cases} a < 0 \\ b < 0 \end{cases}$	$\begin{cases} a > 0 \\ b < 0 \end{cases}$	$\begin{cases} a < 0 \\ b > 0 \end{cases}$
图象				
增区间	$\left(-\infty, -\sqrt{\dfrac{b}{a}}\right)$ $\left(\sqrt{\dfrac{b}{a}}, +\infty\right)$	$\left(-\sqrt{\dfrac{b}{a}}, 0\right)$ $\left(0, \sqrt{\dfrac{b}{a}}\right)$	$(-\infty, 0)$ $(0, +\infty)$	无
减区间	$\left(-\sqrt{\dfrac{b}{a}}, 0\right)$ $\left(0, \sqrt{\dfrac{b}{a}}\right)$	$\left(-\infty, -\sqrt{\dfrac{b}{a}}\right)$ $\left(\sqrt{\dfrac{b}{a}}, +\infty\right)$	无	$(-\infty, 0)$ $(0, +\infty)$
值域	$(-\infty, -2\sqrt{ab}) \cup$ $(2\sqrt{ab}, +\infty)$	$(-\infty, -2\sqrt{ab}) \cup$ $(2\sqrt{ab}, +\infty)$	R	R
渐近线	$x = 0$，$y = ax$			

【案例6】 开放性问题探究

问题：三角形 ABC 的三个顶点在函数 $y=\dfrac{1}{x}$ 的图象上，请分别作出它的内心、外心、重心、垂心等，探究它们的位置有什么特点。

下面以垂心为例：

教师引导学生利用计算器作出函数 $y=\dfrac{1}{x}$ 的图象，在图象上任意取 3 点，构造三角形，然后任意作出两边的高，作出它们的交点就是三角形的垂心，发现垂心落在函数图象上，如图 1 所示，然后任意拖动 3 点，改变它们在函数图象上的位置，发现垂心始终在函数的图象上，如图 2 所示。于是猜想三角形的垂心始终在函数的图象上，能证明吗？

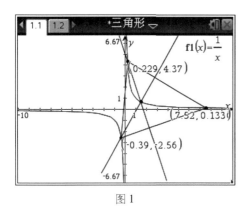

图 1

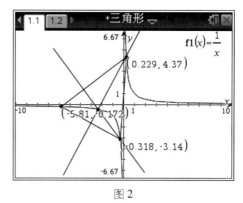

图 2

利用计算器的符号代数运算功能，定义函数 $y=\dfrac{1}{x}$，三个顶点坐标为 (xa, ya) (xb, yb) (xc, yc)，通过计算斜率求出高 CD、AE 的方程，并且联解方程得到垂心坐标为 $\left(-\dfrac{1}{xa\cdot xb\cdot xc}, -xa\cdot xb\cdot xc\right)$，显然满足函数的表达式，说明垂心在函数的图象上，如图 3～图 5 所示。

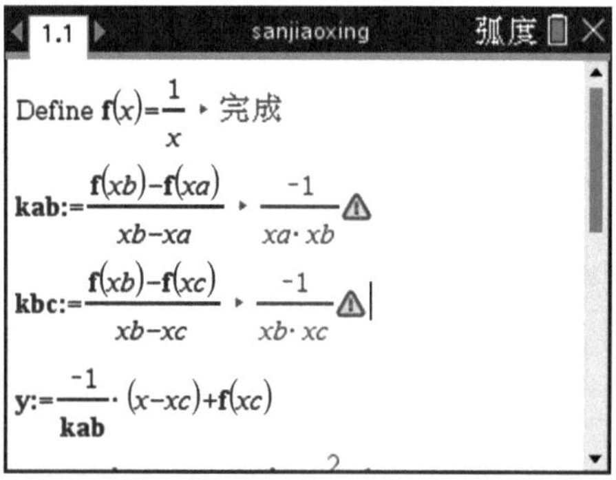

图 3

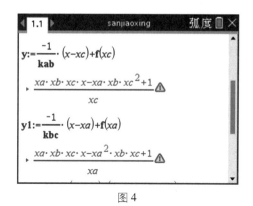
图 4

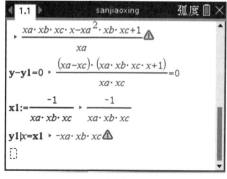
图 5

可以看到 TI 图形计算器具有强大的符号代数运算功能，是进行猜想证明数学结论的工具，是学生探究发现证明数学问题的有力工具，是支持学生高层次数学思维的得力助手，我们应该利用技术来提高学生的数学思维水平，提升核心素养。

5）开展项目式学习探究活动

高中数学项目式学习是一种基于真实问题的学习方式，旨在通过引导学生完成一个完整的项目，将理论知识与实际应用相结合，从而加深学生对学科知识的理解和掌握。这种学习方式强调学生的主动参与、合作学习以及创新思维和问题解决能力的培养。

（1）项目式学习的特点

以学生为中心：项目式学习将学生置于学习的中心地位，鼓励他们积极参与、主动探索。

真实问题导向：项目通常围绕一个或多个真实问题展开，这些问题与现实生活或学科前沿紧密相连。

跨学科整合：项目式学习鼓励学生运用多学科知识解决问题，促进知识的跨学科整合。

团队合作与沟通：学生需要在团队中协作完成任务，这有助于培养他们的团队协作和沟通能力。

注重过程与结果：项目式学习不仅关注最终成果，还重视学生在学习过程中的成长和体验。

（2）高中数学项目式学习的实施过程

时间一个月，大约 4 周时间，安排 8 次课，每周 2 次，每次 2 课时，计划如下：

第1次课：教师宣布课题项目学习要求，学生自愿组队，讨论选题，确定研究计划，人员分工。

第2次课：分小组展示各组的课题及计划，教师和同学提出建议。

第3次课：根据课题的计划开展研究，查阅资料或者网络数据收集，整理数据。

第4次课：根据整理的数据，选择合理模型进行分析和计算。

第5次课：教师讲解科技论文写作的基本要求、格式和规范，学生根据自己的课题开展情况，完成数据分析，得出结论。

第6次课：按照科技论文的格式，撰写论文，教师单独给小组指导。

第7次课：各个小组进行汇报展示，教师和同学点评，并且给出评价，提出意见。

第8次课：根据最后的讨论和意见，完成论文。

下面以学生的项目式学习课题为例说明。

【案例7】六大洲新型冠状病毒感染患者的年龄与死亡率关系的探讨

该小组由两名学生组成，在开展项目式学习活动中选择了这个项目。

2020年5月，中国的抗疫取得了阶段性的成果，但是西方的抗疫效果不明显，学生想从死亡率的角度来比较两种抗疫方式的效果，于是提出六大洲的新型冠状病毒感染死亡率之间是否存在显著性差异的问题。

他们开始的基本想法是：假设新型冠状病毒对各大洲人群造成的影响相同，那么各大洲的COVID-19死亡率应当是一致的。因此通过方差分析的统计模型对各大洲的COVID-19平均死亡率进行分析，来判断各大洲的COVID-19死亡率是否相同，若p值小于0.05，则差异具有统计意义。

采用分层抽样的办法，亚洲有48个国家，欧洲有46个，非洲有62个，北美洲有39个，南美洲有13个，大洋洲有24个。六大洲国家数量的比例约为10∶9∶12∶8∶3∶5，因此他们采用分层抽样的方法在六大洲中分别随机抽取10、9、12、8、3、5个国家作为样本。抽样方法是，分别给各洲内的每个国家编号，随机抽取数字，用对应序号的国家组成样本。亚洲抽到的国家有伊朗、印度、日本、越南、也门、菲律宾、中国、科威特、乌兹别克斯坦、蒙古；欧洲抽到的国家有意大利、英国、比利时、芬兰、法国、匈牙利、德国、瑞典、西班牙；非洲抽到的国家有几内亚、贝宁、赞比亚、利比里亚、卢旺达、埃及、利比亚、安哥拉、加蓬、尼日利亚、坦桑尼亚、马拉维；北美洲抽到的国家有加拿大、巴拿马、圣卢西亚岛、古巴、美国、巴哈马、阿鲁巴、墨西哥；南美洲抽到的国家有巴西、秘鲁、巴拉圭；大洋洲抽到的国家有汤加、关岛、巴布亚新几内亚、澳大利亚、新西兰。

查找世界卫生组织官方网站公布的疫情数据，计算得出六大洲中欧洲的COVID-19死亡率为0.096 5（标准差为0.044 6），明显高于其他五大洲。其次是亚洲，COVID-19死亡率为0.048 4，但是标准差为0.086 3，说明有极端值存在，从数据看也门的死亡率最高达到0.228，远远超过其他亚洲国家，是造成标准差较大的原因。排第三位的是北美洲，COVID-19死亡率为0.039 3（标准差为0.035 4），其中加拿大的死亡率最高达到0.076，远远超过其他北美国家，也是造成标准差较大的原因。南美洲的COVID-19死亡率是0.029 9（标准差为0.018 2），略高于非洲的COVID-19死亡率0.027 9（标准差为0.019 2）。大洋洲的COVID-19死亡率最低，仅为0.011 4（标准差为0.006 7）。

对上述结果进行方差分析，如表1所示，F 值为3.868 73，p 值为0.005 793，小于 α 值（0.05），检验结果具有统计性意义，拒绝原假设，有充分的证据说明六大洲新型冠状病毒感染的死亡率有显著性差异。

表1 六大洲死亡率的方差分析结果

差异来源	平方和（SS）	自由度（df）	均方（MS）	F 值	p 值
组间	0.046 432	5	0.009 286	3.868 73	0.005 793
组内	0.098 414	41	0.002 4		
总和	0.144 686	46			

他们进一步追踪数据发现，欧洲新冠病毒感染死亡病例中老年人的占比较高，于是提出新的问题，年龄对死亡率的差异可能存在潜在影响，这样有助于对易感染年龄段人群进行重点防护，从而能够有效降低死亡率，控制疫情。经过小组讨论和教师指导后，他们决定对六大洲的人口平均年龄进行比较，做方差分析看差异是否明显，如果差异明显再对平均年龄和死亡率做出相关分析，最后对欧洲老人死亡率是否超过80%进行统计检验，来说明问题。

从worldometers网站（2020年）收集到样本中六大洲各国家人口的平均年龄数据，经过统计分析得出：六大洲中欧洲人口的平均年龄为43.3岁（标准差为2.082），明显高于其他五大洲。其次是北美洲，人口的平均年龄为36.0岁（标准差为5.3）。排第三位的是亚洲，人口的平均年龄为31.8岁，但是标准差为7.866，说明有极端值存在，从数据看日本人口的平均年龄最高达48.4岁，远远超过其他亚洲国家，这是造成标准差大的原因。大洋洲人口的平均年龄是30.4岁（标准差为7.794），其中汤加和巴布亚新几内亚人口的平均年龄最低，为22.4岁，远远低于其他三个大洋洲国家，也是造成标准差较大的原因。南美洲人口的平均年龄是30.3岁（标准差为3.656），略低于大洋洲人口的平均年龄。

非洲人口的平均年龄最低，仅20.1岁（标准差为3.548）。

对上述结果进行方差分析，如表2所示，F值为20.553 1，p值为3.205 81×10^{-10}，小于α值（0.05）。检验结果具有统计性意义，拒绝原假设，有充分的证据说明六大洲的人口平均年龄有显著性差异。

表2 六大洲平均年龄的方差分析结果

差异来源	平方和（SS）	自由度（df）	均方（MS）	F值	p值
组间	3 012.11	5	602.422	20.553 1	3.205 81×10^{-10}
组内	1 201.73	41	29.310 5		
总和	4 201.44	46			

将平均年龄看作解释变量 x，死亡率看作响应变量 y，进行线性回归分析，模型假定如下：$y_i = \beta_0 + \beta_1 x_i + \varepsilon_i$，$\varepsilon_i \sim N(0, \sigma^2)$ 且相互独立。

提出假设：

H_0：六大洲COVID-19死亡率与人口平均年龄的线性回归线斜率为0，即 $\beta_1 = 0$。

H_α：六大洲COVID-19死亡率与人口平均年龄的线性回归线斜率大于0，即 $\beta_1 > 0$。

条件检验：

用T-inspire图形计算器作出散点图、残差图、残差正态概率图（限于篇幅略）。

线性：六大洲人口平均年龄与COVID-19死亡率的散点图呈线性分布，残差图呈随机分布，且均匀分布在"残差=0"两边。

独立：各大洲的COVID-19死亡率相互独立，人口平均年龄相互独立。

正态：残差的正态分布图没有呈现强的偏差，满足正态条件。

方差相等：在残差图中，随着自变量（平均年龄）的变化，数据到"残差=0"水平线的距离大致相等/保持不变。

随机：数据来源于随机样本（各大洲中随机抽取的国家）。

回归分析的结果如表3所示。因为t值为2.331 8，p值为0.040 047，小于α值（0.05），检验结果具有统计性意义，拒绝原假设，有充分的证据说明六大洲COVID-19死亡率与人口平均年龄的线性回归线斜率大于0，即呈现正相关。

得到回归方程 $\hat{y} = 0.003\ 303x - 0.061\ 1$，斜率是0.003 303，表明每当人口平均年龄增加1岁，死亡率平均增加0.003 303%。y轴截距是-0.061 1，表明当人口平均年龄为0时，死亡率为-0.061 1%，不具有现实意义。

相关系数 $r = 0.759\,045$，表明人口平均年龄和死亡率之间有着较强的正相关线性关系。判别系数 $r^2 = 0.576\,149$，表明人口平均年龄引起的死亡率变化大约占 57.61%，即线性模型可以解释 57.61% 的死亡率的变化。残差标准差 $s = 0.024\,373$，表明当使用上述方程预测死亡率时，预测值与实际值的平均差距是 0.024 373。

表3 线性回归检验结果

项目	系数	标准误差	t 值	p 值
年龄	0.003 303	0.001 416	2.331 8	0.040 047
常数	-0.061 1			
s	0.024 373	r^2	0.576 149	

人口平均年龄越大，COVID-19 死亡率越高。由于未找到其他国家的死亡人数的年龄分布，这里只分析欧洲（COVID-19 死亡率最高的大洲）新型冠状病毒感染死亡人员中 70 岁以上老年人的比例，检验该比例是否超过 80%。在 *COVID-19-related mortality by age groups in Europe: A meta-analysis* 论文中查找了欧洲样本国家的新型冠状病毒感染死亡人员的年龄分布。

提出假设：

H_0：欧洲新型冠状病毒感染死亡人员中 70 岁以上老年人的占比等于 0.8，即 $P_0 = 0.8$。

H_α：欧洲新型冠状病毒感染死亡人员中 70 岁以上老年人的占比大于 0.8，即 $P_0 > 0.8$

欧洲样本国家因 COVID-19 的总死亡老年人人数（70 岁以上）为 24 680，总死亡人数 29 030，70 岁以上老年人的占比 $\hat{p} = 24\,680/29\,030 = 0.850\,155$，检验统计量 $Z = 21.363\,8$，p 值 $= 1.579\,31 \times 10^{-101}$，显然 p 值小于 α 值（0.05），结果具有统计性意义，拒绝原假设，有足够的证据说明欧洲新型冠状病毒感染死亡人员中 70 岁以上老年人的占比大于 0.8。

由此可以说明，要好好保护老年人，尽可能不让他们感染新冠病毒。

从这个案例中可以看到：统计的思维可以帮助学生解决实际问题，并且提供更有说服力的证据，同时学生也进一步体验了统计思想方法的实际应用。通过对这个项目的学习，他们也深深感受到了大家齐心协力共同抗疫的重要性，并且能够深刻理解国家的防疫政策，自觉用行动来支持，做好个人相关防疫事务就是对国家最大的支持。这也是社会性议题项目学习应该带来的效果。

四、课程评价

1. 课程学业评价方案

课程学业评价要坚持过程性评价和结果性评价相结合的原则,将学生整个学习过程中的表现和结果都记录下来,按照各项权重比例,综合测算形成最终成绩。具体项目有课堂出勤与表现(10%)、任务与作业(25%)、平时测验(20%)、期中考试(20%)、期末考试(25%)等各项成绩(图4-1-4)。实时登录在线成绩管理系统,学期结束形成综合成绩(图4-1-5)。

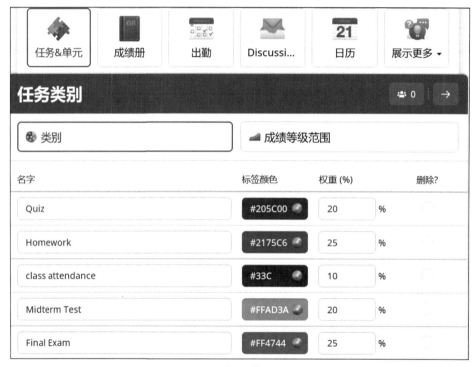

图4-1-4 课程学业评价项目

2. 各项目的评价量表

1) 课堂表现性评价

课堂表现性评价,包括课堂参与度、任务完成情况、实践操作能力、合作学习能力、创新思维等方面。在课堂中,教师会采用提问或者随堂任务来了解学生对知识的掌握程度,而课堂参与积极性以及学生互动主动性的评价,则需要通过适当的课堂活动来体现。国际课程中非常注重课堂氛围的营造,提倡积极活跃的课堂体验,美国大学理事会发布的AP课程说明中也推荐了各种各样的课堂活动。

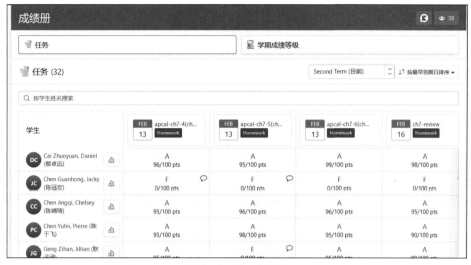

图 4-1-5　成绩册

在具体操作过程中，教师可以准备一些奖励卡，为特别积极回答问题，或者有创新的回答，或者完成任务的学生发放奖励卡，等到课后将每个学生的奖励卡折算成分数，添加到课堂表现成绩中。课堂表现性评价量表如表 4-1-6 所示。

表 4-1-6　课堂表现性评价量表

项目	内容	评分（满分 100 分 + 奖励 10 分）
1	按时出勤	60
2	完成课堂学习任务	80
3	积极参与合作与展示	100
4	解决问题有创新（或者手持技术使用）	加分 10 分

2）作业或任务评价

数学作业评价不仅帮助学生了解自己的学习进度和掌握情况，还能为教师提供反馈，以便调整教学策略。首先检查作业答案是否正确。对于计算题，确保每一步的运算都准确无误；对于证明题，验证推理过程是否严密，结论是否由前提合理推导得出。然后是理解程度评价，评估学生是否真正理解了题目所涉及的数学概念、定理或公式，而不仅仅是机械的应用。观察学生的解题步骤，判断其是否清晰、有条理，是否采用了恰当的解题方法。还要进行能力和创造性评价，鼓励学生尝试不同的解题方法，对于新颖且有效的解法给予特别表扬，这有助于培养学生的创新思维。评价学生将所学知识应用于解决实际问题的能力，看其是否能灵活应对不同情境下的数学问题。最后是态度和习惯评价,关注学生的作业是否认真完成,字迹是否工整,有无抄袭现象等,这些都反映了学生的学习态度和责任心。通过作业可以看出学生的学习习惯,如是否及时完成作业、是否有错题订正等,这些习惯对长期学习至关重要。利用在线成绩管理系统收发作业,教师直接在系统批改作业,并且直接写下评语,学生可以实时看到,成绩也自动登入成绩系统。作业评价量表如表4-1-7所示。

表4-1-7 作业评价量表

项目	内容	评分(满分100分+奖励10分)
1	按时提交	60
2	解题规范工整	80
3	所有问题正确	100
4	解决问题有创新(或者手持技术使用)	加分10分

3)考试或测验评价

由于国外考试要评价学生使用图形计算器解决问题的能力,有的课程是考试全程可以使用图形计算器,有的课程是一部分考试需要用图形计算器。我们的考试既要允许学生使用计算器,考查学生利用计算器解决问题的能力,又要考查学生的基本运算和推理能力,因此我们将考试分为两个部分,第一部分可使用计算器,第二部分不能使用计算器。考试时先发第一部分可以用计算器的试卷,考试结束后,收走学生的计算器,试卷留下,再发第二部分不可以用计算器的试卷,最后考试结束后,两部分试卷一起收回。

全卷满分100,每个题目按照评分标准评分,总分记为本次考试分数。考试成绩出来后,教师也需要把成绩登入在线成绩管理系统。

4)项目式学习评价

项目式学习评价主要集中在数学知识应用、问题解决能力、团队合作、成果展示、自我反思、创新能力等方面,每个指标分为优秀、良好、一般、需改进四个等级,具体量表如表4-1-8所示。

表4-1-8 高中数学项目式学习评价量表

项目	内容	标准	等级	评分(满分100分+奖励10分)
1	数学知识应用(30分)	能够熟练应用相关的数学概念和公式; 在复杂情境中也能正确应用数学知识; 能够将所学知识创造性地运用到项目中	优秀	26~30分

续表

项目	内容	标准	等级	评分（满分100分 + 奖励10分）
1	数学知识应用（30分）	大部分情况下能够正确应用相关的数学概念和公式； 在提示下能够处理新的问题情境； 在项目中有合理运用数学知识的表现	良好	21～25分
		基本概念应用正确，但有明显的错误； 主要在熟悉的情境中应用数学知识； 在项目中的应用较为有限	一般	16～20分
		错误较多，基本概念理解不清； 很少能够正确应用数学知识； 在项目中的数学应用有明显缺陷	需改进	0～15分
2	问题解决能力（20分）	能够有效地使用多种策略解决问题； 能够独立解决项目中遇到的所有问题； 能够识别并解决隐藏的问题	优秀	18～20分
		使用标准策略有效解决问题； 在一定程度上能够独立解决问题，偶尔需要帮助； 能够识别一些隐藏的问题	良好	14～17分
		能够解决直接问题，但策略选择有限； 在解决问题时经常需要指导； 隐藏问题的识别和解决能力有限	一般	10～13分
		解决问题能力弱，经常依赖他人帮助； 难以识别和解决项目中遇到的问题	需改进	0～9分
3	团队合作（20分）	在团队中发挥领导作用，促进团队效率； 能够协调不同成员的观点和技能，实现团队目标； 积极参与团队讨论，对团队成果有重大贡献	优秀	18～20分
		积极参与，对团队目标有贡献； 能够与团队成员有效合作，但领导能力有限； 在团队中表现出良好的合作态度	良好	14～17分
		参与度一般，有时对团队目标有贡献； 合作能力一般，可能需要额外的激励； 在团队中的角色和贡献不够明显	一般	10～13分

续表

项目	内容	标准	等级	评分（满分100分+奖励10分）
3	团队合作（20分）	参与度低，对团队目标贡献有限； 缺乏有效的合作技能，经常需要指导； 在团队中的表现消极	需改进	0～9分
4	成果展示（20分）	成果表达规范，有逻辑性，使用专业术语准确无误； 能够以多种形式（书面、口头）有效地传达信息； 能够有效地与同伴和教师交流	优秀	18～20分
		成果表达较为清晰，逻辑性较好，偶尔使用专业术语； 能够传达信息，但可能在某些方面需要改进； 与同伴和教师的交流基本顺畅	良好	14～17分
		成果表达一般，逻辑性尚可，专业术语使用有限； 信息传达基本清晰，但有时不够详细或准确； 在交流中偶尔会出现障碍	一般	10～13分
		成果表达不够清晰，逻辑性差，很少使用专业术语； 信息传达不准确或不完整，需要大量改进； 在交流中存在明显困难	需改进	0～9分
5	自我反思（10分）	能够详细整理项目式学习的探究过程，反思应用数学知识和方法解决问题过程中的得与失，记录心路历程，总结自己在小组合作中发挥的作用	优秀	9～10分
		能够整理项目式学习的过程，对应用数学知识和方法解决问题有一定反思，在小组合作学习中起到一定的作用	良好	7～8分
		能够整理项目式学习的过程，有一定的反思	一般	5～6分
		没有反思，或者只是记下工作流程	需改进	0～4分

续表

项目	内容	标准	等级	评分（满分100分+奖励10分）
6	解决问题有创新（或者使用技术解决问题）（加分10分）	问题确实来自实际生活，问题的解决有助于指导实际生活； 或者创造性地应用数学知识制作了产品，包括实物、动画、视频、音频等电子作品； 或者创造性地使用技术解决问题、应用数学知识编制程序解决问题	优秀	9~10分
		有一定的创新思维解决问题，或者制作作品，但是有些缺陷	良好	7~8分
		有一定的创新思维解决问题，或者制作作品，但是成果有较大缺陷	一般	5~6分
		几乎没有创新或者没有使用技术，或者没有成果	需改进	0~4分

项目式学习的评价要能够体现多元评价，鼓励学生进行自我评价和同伴评价，让他们反思自己的学习表现并学习他人的优点和长处。在展示环节，组织学生进行同伴互评，通过填写评价表格或进行小组讨论等方式，评价彼此在项目学习中的表现。这种评价方式可以培养学生的批判性思维和合作精神，同时让学生从不同角度了解自己的优势和不足。最后教师将每个学生的平均成绩作为项目式学习的成绩，以作业和任务项录入在线成绩管理系统，由系统产生一个综合成绩作为课程学业成绩。

五、未来展望

在国家高度重视科学教育与拔尖创新人才培养的大背景下，数学科学的基础性地位显得更加重要，数学教育教学应体现鲜明的时代特征。经过全体教师的努力探索和深入实践，未来的信息技术培养数学的特色课程可以得到充分发展。

1. 完善的课程体系

对于数学学科，在完整的国家课程体系下，根据不同层次、不同兴趣学生的需要，打造系列精品课程。完善北京一零一中学特色的"三层八维式"课程体系。同时也历练出优质的师资团队，积累丰富的基于信息技术的数学课程学习资源。

2. 形成基于信息技术思维的数学学习和探究习惯

信息学科思维，特别是在信息技术学科中，是指一种特有的思维方式，它主要涉及信息的处理、分析、创造和应用等方面。信息学科思维与传统学科思维之间存在一些显著的区别，这些区别主要体现在以下几个方面：

关注点与核心：传统学科思维通常关注特定学科内的基本概念、原理和方法，以及如何运用这些知识解决实际问题，强调对学科知识的深入理解和应用。信息学科思维则更加注重信息的处理、分析、创造和应用，强调信息在问题解决和决策过程中的核心作用，以及如何通过信息技术手段来优化这些过程。

思维方式：传统学科思维往往采用线性和顺序的思维方式，按照既定的步骤和逻辑来解决问题。信息学科思维则更加注重非线性、迭代和创新的思维方式，鼓励人们从多个角度和层面思考问题，通过不断尝试和改进来找到最优解。

跨学科性：传统学科思维通常局限于单一学科领域内，较少涉及其他学科的知识和方法。信息学科思维则具有很强的跨学科性，融合了计算机科学、数学、物理、社会科学等多个学科的知识和技术，形成了独特的综合性思维方式。

技术应用：传统学科思维虽然也涉及技术应用，但通常是在学科内部的特定领域内使用。信息学科思维则更加注重信息技术的广泛应用和创新，鼓励人们利用最新的信息技术手段来解决问题，推动创新和发展。

对数据和信息的处理：传统学科思维虽然也涉及数据处理，但通常是在特定的学科背景下进行。信息学科思维则将数据和信息视为核心资源，强调对数据的收集、分析、挖掘和应用，鼓励人们利用数据来发现规律、预测趋势和做出决策。

创新性：传统学科思维虽然也强调创新，但通常是在已有知识和理论的基础上进行。信息学科思维则更加注重创新和突破，鼓励人们突破传统观念和束缚，积极探索新的领域和方法，推动科技进步和社会发展。

利用信息技术思维解决数学问题，可以结合计算机科学和数学的知识，通过代数运算、方程求解、图形变换、算法设计、编程、数据分析可视化等手段来辅助解决问题。可以培养和体验以下具体的方法：

算法化解题过程：将数学问题的解题步骤转化为算法流程，这有助于明确解题的每一步，并可以通过编程实现自动化计算。对于复杂的数学问题，可以使用递归、迭代、分治等算法策略来简化问题。

数据分析和可视化：对于涉及数据的数学问题，如统计、概率等，可以使用数据分析工具（如Excel、Pandas等）对数据进行处理和分析。利用可视化工具（如Matplotlib、Seaborn、Plotly等）将数据以图形、图表的形式展示，有助于直观地理解问题。

模拟和实验：对于一些难以直接求解的问题，可以通过模拟实验的方法来寻找解决方案。例如，使用随机数模拟概率事件，或者使用物理模拟来解决几何问题。

迭代和优化：对于复杂的数学问题，可能需要多次迭代和优化解决方案。通过不断尝试和改进算法、调整参数等方式来寻找最优解。

利用信息技术思维解数学题需要结合计算机科学和数学的知识，通过编程、算法设计、数据分析和可视化等手段来辅助解题，这不仅可以提高解题效率和准确性，还可以加深对数学概念和算法的理解，有助于学生形成基于信息技术思维的数学学习和探究习惯。

第二节 物理课程实践创新与拔尖创新人才培养

一、背景分析

党的二十大报告提出加快建设高质量教育体系，全面提高人才自主培养质量，着力造就拔尖创新人才，成为新时期教育改革与发展的重点。2009 年国家首次推出"基础学科拔尖学生培养计划"，2018 年教育部等六部门进一步实施基础学科拔尖学生培养计划 2.0，其中数学、物理等基础学科受到广泛关注。拔尖创新人才通常是指具有创新意识、创新精神、创新思维和创新能力，并能在研究工作中取得创新成果的人才，在此特指具有扎实物理理论基础和知识储备、强烈的社会责任感、创新精神和创新能力并存、具备科研潜质的中学生。

为贯彻党的二十大精神，落实立德树人根本任务，办好人民满意的教育，教育部决定推进实施"基础教育课程教学改革深化行动"，行动要求学校更新教育理念，转变育人方式，坚决扭转片面应试教育倾向，切实提高育人水平，促进学生德智体美劳全面发展。在党的二十大关于教育、科技、人才三位一体布局战略要求下，对于科学类学科教育，学校要加强实验教学，强化学生动手操作实验，将学校实验课开设情况纳入教学视导和日常督导，加强教学装备配备，支持探索建设学科功能教室、综合实验室、创新实验室、教育创客空间等，鼓励对普通教室进行多功能技术改造，建设复合型综合实验教学环境，探索利用人工智能、虚拟现实等技术手段改进和强化实验教学应用。

《普通高中物理课程标准（2017 年版 2020 年修订）》中提出，物理实验是物理课程目标的实现、是提高学生的综合素质和教学质量的有效手段。《义务教育物理课程标准（2022 年版）》修订的方向指向强化课程综合性和实践性，本次修订将原来课程性质中"注重实验"变更为"义务教育物理课程是一门以实验为基础的自然科学课程"。为全面贯彻党的教育方针，落实立德树人根本任务，基础教育改革倡导开展基于真实情境、问题导向的探究型实验课堂教学，试图通过转变人才培养模式，培养学生科学探究能力，提升学生综合素养。按照课程标准，学校应创造条件，丰富内容，拓展科学实践活动，落实跨学科主题学习原则上应不少于10%的教学要求；引导课堂教学提质增效，培养学生科学精神；加强实验考查，提高学生的动手操作和实验能力。

近日，教育部等十八部门联合印发《关于加强新时代中小学科学教育工作的意见》，着力在教育"双减"中做好科学教育加法，一体化推进教育、科技、人才高质量发展。其中一项重要的的工作原则就是"重在实践，激发兴趣"，明确提出新时代中小学科学教育工作中应以学生为本，因材施教，推进基于探究实践的科学教育，激发中小学生好奇心、想象力和探求欲，培养学生科学兴趣，引导学生广泛参与探究实践，做到学思结合、寓教于乐，自觉获取科学知识、培养科学精神、提升科学素质、增强科技自信自立、厚植家国情怀，在学生心中种下科学的种子，引导学生编织当科学家的梦想。另外，文件中也提及了关于科学方面的中高考导向：增强试题的基础性、应用性、综合性、创新性，减少机械刷题，加强实验考查。

因此，创新实验课程是培养拔尖创新人才的重要路径，顺应基础教育改革的浪潮，具有重要的理论和实践意义。本课程方案通过创新实验课程的开发，创设学生积极参与、乐于探究、善于实验、勤于思考的学习情境，引导资优生对物理的学术探究从兴趣走向价值追求，培育学生拔尖创新的潜能，把创新的基因根植于学生心间。同时，为一线物理教师和研究者提供中学物理创新实验课程的理论与实践参考。

根据"基础教育课程教学改革深化行动"的指导，义务教育阶段确保全面落实国家课程，注重与地方课程和校本课程的统筹实施；普通高中在保证开齐开好必修课程的基础上，注重适应学生特长优势和发展需要，提供分层分类、丰富多样的选修课程，形成体现学校办学特色的课程系列。

1. 学校物理课程建设成果简介

1）教育目标

物理学是一门实验科学，它根植于实验，一切理论都要以实验作为唯一的检验基准。物理来源于观察与实验，同时必须接受实验的检验，是在不断追求探索的过程中发展而成的。另外，物理是一门严密的理论科学，理论逻辑严密，具有高度的系统化、抽象化，环环相扣，面对物理问题时需要严谨的思维。

我校物理课程建设的目标主要表现在以下五个方面：

一是培养学习动机，激发学生的求知欲，培养学生终身的探索兴趣。

二是在知识与技能方面，使学生初步了解自然界的基本规律，逐步客观地认识世界、理解世界。

三是在科学探究中，有意识培养学生学习科学探究的方法，发展初步的科学探究能力。

四是培养创新精神，发挥学生的想象力和分析概括能力，养成良好的思维习惯，敢于质疑，勇于创新。

五是培养科学精神，学生学习一些科学方法和科学家探索精神，关注社会的进步与发展，树立正确的科学观。

2）课程结构

北京师范大学裴娣娜教授提出"学习力"的三层次结构释义：第一层次"人的基本素质"，即"知识与经验、策略与反思、意志与进取"；第二层次"对实现人的发展两个基本路径的把握"，即"实践与活动、协作与交往"；第三层次"人发展的最高境界"，即"批判与创新"。

根据物理学习力的内涵、学生的实际情况、课标的要求以及课程标准的核心素养四维目标的理解，借鉴裴娣娜教授的学习力的三层次结构释义，在教学实践中，可以将物理学习力的四个方面梳理为图4-2-1所示关系。

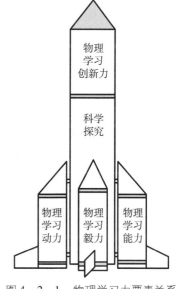

图4-2-1 物理学习力要素关系

第一层次，物理学习动力、物理学习毅力、物理学习能力。这既是学生物理学习力的第一层次，又是教师在教学中需要着力培养的基本物理素养。

第二层次，科学探究。第一层次与第二层次有重叠部分，代表第一层次的上升以科学探究为依托，科学探究既是实现第一层次的手段，也是教师教学的努力方向。

第三层次，物理学习创新力。以第一层次三个能力为依托，通过科学探究，实现学生物理学习创新力的提升。

3）课程内容

基础性课程——突出生活和自然界丰富多彩的物理现象，学习物理学的基本概念、规律、原理和理论等。

拓展性课程——突出物理学的概念、规律、原理和理论体系，强化物理知识的形成过程和设计应用过程，以及渗透在课程内容中的科学精神和科学方法教育，重视物理学与人文科学和其他科学技术知识的交叉与拓宽。

研究性课程——从生活、生产和自然界中的学习和问题出发，加深对科学、技术、社会三者之间关系的认识，突出物理学思想、物理学方法在物理研究中的实际应用。

实践类课程——从学生的学习、生活需要出发，提升学生的物理学习动力、物理学习毅力、物理学习能力。

物理课程也积极邀请高校和科研院所主动对接中小学，引领科学教育发展。引导科学家（科技工作者）研究和参与中小学科学教育，安排实验室等科技资源向中小学生适当开放，为科学实践活动提供有力保障。推动大学与中学联合教研，实现教学内容、教学方法等更好的衔接；倡导联合共建创新实验室、科普站、人才培育班，探索大学、中学双导师制，进行因材施教。

2. 课程建设 SWOT 分析

物理学科作为科技发展的基础，是指向拔尖人才培养的重要平台。物理是一门以观测、实验为基础的学科，实验与探究是奠定物理学的实证基础，也是物理教育和核心实践活动，物理实验教学在培养拔尖人才的物理教学中占据核心地位。

1）优势分析

20 世纪 90 年代以来，物理实验越来越得到各个中学的重视，物理实验也与理论课程一样，成立专门独立的物理实验室，各学校大力投入人力物力建设物理实验室，实验室也成为学校综合水平评估的重要指标之一。从教育部颁布的多项中学物理课程标准和教学大纲中，可以发现物理实验的教学定位从教学手段到学习方式都在变革。核心素养时代下的物理实验的教学定位不但要求学生进行观测研究，还强调学生进行经历、参与和体验，更深层次地参与实验探究环节。在物理实验教学手段方面，伴随着以互联网技术融合为典型特征的第四次工业革命正在深度影响政治、经济、科技、文化和生活的各方面，手机传感器、虚拟现实技术等信息技术也让很多以前"纸上谈兵"的物理实验在课堂着陆。

2）劣势分析

目前，现有的物理实验教学模式与基础实验设备已经无法满足学生的学习要求，实验形式以演示实验和验证性实验为主，实验过程中学生比较机械地按照指导书的做法完成实验，实际设计和操作能力提高有限。

部分物理实验项目比较陈旧，使用的还是很多年前的实验仪器，综合性、设计性、创新性的实验项目偏少，内容与现有科学技术水平有一定的脱节现象，无法积极调动学生的学习兴趣，不利于学生科学思维能力的提升。

现有的实验体系主要局限于教材，对大部分学生实行"一刀切"，实验项目不够多元化。可以多开设一些综合性方面的实验项目,加强学生对物理学科的兴趣,还可以鼓励学生针对自己了解的知识在物理实验课中得到进一步探索、思考、验证的空间。

3)机会分析

科技进步带来的机遇:当前科技的迅猛发展,尤其是信息技术与互联网的广泛应用,为物理实验教学提供了新的工具和平台。例如,虚拟现实(VR)和增强现实(AR)技术可以创造出更加真实的实验环境,提高学生的沉浸感和学习兴趣。

教育政策的支持:国家和地方教育部门对于创新教育和素质教育的重视,为特色课程的开发和实验教学提供了政策支持和资金投入,有利于推动物理实验教学的创新和改革。

跨学科融合的趋势:STEM教育的兴起,鼓励了学科间的交叉与融合,为物理实验教学提供了更多与其他学科结合的机会,促进了综合型人才的培养。

4)威胁分析

应试教育的压力:当前教育体系中应试教育的影响仍然存在,可能会对创新实验教学造成干扰,学生和教师可能会因为考试压力而忽视实验探究的重要性。

技术更新换代的快速:科技的快速发展意味着教学工具和技术需要不断更新,这对学校和教师来说是一个挑战,需要持续的投入和学习才能跟上技术发展的步伐。

在基础教育课程改革的推动下,物理实验课程的创新模式主要分为两类。第一类是基于已有的教学实验优化实验方案,重视课堂演示实验和探究实验的创新,以丰富的实验活动激发学生的探究欲望,重点关注学生学习过程中的体验,让学生主动参与、乐于探究,像科学家一样思考问题。第二类是将科学、技术、艺术、工程、数学等融入物理实验教学内容中,开发跨学科物理实验教学课程,培养综合能力较强的拔尖创新人才。

二、课程设计

1. 课程建设的依据

物理学家劳厄说:"重要的不是获取知识,而是发展思维能力,教育无非是一切都忘掉的时候,所剩下来的东西。"物理实验、物理思维和物理方法是物理学独创的、独特的内容,物理实验会影响人的世界观,物理思维会影响人的品格,物理方法会影响人的关键能力。

1)教学理论

美国的乔伊斯和威尔所著的《教学模式》一书中将"教学模式"定义为:

"教学模式是构成课程（长时间的学习课程）、选择教材、指导在教室和其他环境中教学活动的一种计划或范型。"中学物理教学模式是在进行物理课程教学过程中，物理教师对教学模式的实际应用。所谓中学物理教学模式，是指在一定教学思想或理论指导下，为设计和组织中学物理教学而在实践中建立起来的与物理教学任务相适应的教学程序及其实施方法的体系。结合国内外学者的研究成果，大概有七种主要的中学物理教学模式，它们分别为物理概念传授——获得教学模式、中学物理先行组织者教学模式、物理导学——讨论教学模式、物理指导——探索模式、物理目标——掌握模式、物理纲要图表复习模式和物理探究学习教学模式。

学习进阶理论对于基于物理实验培养拔尖创新人才的课程体系很有优势。2004年教育家史密斯将学习进阶定义为："学习者在学习某一核心概念过程中，所遵循的一系列复杂的思维路径。"学习进阶理论对于初高中物理教学有着重要作用，是遵循学生认知规律、学生思维发展、突破学生学习障碍的重要途径。学生在学习过程中，可以以物理实验为抓手，以学习进阶为理论，不断深化对物理概念的理解和掌握。学习进阶的起点可以根据生活中的小实验和前概念，定性的了解。学习进阶终点是学生经历的学习过程结束后达到的学习目标，最后获得的知识或技能。具体在课程实施中可以要求学生经历科学探究过程，初步形成科学探究能力并掌握科学的探究方法，结合进阶起点，设定科学探究实验环节，数据处理和验证，理解各物理量之间的定量验证创新方式。

具体地说，在物理创新实验特色课程中主要采用启发引导模式、自学讨论模式、自主探究模式和合作学习模式。科学探究教学是物理实验教学的有力手段，科学探究体现了科学的本质，探究过程充满着艰巨性和创造性，洋溢着科学精神，渗透着科学思想和方法。初中和高中阶段物理教学课程标准中都明确指出要培养学生科学探究的能力，经历提出问题、猜想与假设、设计实验与制订计划、进行实验与收集证据、分析与论证、交流与合作几个过程，深刻理解物理实验的本质。

2）学习理论

《物理学习论——学科现代教育理论书系·物理》，系统地研究了物理学习的全过程，揭示出反映物理学习规律的许多重要事实，从对这些事实相互关系的探讨中，提出了物理学习的基本原理，建立了公理化的物理学习理论体系。理论学习在教育中具有重要优势，强调理论框架、概念和思维方式的培养，为学生提供了理解和分析复杂问题的基础。理论学习有助于学生深入理解学科的核心概念和原理。对于物理学科，实践性教学也具有多方面的优势，物理实验教学有助于学生更好地理解和应用所学知识，提高学生的实际技能。通过亲身实践和实际操作，学生更深入地理解抽象的理论概念。实践性教学有助于将抽象的知识转化为具体的经验，使学生能够更容易地理解和记忆。实践性教学强调实际技能的培养，如实验操作能力、问题解决能力、实际应用能力等。技能在学生未来的职业生涯中非常重要，并且增强就业竞争力。亲身体验和实际操作激发学生对学科的兴趣。通过参与实验和项目，学生更好地体验到科学的乐趣，从而更有动力地学习。

3）物理人才培养

物理学是研究物质运动规律与相互作用的基础学科，作为科学技术发展的基石，始终是工业革命的核心驱动力。为响应国家培养基础学科拔尖人才的战略需求，中学物理教学需立足物理核心素养，从物理观念、科学思维、科学探究、科学态度与责任四个维度系统育人。物理学科核心素养是学生通过学科学习形成的必备品格与关键能力，集中体现科学素养的核心价值。在课程实施中，应依托多学科交叉优势，通过重构知识体系、强化实践探究、深化学科融通，切实培育符合时代需求的创新型人才。

2. 课程目标

1）总目标

以中学物理教学为蓝本，采用项目式学习和探究式学习的方式，围绕高中物理实验关联的真实问题情境，结合先进的科技前沿动态，进行课内实验的拓展、课外实验的开发和设计。通过创新实验课程的教学，加强学生对相关理论知识的理解，培养科学探究能力，开阔学术视野，养成良好的科学作风。衔接高等教育，建立与高等教育相衔接的课程体系，为学生的未来发展打下坚实的基础。例如，我们主要在学校书院课程中，开设了"航天课程""数码探科学""趣味物理实验""无人机、航模"等课程体系，以实现对拔尖创新人才的分类培养。

2）分目标

（1）通过物理实验，学习深刻道理

"小实验，大道理"，一枚小磁针的偏转使人类发现了电流的磁效应，法拉第线圈中感应电流的产生促进了人类进入电气化时代。实验现象是反映自然界某种规律的重要途径，实验过程需要细心的观察、理性的思考和推理。通过实验教学，加强学生对相关理论知识的理解，开阔学生的学术视野。

（2）激发创新精神、探索精神

借助物理实验教学，激发学生的探索精神，培养创新意识，鼓励学生敢于质疑，勇于创新。在实验中，鼓励学生提出问题，大胆假设，对未知问题进行探索。

（3）在物理实验中培养科学探究的能力

物理学发展的过程中，实验一直相伴，是人类认识世界的有效工具，正是实验事实与逻辑推理相结合的方法开创了物理学的新篇章。实验是物理学科的学科特色，促进物理学自身发展的同时，成为科学研究的重要方法。

（4）在实验教学中培养学生证据意识

物理实验不但可以探究规律,还可以验证规律,可以说实验为理论的建立提供证据。伽利略的理想斜面实验为批驳绵延两千年关于自由落体运动的错误论断提供了证据,傅科摆的实验为地球自转提供了证据,卢瑟福的 α 粒子散射实验为原子核式结构模型提供了证据。物理实验能够增强证据意识,促进学生科学素养和人文素养的提升,养成良好的科学作风。

(5)培养学生科学思维能力

科学家钱学森曾说过:"思维是一种客观现象,而一切客观的东西及其运动都有自己的规律,思维当然也不例外。"物理实验的创造性、物理概念的抽象性、物理规律的普适性可以将物理思维可视化,从而提高学生科学思维能力。

(6)促进学生个性化发展

根据学生的特长和兴趣,提供个性化的学习路径,促进学生在物理学领域的个性化发展。

3. 课程结构

不同年级之间课程的联系模式主要有两种:一种是直线型的循序渐进模式,另一种是螺旋式上升模式(图 4-2-2)。螺旋式上升的课程设置模式,强调从学段到学段的连贯知识进阶,允许学生在整个中学物理学科学习过程中来动态地构建知识网络。

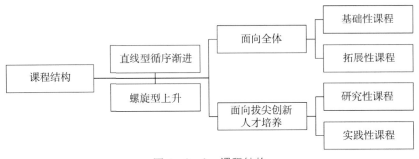

图 4-2-2 课程结构

面向全体学生的,是可以供所有学生自选的课程,例如基础性和拓展性的校本课程。其中,基础性课程突出生活和自然界丰富多彩的物理现象,学习物理学的基本概念、规律、原理和理论等,重点从物理学习动力、物理学习能力角度提升物理学习力。拓展性课程突出物理学的概念、规律、原理和理论体系,强化物理知识的形成过程和设计应用过程,以及渗透在课程内容中的科学精神和科学方法教育,重视物理学与人文科学和其他科学技术知识的交叉与拓宽。

面向拔尖创新人才培养的,是可以激发学生学习兴趣并培养学生从物理兴趣到物理志趣的课程。例如，研究性课程，从生活、生产和自然界中的学习和问题出发，加深对科学、技术、社会三者之间关系的认识，突出物理学思想、物理学方法在物理研究中的实际应用，重点从物理学习能力、物理学习毅力角度培养学生的学习力；实践类课程，学生的学习、生活需要出发，提升学生的物理学习动力、物理学习能力、物理学习毅力，进而达到提升物理学习创新力的目的。

4. 课程内容

课程内容如表 4-2-1 所示。

表 4-2-1　课程内容

分类	面向群体	课程名称	课程内容
基础类课程	初中学生	八年级、九年级物理	与国家课程标准对应的教学内容（包括物质、运动和相互作用、能量、实验探究和跨学科实践）
	高中理科学生	必修一	与国家课程标准对应的教学内容（包括机械运动与物理模型，相互作用与运动定律，机械能及其守恒定律，曲线运动与万有引力定律，牛顿力学的局限性与相对论初步，静电场，电路及其应用，电磁场与电磁波初步，能源与可持续发展，动量与动量守恒定律，机械振动与机械波，光及其应用，磁场、电磁感应及其应用、电磁振荡与电磁波、传感器，固体、液体和气体，热力学定律，原子与原子核，波粒二象性）
		必修二	
		必修三	
		选择性必修一	
		选择性必修二	
		选择性必修三	
扩展类课程	具有个性需求的学生	生活中的物理	培养学生运用物理知识，观察分析与解决日常生活中的有关物理现象，激发学生学习物理的积极性
		物理学史中经典实验	介绍物理学发展的历史，开阔学生的眼界，加深对物理学的理解，并从前人经验中得到启示
		物理思维拓展	深挖高中物理学习中的重点问题，将大学物理中相关章节作为阅读材料，设计基于大、中衔接的课程
		前沿物理实验	在高中物理知识的基础上，介绍前沿物理实验，让学生了解物理知识在大国重器中的应用
		数字化实验	介绍数字化实验装置及实验实践，让学生了解数字化实验的优势，能利用数字化器材进行实验

续表

分类	面向群体	课程名称	课程内容
研究类课程	具有学术潜质的学生	自主招生辅导	介绍自主招生考核范围，并对不同需求的学生进行个性化辅导
		高中物理竞赛辅导	介绍高中物理竞赛内容，并对不同需求的学生进行个性化辅导
		AP物理课程	介绍美国AP物理课程内容，并对不同需求的学生进行个性化辅导
实践类课程	全体学生	智慧加速度物理知识竞赛	采取丰富多彩的比赛形式，让学生参与其中。以小组合作的形式，运用学过的物理知识"过五关、斩六将"
		物理专题讲座	介绍物理前沿知识方面的讲座，开阔学生视野
		年度物理节	以实验展示等多种形式向学生展示物理的魅力
		参观活动	参观航天城、科技馆等，让学生走出去感受物理

三、课程实施

1. 课程实施的基本思考

物理学是一门基础自然科学，它所研究的是物质的基本结构、最普遍的相互作用、最一般的运动规律以及所使用的实验手段和思维方法。随着人类对物质世界认识的深入，物理学一方面带动了科学和技术的发展；另一方面推动了文化、经济和社会的发展。经典物理学奠定了两次工业革命的基础；近代物理学推动了信息技术、新材料技术、新能源技术、航空航天技术、生物技术等迅速发展，继而推动了人类社会的变化。

物理学是以实验为基础的科学，这要求物理教学中注重实验基础；物理学是严密的理论科学，这要求物理教学中要注意逻辑关系；物理学是一门定量的科学，这要求物理教学中注重数学表述；物理学是带有方法论性质的科学，这要求物理教学要培养学生的思想方法；物理学也是应用十分广泛的基础科学，因此在物理教学中还要注重应用价值。物理学的以上五个特点有机地存在于物理学之中，也是物理课程开发设计的基本方向。

2. 课程实施原则

1）学生中心

以学生为本，关注学生的个体差异，鼓励学生主动参与和探究。在教学过程中，将学生的需求、兴趣、能力及发展置于核心地位。教师作为学习的引导者和伙伴，鼓励学生主动探索、积极参与实验，培养其批判性思维、创新能力及终身学习的习惯，确保每位学生都能在个性化的学习路径上获得成长与进步。

2）实践导向

强调实验操作和实践应用，通过动手实践深化对理论知识的理解。实践导向的教学模式，不仅高度重视实验操作环节，更强调将理论知识融入实际应用之中。学生通过亲自动手实践，不仅能够加深对抽象理论概念的理解与记忆，还能在实践中发现问题、解决问题，从而培养创新思维与解决问题的能力，使学习成果更加扎实且富有成效。

3）创新驱动

采用创新的教学方法和技术手段，激发学生的创新思维。通过引入前沿的教学方法与高科技教学手段，与大学实验室深入合作，深度激发学生的创新思维与探索精神，培养未来所需的复合型人才。

4）跨学科融合

鼓励学科间的交叉与融合，培养学生的综合素质。积极推动和实践学科间的广泛交叉与深度融合，旨在拓宽学生的知识视野，激发他们的创新思维，通过将物理与化学、思政等其他学科融合，全面培养学生的综合素质，为未来社会的多元化需求奠定坚实基础。

5）持续评价

实施全过程、多维度的评价体系，确保课程目标的实现。通过构建涵盖预习、课堂参与、作业完成情况、考试成绩的全过程评价体系，并采用多维度的评价标准，确保课程目标的全面、精准实现。

6）资源优化

充分利用校内外资源，包括实验室、科研院所等，为学生提供多样化学习平台与前沿知识接触机会。同时，强化大、中学教育衔接，确保学生知识体系的连贯性与深度，促进其全面发展。

3. 课程计划

课程计划如表 4-2-2 所示。

表 4-2-2 课程计划

分类	面向群体	课程名称	授课学段	课时	上课地点
基础类课程	初中学生	八年级、九年级物理	八年级、九年级	每周 3~5 节	各班教室
	高中理科学生	必修一	高一、高二年级	每周四节	各班教室
		必修二			
		选修一~选修三			
		必修二			
		选修一~选修三			
扩展类课程	具有个性需求的学生	生活中的物理	初一、初二年级	每周两节	物理实验室
		物理学史	初二、高一年级	每周两节	物理实验室
		数字化实验	初三、高一年级	每周两节	物理实验室
研究类课程	具有学术潜质的学生	自主招生辅导	高一、高二年级	每周两节	英才学院
		高中物理竞赛辅导	高一、高二年级	每周两节	英才学院
		AP 物理课程	高一、高二年级	每周两节	英才学院
实践类课程	全体学生	智慧加速度物理知识竞赛	初二~高三年级	每年一次	报告厅
		物理专题讲座	初一~高三年级	每学期一次	报告厅
		年度物理节	初二~高三年级	每年一次	喷泉广场

4. 课程实施策略

拔尖创新人才的培养是一个系统工程,对于物理学科来说,主要围绕个性化教学,开设不同的课程体系,通过实践和创新活动来培养具有创新精神和实践能力的物理学科人才。对于具体的实验课程来说,主要有以下几点:

1) 实验选题策略

策略阐述:实验目的是实验活动的核心,教师应设计清晰明确的实验目的,并将其明确告知学生。这有助于学生明确实验的方向和重点,从而有针对性地开展探究活动。同时,鼓励学生提出与实验相关的问题,培养他们的问题意识和探究精神。

实施要点:结合教学大纲和教材内容,以及学生的认知水平,设计合适的实验目的和问题。在实验前，教师应详细解释实验目的和预期结果，引导学生思考实验过程中可能遇到的问题和解决方案。

2）实验设计策略

（1）基于问题导向的实验设计

策略阐述：从实际问题或现象出发，设计实验以探究其背后的物理原理和规律。这种策略能够激发学生的好奇心和探究欲，使他们更加主动地参与到实验中。通过设计实验来解答具体问题，学生可以更深入地理解物理概念，并学会如何运用所学知识解决实际问题。

实施要点：教师需要选择与学生生活紧密相关、具有探究价值的问题作为实验设计的起点。在实验设计过程中，引导学生分析问题、提出假设，并设计实验方案来验证假设。同时，鼓励学生思考可能的实验变量和控制方法，确保实验的准确性和有效性。

（2）分层递进的实验设计

策略阐述：根据学生的认知水平和实验能力，设计由易到难、逐步深入的实验序列。这种策略有助于学生在逐步掌握基础知识和技能的基础上，进一步拓展和深化对物理规律的理解。通过分层递进的实验设计，学生可以更加系统地学习物理知识，形成完整的知识体系。

实施要点：教师需要充分了解学生的实际情况，包括他们的基础知识掌握程度、实验操作能力和思维能力等。在实验设计过程中，合理安排实验的难度和顺序，确保学生能够在每个实验阶段都有所收获和进步。同时，鼓励学生挑战更高难度的实验，培养他们的探索精神和创新能力。

3）实验开放性策略

（1）创设开放性的实验环境

策略阐述：开放性的实验环境能够激发学生的探究兴趣和创造力，包括实验内容的开放、教学问题的开放以及教学方法的开放。教师应鼓励学生自主设计实验方案，探究不同的实验条件和变量，从而培养他们的探究能力和创新思维。

实施要点：在实验教学中，教师应提供多样化的实验材料和设备，支持学生自主选择和使用。同时，鼓励学生提出不同的实验设想和方案，并在教师的指导下进行尝试和验证。此外，教师还可以采用小组讨论、合作学习等方式，促进学生之间的交流和合作。

（2）融合信息技术的实验设计

策略阐述：利用现代信息技术手段，如计算机模拟、传感器技术等，设计更加直观、生动和高效的物理实验。这种策略能够为学生提供更加丰富多样的实验体验，帮助他们更好地理解和掌握物理知识。通过融合信息技术的实验设计，学生可以更加直观地观察实验现象、记录实验数据，并运用计算机工具进行数据处理和分析。

实施要点：教师需要具备一定的信息技术素养和实验设计能力，能够熟练运用各种信息技术工具来辅助实验教学。在实验设计过程中，充分考虑信息技术的特点和优势，结合实验需求和教学目标来选择合适的技术手段。同时，注重培养学生的信息技术应用能力，引导他们学会使用计算机工具进行数据处理和分析。

4）实验评价策略

策略阐述：实验过程的分析和实验结果的评价是实验活动的重要环节，教师应引导学生对实验过程进行仔细观察和记录，对实验结果进行科学分析和合理解释。这有助于学生理解实验原理，掌握实验技能，并培养他们的科学思维和判断能力。

实施要点：在实验过程中，教师应关注学生的操作规范和安全意识，及时纠正学生的错误操作。实验结束后，教师应组织学生进行实验结果的交流和讨论，引导学生对实验结果进行合理解释和归纳。同时，教师还可以采用多样化的评价方式，如学生自评、互评和教师评价等，全面评估学生的实验能力和科学素养。

四、课程评价

1. 评价原则

物理学科课程评价的原则主要包括客观性、科学性、可行性、指导性。这些原则共同构成了物理学科课程评价的基础，旨在通过科学的评价方法和多元的评价主体，全面、客观地反映教师的教学质量，同时为教师的专业发展和教学改进提供指导。

客观性原则：强调评价应以客观事实为基础，全面、客观、公平、公正地进行评价，确保评价的真实性和可信度。

科学性原则：要求评价坚持严肃、认真、科学的态度，以课堂教学质量评价为中心，因为课堂教学是教学工作的关键环节，是全部教学工作的重点。

可行性原则：指出评价方案设计应具有可操作性，通过结合学生评价、督导评价、领导评价、同行评价和学院评价等多种方式，确保评价的实用性和有效性。

指导性原则：通过教师教学质量评价，帮助教师诊断教学，做到扬长避短，指导教学，促进教师的专业发展和教学质量提升。这些原则共同构成了物理学科课程评价的基础，旨在通过科学的评价方法和多元的评价主体，全面、客观地反映教师的教学质量，同时为教师的专业发展和教学改进提供指导。

2. 评价方式

物理学科的评价方式主要包括定量评价、定性评价、学生自我评价、作业评价、实验评价等，这些评价方式各有特点，可以从不同角度全面评估学生的学习效果和教师的教学质量，有助于提高教学质量和学生的学习效果。实验评价是物理学科的重要组成部分,通过实验评价学生的实验操作能力和探究能力,以及通过实验加深对物理现象的理解。

学业质量是学生在完成本学科课程学习后的学业成就表现。学业质量标准是以本学科核心素养及其表现水平为主要维度,结合课程内容,对学生学业成就表现的总体刻画(表4-2-3)。

表4-2-3 学业质量标准

水平	质量描述
1	(1) 初步了解所学的物理概念和规律,能将其与相关的自然现象和问题解决联系起来。 (2) 能说出一些所学的简单的物理模型;知道得出结论需要科学推理;能区别观点和证据;知道质疑和创新的重要性。 (3) 具有问题意识;能在他人指导下使用所学的简单的器材收集数据;能对数据进行初步整理;具有与他人交流成果、讨论问题的意识。 (4) 认识到物理学是对自然现象的描述与解释;对自然界有好奇心,知道学习物理需要实事求是;有与他人合作的意愿;知道科学、技术、社会、环境存在相互联系
2	(1) 了解所学的物理概念和规律,能解释简单的自然现象,解决简单的实际问题。 (2) 能在熟悉的问题情境中应用所学的常见的物理模型;能对比较简单的物理问题进行分析和推理,获得结论;能使用简单和直接的证据表达自己的观点;具有质疑和创新的意识。 (3) 能观察物理现象,提出物理问题;能根据已有的科学探究方案,使用所学的基本的器材获得数据;能对数据进行整理,得到初步的结论;能撰写简单的报告,陈述科学探究过程和结果。 (4) 认识到物理学是基于人类有意识的探究而形成的对自然现象的描述与解释,并需要接受实践的检验;有学习物理的兴趣,具有实事求是的态度,能与他人合作;认识到物理研究与应用会涉及道德与规范问题,了解科学、技术、社会、环境的关系
3	(1) 了解所学的物理概念和规律及其相互关系,能解释自然现象,解决实际问题。 (2) 能在熟悉的问题情境中根据需要选用所学的恰当的模型解决简单的物理问题;能对常见的物理问题进行分析,通过推理,获得结论并作出解释;能恰当使用证据表达自己的观点;能对已有观点提出疑问,从不同角度思考物理问题。 (3) 能分析物理现象,提出可探究的物理问题,作出初步的猜想;能在他人帮助下制订科学探究方案,使用基本的器材获得数据;能分析数据,发现特点,形成结论,尝试用已有的物理知识进行解释;能撰写实验报告,用学过的物理术语、图表等交流科学探究过程和结果。 (4) 认识到物理研究是建立在观察和实验基础上的一项创造性工作;有较强的学习和研究物理的兴趣,能做到实事求是,在合作中能尊重他人;认识到物理研究与应用应考虑道德与规范的要求,认识到人类在保护环境和促进可持续发展方面的责任

续表

水平	质量描述
4	（1）理解所学的物理概念和规律及其相互关系，能正确解释自然现象，综合应用所学的物理知识解决实际问题。 （2）能将实际问题中的对象和过程转换成所学的物理模型；能对综合性物理问题进行分析和推理，获得结论并作出解释；能恰当使用证据证明物理结论；能对已有结论提出有依据的疑问，采用不同方式分析解决物理问题。 （3）能分析相关事实或结论，提出并准确表述可探究的物理问题，作出有依据的假设；能制订科学探究方案，选用合适的器材获得数据；能分析数据，发现其中规律，形成合理的结论，用已有的物理知识进行解释；能撰写完整的实验报告，对科学探究过程与结果进行交流和反思。 （4）认识到物理研究是一种对自然现象进行抽象的创造性工作；有学习和研究物理的内在动机，坚持实事求是，在合作中既能坚持观点又能修正错误；能依据普遍接受的道德与规范认识和评价物理研究与应用，具有保护环境节约资源、促进可持续发展的责任感
5	（1）能清晰、系统地理解物理概念和规律；能正确解释自然现象；能综合应用所学的物理知识灵活解决实际问题。 （2）能将较复杂的实际问题中的对象和过程转换成物理模型；能在新的情境中对综合性物理问题进行分析和推理，获得正确结论并作出解释；能考虑证据的可靠性，合理使用证据；能从多个视角审视检验结论，解决物理问题具有一定的新颖性。 （3）能面对真实情境，从不同角度提出并准确表述可探究的物理问题，作出科学假设；能制订有一定新意的科学探究方案，灵活选用合适的器材获得数据；能用多种方法分析数据，发现规律，形成合理的结论，用已有物理知识作出科学解释；能撰写完整规范的科学探究报告，交流、反思科学探究过程与结果。 （4）认识到物理学是人类认识自然的方式之一，是不断发展的，具有相对持久性和普适性，但同时也存在局限性；有较强的学习和研究物理的内在动机，能自觉抵制违反实事求是的行为，在交流中既能主动参与又能发挥团队作用；在进行物理研究和应用物理成果时，能自觉遵守普遍接受的道德与规范，养成保护环境、节约资源、促进可持续发展的良好习惯

3. 评价设计

根据课程标准要求，物理学科评价设计是一个综合性的过程，旨在全面、客观地了解学生的学习情况和能力发展。评价的形式主要有：

形成性评价：在教学过程中进行，旨在了解学生的学习进展和存在的问题，及时调整教学策略，包括观察学生反应、分层次区域创新教育教学设计等。

终结性评价：在教学活动结束后进行，旨在评估学习效果，收集教学设计的成效证据。

物理学科评价设计是一个复杂而细致的过程，需要综合考虑多个方面的因素。通过科学合理的评价设计，可以全面了解学生的学习情况，促进教学质量的提升。

依据物理实验教学要求，旨在培养学生动手操作能力和实验探究能力，针对物理实验课程设置相应的实验操作考查表。下面以"探究等温情况下一定质量气体压强与体积的关系"为例，介绍实验评价量表（表4-2-4）。

表4-2-4　高中物理实验操作考查表

实验名称：探究等温情况下一定质量气体压强与体积的关系

完成人：

考查项目	考查要点	具体要求	操作评价 合格	操作评价 不合格	细节备注
实验准备	1. 确定研究对象	利用注射器选取一定质量的空气柱为研究对象			选取的气体体积应在注射器壁上刻度的中间范围
实验准备	2. 组装实验器材	注射器下端的开口有塑料螺纹孔，将气体压强传感器通过塑料管与注射器紧密相连，将一段空气柱封闭			注射器与压强传感器之间通过螺纹旋转连接
实验操作	3. 物理量的测量	由注射器壁上的刻度可以读出气体的体积 V			体积的单位是毫升（mL）
实验操作	3. 物理量的测量	由压强传感器的示数可以读出气体的压强值 p			压强的单位为千帕（kPa）
实验操作	4. 探究气体等温变化的规律	将柱塞缓慢地向下压或向上拉，读取空气柱的体积与压强的几组数据，将数据记录在表格中			读数时视线与刻度相平，减小实验误差
实验操作	5. 整理器材	将注射器和气体压强传感器旋转分开，将气体压强传感器关机断电			爱惜器材，整理及时
数据处理	6. 绘制 $p-V$ 图象并分析	用采集的各组数据在坐标纸上描点，绘制曲线			绘制的 $p-V$ 图象类似于双曲线
数据处理	8. 绘制 $p-\frac{1}{V}$ 图象并分析	用采集的各组数据在坐标纸上描点，绘制曲线			$p-\frac{1}{V}$ 图象中各点位于过原点的同一条直线上

考查项目	考查要点	具体要求	操作评价		细节备注
			合格	不合格	
数据处理	9. 实验结论	实验发现，一定质量的某种气体，在温度不变的情况下，压强 p 与体积 V 成反比			

4. 评价应用

"教、学、评"一致性是一种将教师教学、学生学习及课程评价联系统一起来的教学模式。在核心素养导向下的物理教学实践中，教师可以在充分把握逆向教学设计对促进"教、学、评"统一、融合所起积极作用的基础上，先从研究学生学情与深耕教学内容入手，预设教学评价标准及教学目标，并以此为支点统筹物理教学活动及学生学习活动的设计组织，在最大限度彰显与体现课程评价助学、促教作用的基础上，更进一步地促进初中物理课程教书与育人功能的统一与学生物理学科核心素养的融合发展。

评价应充分考虑学生的个体差异，采用多样化的评价方式和标准，重视对每个学生的全面素质和良好个性的培养，关心每一个学生，尊重每一个学生的人格，努力发现和开发每一个学生的潜在优秀品质，真正做到因材施教。我校国际部的汤子瞻同学，在学习上并不优秀，但对音乐频谱分析很感兴趣，作为他的研学导师，我建议他分析世界上的名曲，看看它们都有哪些频谱共性和差异性，这样可以菜单式创作音乐，类似现在的 AI 技术。通过这种具体案例引导学生去分析和解决问题，激发学生的学习兴趣和动力，明确努力方向，适时形成科学的评价方式。经过他的不断努力，在此研究上他最终获得了丘成桐科学奖北京赛区二等奖的成绩。

五、课程资源

1. 教师资源

物理组的教师们热爱自己的教育职业，能将课堂视为自己专业发展的舞台，不断提高自己对物理教育的理解，丰富物理学科的修养，得到人才培养与自身提高的双赢。能与学生和谐相处，每天愉快地工作。青年教师能够团结协作，不断探索新的教学模式，以适应学生终身学习的需要。物理组正努力打造一支不断追求卓越，提高学习素养，善于理性思考，既促进自身专业成长，又能引领团体发展的物理教师队伍。

组内现有教师共 35 人。教授 1 人、特级教师 2 人、高级教师 22 人；一级教师 6 人、二级教师 1 人，专职实验员 3 人。其中博士研究生 4 人，硕士研究生 10 人，北京市中学物理学科带头人 2 人，北京市中学物理学科骨干教师 5 人，海淀区中学物理学科带头人 5 人，海淀区骨干教师 3 人。

曾获"海淀区优秀教研组""海淀区青年文明号""全国中学教育科研联合体优秀科研部门"等荣誉称号，承担国家级课题的子课题研究 3 项，所承担的课题被海淀区评为"基础教育课程建设优秀成果"一等奖。

秉承着老一辈物理教育工作者的优良传统，老教师率先垂范，青年教师虚心好学，不断将新的教育教学理念融入教学实践中，形成了求真、务实、开拓、创新的教学风格。

2. 课程资源

1) 自编教材和物理教学资料

由史艺、杨双伟和詹光奕老师主编的《中学生科学思维能力培养的物理教学实践研究》，重点关注中学生物理核心素养中的科学思维能力培养；由杨双伟和詹光奕老师主编的《察变悟理中学物理学科阅读指导用书》，重点关注初中和高中物理学科阅读资源的建设；按照我校学生情况、教学进度，物理组整合出四册《高中物理自主学习指导手册》。

2) 数字资源

物理组教师经过三年多的研究与实践，设计《高中物理选修课实验教材：数字科学家计划》，教材内容主要由四部分组成：基于几何画板的物理探究；基于频闪截屏技术的物理探究；基于传感器的物理探究；基于仿真实验室的物理探究。每一部分的每一节编写结构上主要包含五个模块：核心问题、任务与帮助、海量资源、做中学以及交流与评价。

3) 大、中合作

2024 年 1 月，北京大学"博雅人才共育基地"授牌仪式在北京一零一中学举行，物理学科与北京大学建立了良好的大、中贯通培养合作关系。在北京一零一中学英才学院共建多所实验室，北京大学的专家教授直接来实验室面对面教授、点对点指导，共同培育了一批优秀学生，为北京大学输送了优质生源，探索出一条有效的大、中衔接培养拔尖创新人才的路径。借助"博雅人才共育基地"的实施，物理课程的建设将充分利用北京大学国际一流的教育资源，为有天赋的学生创造更多成长空间和可能，响应国家重大战略对拔尖创新人才的需求。

六、制度保障

1. 学校管理制度

规范性规定：制订详细的课程开发流程和标准，确保课程设计的科学性和系统性，包括课程设计、实施、评价和修订等各个环节的规范性文件。

资金支持：设立专项基金，用于支持课程研发、实验设备购置、教师培训、学生实践活动等，确保课程实施的物质基础。

激励机制：建立教师和学生的激励机制，对于在课程研发和实施中表现突出的教师和学生给予奖励，提高参与课程建设的积极性。

合作机制：与高校、科研机构建立合作关系，通过合作协议明确双方的权利和义务，为课程提供专业支持。

2. 课程研发制度

研发团队：成立由教师、教育专家、科研人员等组成的课程研发团队，明确团队成员的职责和工作流程。

研发流程：制订课程研发的具体流程，包括需求分析、课程设计、试讲试教、反馈修正等环节。

质量控制：建立课程质量控制体系，通过定期的课程评审和反馈机制，确保课程内容的科学性和实用性。

知识更新：建立课程内容的定期更新机制，根据最新的科研成果和教育趋势，及时更新课程内容。

3. 课程实施过程中的管理制度

教学计划：制订详细的教学计划，包括教学目标、教学内容、教学方法、教学进度等，确保教学活动的有序进行。

课堂管理：建立有效的课堂管理制度，包括学生考勤、课堂纪律、实验安全等，营造良好的学习环境。

评价反馈：实施定期的教学评价和反馈机制，通过学生的反馈和教学观察，不断优化教学方法。

资源管理：对资源进行有效管理，包括实验设备、教学材料、数字资源等，确保资源的合理分配和使用。

监督机制：建立课程实施的监督机制，通过定期的教学检查和质量评估，确保课程实施的质量。

七、未来展望

在数字时代，创新物理实验应融合信息技术提升教学和学习效果、辅助科研以及优化实验设计等方面，在教学层面，通过引入智能实验考评系统和智能助教等形式，帮助学生更好地理解实验内容，提升实验操作和分析能力，并增强学生对新技术的接受度和应用意愿，同时还需进一步探索拔尖创新人才培养的课程体系、培养方式、评价方式等，具体还有：

1. 将教材中内容进行适当的整合

在教学过程中，可以根据实际情况将教材中内容进行适当的整合。宏观上，要保证物理科学知识体系的完整性（包括力学、电磁学、热学、光学及现代物理等分支），微观上，考虑到教学要符合学生的认知规律。

2. 注重培养学生的科学研究方法

在中学物理教学中涉及自然科学的一般研究方法，主要有观察、实验、抽象、理想化、比较、类比、假说、模型、数学方法等。如讲质点、点电荷的概念时，就要有意识地向学生介绍一种科学抽象的方法；学习电场时类比重力场、学习磁场时类比电场、学习电压时类比水压等。

3. 教学中要注重对学生作图能力的培养

物理作图分析实际是一个将建构好的物理图景用平面图的形式表达在纸面上的过程。通过描绘物体受力分析图、运动图、物理情景图等图象，可以将抽象的概念转化为比较直观的图象，可以帮助学生在学习物理的过程中更好地理解并掌握各个物理概念，厘清各个物理量之间的关系，揭示各物体运动状态、变化的动力学本质。

4. 使物理贴近学生生活、联系社会实际

教师应选择与学生生活联系密切的素材，例如使用可乐瓶、易拉罐、饮料吸管、胶带纸等生活中的常见物品来做物理实验。学生的课后作业也应该因地制宜地引导学生关注周围的生活，例如游乐场中的物理，车站、码头上的物理，超级市场中的物理等。把这些与学生的生活密切相关的事物引入物理课，就会增加学生对物理课的亲切感。

5. 突出物理学科特点，发挥实验在物理教学中的重要作用

在物理教学中，教师应该重视学生对物理实验的理解。在观察演示实验时，不仅要让学生关注所观察的现象，同时要让学生理解该物理现象是用来说明什么问题和怎样说明问题的。教师应该尽量让学生了解实验装置的工作原理。鼓励教师将电子计算机等多媒体技术应用在物理实验中，并提倡使用身边随手可得的普通物品做物理实验。同时，实验也是培养学生科学态度和科学作风的重要途径。教师应培养学生对实验严肃认真的态度，对实验结果实事求是，如实记录实验数据，并把实事求是的作风带到平时的学习和生活中去。

附件：课程实施案例
课例1. 巧用演示实验探究电磁感应现象

课时教学设计	
课题	楞次定律
课型	新授课
一、设计思路 　　电磁感应现象的发现具有划时代的意义，电磁感应使人类对静电场和静磁场的研究进入变化场的动力学研究，使人类社会迈进电气化时代，这是科学知识运用到工程技术上，从而推动人类文明进步的典型代表。楞次定律是解决电磁感应现象中感应电流方向的问题，由于楞次定律涉及的因素多、关系复杂、规律隐蔽、抽象性和概括性很强，学生探索和理解该定律存在较大的难度。 　　楞次定律解决感应电流方向的问题，是法拉第电磁感应定律的一部分内容。楞次定律的得出运用了归纳推理，从感应电流产生的条件——闭合回路的磁通量变化入手，根据磁铁与线圈相对运动的四种情况，构建各个相关量关系的流程图，逐步归纳推理得出感应电流方向的规律，引出"感应电流的磁场"这个中介量，从而归纳出楞次定律的简洁表述。楞次定律的关键词是"阻碍"，阻碍引起感应电流的磁通量的变化，还要从运动与相互作用的角度来理解"阻碍"作用。电磁感应是把其他形式能转化成感应电流所在回路的电能的过程，楞次定律的本质是能量的转化与守恒定律在电磁现象中的体现。 　　通过必修三的学习，学生已经了解磁场是一种物质，磁体和电流之间的相互作用是通过磁场发生的；了解磁通量和磁通量的变化，会用右手螺旋定则判定环形电流周围磁场的方向；了解电磁感应现象，知道产生感应电流的条件，知道电磁感应现象的应用及其对现代社会的影响。以此为基础继续学习感应电流的方向遵循的规律。由于楞次定律涉及的因素多、关系复杂、规律隐蔽、抽象性和概括性很强，学生探索和理解该定律有较大的难度，特别是对"阻碍变化"的理解是认知的难点。教学中要依据学生的认知结构和思维能力设计认知路径，让学生经历概念、规律的建构过程，发展学生的科学思维和探究能力。 　　本节课以有趣的"落磁实验"引发认知冲突，激发学生好奇心和求知欲。以任务驱动的方式引导学生通过小组合作，经历规律建构的过程，通过猜想、设计实验方案、恰当使用证据推出物理结论，根据磁铁与线圈相对运动的四种情况，构建各个相关量关系的流程图，逐步归纳推理得出感应电流方向的规律，引出"感应电流的磁场"这个中介量，从而归纳出楞次定律的简洁表述，体会"归纳推理"的科学思维方法。在分组探究中培养学生尊重事实、敢于质疑、善于反思和团结协作的科学精神。楞次定律的本质是能量的转化与守恒在电磁现象中的具体体现，第二课时设计了演示机械能转化为电能的"电磁阻尼"实验，利用电流传感器能够形象直观的特点突出重点、突破难点，让学生不仅从物质的观念、运动与相互作用的观念，还会从能量的观念去认识自然和世界	
二、教学目标 　　1. 理解楞次定律，知道楞次定律是能量守恒的反映，会用楞次定律判断感应电流的方向。 　　2. 通过探究实验，培养学生的问题意识，提高学生设计实验方案的能力和基于证据的归纳概括及表述的能力。 　　3. 让学生经历推理分析得出楞次定律的过程，体会归纳推理的科学方法，培养逻辑思维能力。 　　4. 感受科学家对物理规律的研究过程，学习他们严谨认真、实事求是的科学态度	

续表

课时教学设计
三、学习重点难点 重点：经历实验探究和推理分析得出楞次定律，体会归纳推理的科学思维方法。 难点： 1. 感应电流的磁场方向如何和磁通量的变化建立联系。 2. 从运动与相互作用和能量守恒与转化的角度来理解定律的阻碍作用
四、教学流程 引入新课 ⇨ 猜想 ⇨ 实验探究 ⇨ 归纳结论 ⇨ 规律应用 ⇩　　　　⇩　　　　⇩　　　　⇩　　　　⇩ 思考磁铁为什么缓慢下落 ⇨ 感应电流方向可能与什么因素有关？ ⇨ 分组实验记录实验现象 ⇨ 寻找"感应电流的磁场"这个中介量的"阻碍"作用 ⇨ 解释课前落磁实验
五、教学活动设计

教师活动	学生活动
环节一：引入新课——落磁实验	
教师活动1： 演示小铁球（无磁性）从铝管中自由下落，由于落体时间很短，不易接住小球。 引导学生思考：磁铁为什么缓慢下落？ 教师活动2： 教师再将线圈套在铝管中，用电流传感器显示出磁体进入线圈和离开线圈时的电流方向不同 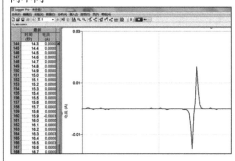	学生活动1： 请一名学生再次实验，尝试接住铁球（有磁性），磁性球缓慢下落。 学生阐述观点。 学生活动2： 观察实验现象，引出研究的课题 

续表

课时教学设计

活动意图说明： 学生对奇妙的自然现象和出乎意料的实验现象都会感到好奇。好奇心和求知欲会促使学生积极主动地寻求对现象或事实的解释。发现和提出问题是学生经历科学探究完整过程的起点，通过趣味实验引出研究的问题	
环节二：猜想感应电流的方向可能和什么因素有关	
教师活动3： 引导学生重温"磁铁插拔线圈"实验。 引导学生思考：感应电流的方向可能和什么因素有关？	学生活动3： 分组实验讨论，提出猜想和假设：磁铁的磁场、磁铁运动方向、磁通量变化等因素
活动意图说明： 在观察和实验的基础上，学生凭直觉或者根据事实、经验和理论对探究物理问题的答案或解决方法所作出的一种或几种可能的猜想、假设、推理和判断，并对物理实验结果进行预测，保留较为合理的科学假定，既有利于学生逻辑思维的发展，也有利于直觉思维等创新思维的发展	
环节三：设计实验方案，做实验收集证据	
教师活动4： 引导学生设计实验方案和数据记录表格。 学生实验，教师巡回指导，帮助学生解决实验中出现的问题	学生活动4： 学生在下列四种情况中，分别观察检流计指针的偏转方向，并记录实验数据。 
活动意图说明： 引导学生制订合理的科学探究实验方案，团队协作，正确操作实验器材，获得可靠的实验数据。实验操作阶段能够满足学生的动手操作愿望，还可以满足学生探究物理规律的心理需要，当学生产生浓厚兴趣的时候，有利于形成主动的学习态度和正确的学习方法	
环节四：依据证据，分析归纳，得出结论	

续表

课时教学设计	
教师活动5： 层次一： 引导学生思考： 1. 感应电流的方向是由原磁通量的增多或减少直接决定吗？ 2. 感应电流的方向与原磁场的方向之间有什么规律？ 层次二： 教师指出：这种表述是正确的，但不符合物理规律的简洁性和高度概括性。 引导学生思考：从感应电流产生的效果上看，有什么因素和原磁场及其磁通量的变化能够建立联系？电流有什么效应？（热效应、磁效应） 演示实验：磁铁插拔小车上的线圈，小车随之移动，寻找"感应电流的磁场"这个中介量。  层次三： 思考：感应电流产生的磁场对原磁通的变化有什么样的作用？（阻碍原磁通变化还是助力原磁通变化）	学生活动5： 通过对现象的讨论、分析、比较，总结出感应电流的方向遵循的规律： 1. 向下的磁通量增多或向上的磁通量减少，产生俯视逆时针的感应电流。 2. 向下的磁通量减少或向上的磁通量增多，产生俯视顺时针的感应电流。 到这里学生通常会进入思维的瓶颈。 学生体会感应电流产生的磁场与磁铁发生相互作用力，从相互作用的角度感受"磁场"的物质性。 学生在教师引导下再次讨论，"原磁场磁通量的变化"和"B感与B原方向的关系"，发现"增反减同"规律，尝试得出楞次定律

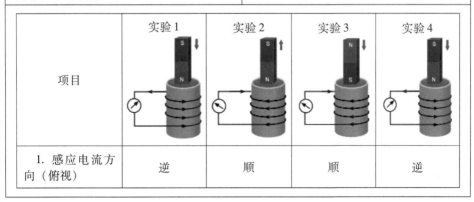

项目	实验1	实验2	实验3	实验4
1. 感应电流方向（俯视）	逆	顺	顺	逆

课时教学设计				
2. 磁通量变化	增加	减少	增加	减少
3. 原磁场方向	向下	向下	向上	向上
4. 感应电流的磁场方向	向上	向下	向下	向上

活动意图说明：
通过对实验证据进行分析，发现规律，进而通过归纳形成简洁的、具有普遍意义的结论。培养学生的运动与相互作用观念，体会"归纳推理"的科学思维方法，提升学生科学探究的能力。学生的结论多种多样，教师应充分肯定他们研究态度，对出现的问题进行引导、纠正

环节五：对楞次定律的理解

教师活动6： 总结楞次定律：感应电流应该具有这样的方向，感应电流所产生的磁场总是阻碍原磁场磁通量的变化。概括为"增反减同"。 引导学生分析"阻碍"的含义。 总结用楞次定律解决具体电磁感应问题的步骤： （1）确定闭合回路； （2）确定原磁场方向； （3）确定原磁场磁通量的变化（增大还是减小）； （4）根据楞次定律确定感应电流磁场的方向； （5）根据安培定则确定感应电流方向。 教师活动7：（第二课时） 演示实验：弹簧挂在磁铁下运动，机械能守恒，套上线圈很快停下来——电磁阻尼。 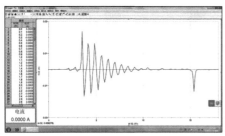 总结：感应电流沿着楞次定律所述的方向是能量守恒定律的必然结果	学生活动6： 分析"阻碍"的含义： （1）谁在阻碍？ （2）阻碍什么？ （3）如何阻碍？ （4）能否阻止？ （5）为何阻碍？ 学生活动7： 观察实验，分析磁铁能量转化情况：感应电流与磁铁的相互作用力阻碍它们的相对运动，磁铁上下运动克服阻力做功，把其机械能转化为线圈中的电能

续表

课时教学设计
活动意图说明： 理解"阻碍"的意义，准确把握楞次定律的实质；总结利用楞次定律解决具体电磁感应问题的步骤；电磁感应是把其他形式能转化成感应电流所在回路的电能，从能量的转化与守恒定律中认识楞次定律，培养学生的能量观念

环节六：落磁实验检验楞次定律	
教师活动8： 教师引导学生分析磁体进入线圈和离开线圈时的电流方向	学生活动8： 用楞次定律分析磁体进入线圈和离开线圈时的电流方向，验证楞次定律
活动意图说明： 用学生新建构的认知规律解释实验现象，学以致用	

板书设计：

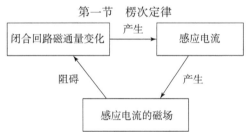

一、探究感应电流的方向遵循什么规律
猜想：原磁场方向磁通量的变化
设计：
实验：
二、楞次定律
感应电流所产生的磁场总是阻碍原磁场磁通量的变化。（"增反减同"）
三、楞次定律是能量守恒与转化定律在电磁感应现象中的体现

作业与拓展学习：
　　感应电流产生的原因是闭合回路磁通量变化，磁通量的变化有很多种方式，如回路面积不变磁感强度变化，或者磁感强度不变回路面积变化，或者是磁铁和磁感强度有相对运动。这节课学习了从磁通量的角度来描述楞次定律，从力与相对运动的角度如何描述楞次定律呢？

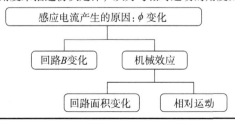

课例2. 思维进阶探究火箭发射速度

学习主题	反冲现象火箭					
学科	物理		年级	高一	时长	45分钟
背景分析	一、课标分析 《普通高中物理课程标准（2017年版2020年修订）》对《反冲现象火箭》部分的要求为：通过理论推导和实验，理解动量定理和动量守恒定律，能用其解释生产生活中的有关现象。例如：知道火箭的发射利用了反冲现象。活动建议：制作"水火箭"。 二、单元分析 本单元以"动量守恒定律"大概念为引领，可以划分为三个部分。第一部分通过探究碰撞过程中的守恒量建立"动量"概念，通过实验探究和理论推导，在匀变速运动情境下根据牛顿第二定律推导出动量定理，建立"冲量"概念。第二部分根据动量定理分析两个相互作用，进而导出动量守恒定律，通过学生实验验证碰撞中的动量守恒定律。第三部分是通过实例介绍动量守恒定律的应用，包括弹性碰撞和非弹性碰撞、反冲现象和火箭知识。 本单元是"运动与相互作用观念"和"能量观念"的综合体现，通过建立动量、冲量的概念和动量定理、动量守恒定律的规律以及介绍动量守恒定律的应用，在研究碰撞和反冲现象中，进一步领会守恒思想，提高科学建模能力，从动量守恒定律的普适性来认识自然界的统一性。 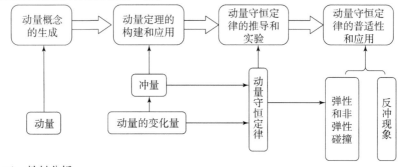 三、教材分析 《反冲现象火箭》选自2020人教版高中物理选择性必修一第一章第六节，是动量守恒定律的应用课。教材通过生产生活中的现象介绍反冲运动，通过演示实验加深学生对反冲现象的认识和理解，应用动量守恒定律解释火箭的飞行原理，构建火箭飞行时的物理模型，介绍我国火箭发展史，了解火箭的结构、作用以及收尾速度。本节课将进一步促进学生的运动与相互作用观念和能量观念的发展，了解物理规律具有适用范围和条件，领会守恒思想，提高建模能力。 四、学情分析 1. 知识储备：在学习本节内容之前，学生已经学习了动量守恒定律，可以通过动量守恒定律分析爆炸和碰撞运动，因此已掌握了学习本节课必备的基础知识。通过课前问卷调查，发现大部分学生对于动量守恒定律的适用条件比较熟悉，100%的

学习主题	反冲现象火箭
背景分析	学生知道不受外力时系统动量守恒，87.5%的学生知道外力矢量和为0时系统动量守恒，62.5%的学生知道虽然受外力，但当内力远大于外力时系统仍然可以用动量守恒定律来处理，这为本节课分析反冲运动提供了知识储备。 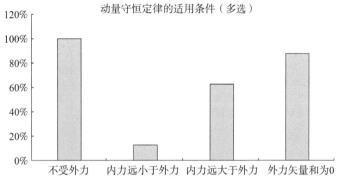 结合课前的学习活动，发现学生能正确列举两个以上生活中的反冲现象，并对火箭的构造和发射有初步了解。（下图为部分学生课前搜集的反冲现象和火箭相关资料） 第2题（填空）：寻找两个生活中的反冲现象 开枪，墨鱼游动； 鱿鱼游泳的时候，打枪的时候，水管喷水的时候； 火箭发射 气球放气； 水母逃逸，气球放气飞走； biubiubiu的子弹 chuachuachua的火箭； 洗澡的时候水龙头会有向后的力火箭发射； 火箭，飞机； 火箭，水母运动； 第3题（填空）：神舟十六号载人飞船成功发射，搜集关于火箭的结构和发射等资料 搭载神舟十六号载人飞船的长征二号F遥十六运载火箭在酒泉卫星发射中心发射升空，长征二号F是一种大型两级捆绑助推器运载火箭，是中国主要用于发射神舟载人飞船和大型目标飞行器到近地轨道； 火箭的结构基本上是一个薄壁圆柱壳体，由蒙皮、纵向和横向的加强件构成； 火箭结构，即火箭各个受力和支承构件的总称，基本上是一个薄壁圆柱壳体，由蒙皮、纵向和横向的加强件构成。其作用是安装连接有效载荷、仪器设备和动力装置，贮存推进剂，承受地面操作和飞行中的外力，维持良好的气动外形，保持火箭的完整性； 2023年5月30日9时31分，搭载神舟十六号载人飞船的长征二号F遥十六运载火箭在酒泉卫星发射中心发射升空，航天员乘组状态良好，发射取得圆满成功。神舟十六号航天员乘组由景海鹏、朱杨柱、桂海潮3名航天员组成； 火箭下方有一个水坑，防止高温喷气破坏火箭与地面设施； 火箭被发射塔架包裹着，点火起飞后才会离开塔架； 整流罩，一级火箭二级火箭； 2. 认知能力：通过前面的物理学习，学生已具备一定的观察、分析和解决问题的能力，初步了解科学探究的流程和方法，对微元法和累计法等科学思想方法有一定的认识。 3. 学习心理：神舟十六号载人飞船刚刚发射，学生对本节课的学习内容"火箭"有较强的好奇心和求知欲，能够积极主动地参与到课堂学习活动中。 4. 能力欠缺：大多数学生对于从真实情境中构建物理模型的意识有待提高，对于简化物理模型，应用已知物理规律解决实际问题的能力有待提高。 五、教学重点和难点 1. 重点：认识反冲现象及其特点，深入理解动量守恒定律，深化运动与相互作用的观念。 2. 难点：基于真实情境构建模型，应用动量守恒定律分析，解决反冲运动问题

续表

学习主题	反冲现象火箭		
	教学目标	核心素养	内涵
学习目标	1. 学生能举出反冲运动的实例，归纳总结反冲现象的定义和特点	物理观念 科学探究	运动与相互作用观
	2. 学生能从宇航员扔气瓶、火箭飞行的真实情境中构建物理模型，能运用物理规律解决实际问题	科学思维	模型构建
	3. 面对火箭飞行时质量变化的真实问题，能通过微元法和累积法分析火箭的收尾速度	科学思维	模型建构、科学推理
	4. 能正确认识反冲现象的本质，知道如何应用反冲现象有利的一面，如何防止反冲现象有害的一面	科学态度与责任	增强辩证思维意识
	5. 了解我国航天史，激发学生崇尚科学、航天报国的爱国主义情怀	科学态度与责任	认识科学、技术、社会、环境关系，培养正确的科学态度与社会责任观念

问题框架

应用动量守恒定律解决实际问题

核心问题1：什么是反冲现象？
1. 生活中有哪些反冲现象？
2. 如何用物理的语言定义反冲现象？反冲现象的特点是什么？
3. 反冲现象是否有不利的一面？

核心问题2：如何构建反冲运动的物理模型？
1. 宇航员抛小物体的情境中，应选择什么参考系？研究对象是谁？
2. 宇航员和小物体这个系统遵循什么物理规律？
3. 宇航员抛小物体的情境中，小物体的动量改变量是多少？
4. 宇航员的速度改变量是多少？

核心问题3：火箭的收尾速度如何计算？
1. 怎样构建火箭飞行过程的物理模型？
2. 火箭获得的速度大小跟什么因素相关？
3. 火箭在持续喷射燃气过程中是变质量系统，火箭的收尾速度应如何计算？
4. 如何提高火箭的飞行速度？
5. 收尾速度小于第一宇宙速度，应如何顺利升空？

续表

学习主题	反冲现象火箭
方法策略	结合本节课学习内容和重难点分析，采用如下教学方法： 1. 小组合作探究：本节课是一节应用课，也是能充分体现物理核心素养的一节课。通过小组合作和自主学习调动学生积极性，落实自我教育理念。 2. 情境教学法：通过气球反冲、水流反冲的分组实验，构建真实情境激发学生的学习兴趣，有助于学生观察、总结、归纳出反冲现象的定义和特点。通过播放电影《地心引力》片段，从宇航员扔气瓶的真实情境出发，依托教材"思考与讨论"部分培养学生模型建构能力。通过火箭飞行时质量变化的真实情境，进一步讨论思考火箭的收尾速度公式。 对本节课整体的设计采用如下教学策略： 1. "问题链"驱动教学：基于教材内容和学生认知规律，本节课以"应用动量守恒定律解决实际问题"为核心问题，建立三个核心子问题，并围绕核心问题构建问题链，注重问题之间的逻辑关系，以问题框架引导学生在解决问题的过程中形成结构化的认识方式。 2. 构建模型法：注重物理建模能力的培养，将宇航员扔气瓶、人抛小物体、火箭喷射燃料等真实情境抽象成物理模型，培养学生模型建构、利用已知物理规律解决实际问题的思维能力。 3. 类比探究微元累积：在火箭获得的速度的问题上，教材做了比较模糊的处理，我们的学生没有局限于教科书，而是基于事实证据和科学推理对不同模型提出疑问，进而提出创造性的见解。类比于求解匀变速直线运动位移和弹簧弹力做功的问题，将微元和累积的科学思想方法迁移到求解火箭持续喷射燃气过程的收尾速度中，分析火箭的收尾速度

教学活动设计

	目标	学习要求
课前学习活动	1. 复习动量守恒定律。 2. 预习反冲现象。 3. 了解火箭的构造和作用，关注我国航天发展	1. 回顾动量守恒定律的内容及适用条件。 2. 学生寻找生活中的反冲现象，鼓励分组制作反冲小实验。引导学生观察生活，在真实情境中从多角度思考问题，提升物理建模能力。 3. 神舟十六号载人飞船成功发射，观看视频《神舟十六号发射纪实》，查找火箭构造和发射的相关资料
	支撑材料	《神舟十六号发射纪实》视频，《反冲现象火箭》课前调查问卷

续表

学习主题	反冲现象火箭		
课堂教学活动	目标	环节步骤	
	环节一：认识反冲现象	教师活动	学生活动
	培养学生的观察能力，体会物理知识来源于生活而又应用于生活的特点。	1. 组织学生分享生活中的反冲现象以及自制小实验。 引导分析气球反冲实验现象：看到的是气球沿着绳子往一个方向运动，看不见的地方实际上气体向相反的方向运动。 2. 引导学生分组观察水流反冲实验。 引导分析水流反冲实验现象：看到的是液体往一个方向流出，圆筒朝相反的方向旋转。	1. 介绍生活中反冲现象。 展示自制反冲实验：气球反冲。 观察、分析气球反冲实验现象，明确研究对象为气球和气体组成的系统，形成对系统整体分析的认识。 2. 分小组做水流的反冲实验，观察并描述实验现象。

续表

学习主题	反冲现象火箭		
课堂教学活动	目标	环节步骤	
	促进形成运动与相互作用观念，并能用这些观念解释自然现象和解决实际问题。	3. 播放视频：《生活中的反冲现象》。 引导思考：如何定义反冲现象？反冲现象的特点是什么？ 教师总结： 反冲运动是指系统在内力作用下分离出一部分物体，另一部分向相反方向运动的现象。 反冲现象与爆炸、碰撞过程类似，相互作用力通常满足内力远远大于外力，系统动量守恒、机械能增大。	3. 观看视频，学生从运动学和动力学角度描述反冲现象，从动量、能量角度总结反冲的特点。
	正确认识反冲现象，增强辩证思维意识	4. 展示四个反冲现象，引导学生分析反冲现象的应用和防止 演示和自主实验 ⇒ 分析实验现象 ⇒ 思考1：反冲现象的定义和特点 ⇒ 从运动学和动力学的角度归纳总结反冲现象	4. 手枪射击和发射炮弹情境是反冲现象的防止，会给枪身和炮身很强的后坐力。乌贼运动和海边的"空中飞人"是反冲现象的应用
	支撑材料	1. 水流反冲实验装置，用途：分组体验液体反冲，观察分析实验现象。 2.《生活中的反冲现象》视频片段，用途：学生观看视频，思考这些反冲现象有何共同点，尝试归纳总结反冲现象的定义	
	环节二：建构物理模型	教师活动	学生活动
		1. 播放电影《地心引力》片段，引导学生思考：如何让太空中的航天员顺利进入空间站？ 2. 阅读学案"问题解决"部分（教材26页思考与讨论）	1. 观看电影《地心引力》片段，学生提出尝试将气瓶抛出。 2. 学生思考解决问题。

续表

学习主题	反冲现象火箭		
课堂教学活动	目标	环节步骤	
	通过电影情节引起悬念，激发学生的好奇心和求知欲，在问题解决过程中渗透科学建模的思想方法	问题1：宇航员抛出小物体的情境中，参考系和研究对象应如何选取？ 问题2：宇航员和小物体系统遵循什么物理规律？ 问题3：小物体的动量改变量是多少？ 问题4：人的速度改变量是多少？ 真实情境问题导向 → 利用物理规律 → 问题解决	回答1：选择飞船作为参考系，研究对象为宇航员和小物体组成的系统。 回答2：由于不受外力，系统遵守动量守恒定律。 回答3：$\Delta p = p_2 - p_1 = \Delta m u$ 回答4：设人与小物体相互作用后速度为 v，系统动量守恒： $0 = \Delta m u + m v$ $v = -u \dfrac{\Delta m}{m}$ $\Delta v = v - 0$ $= -u \dfrac{\Delta m}{m}$
	支撑材料	1.《地心引力》电影片段节选，用途：创设真实情境，引发思考，构建反冲运动的理想模型。 2.《反冲现象火箭》学案	
	环节三：认识火箭的构造和作用	教师活动	学生活动
		1. 教师引导学生介绍火箭的结构。 （图：火箭结构示意，标注：外壳、氧化剂箱、燃烧室、喷气、有效载荷、控制舱、燃料箱、尾喷管）	1. 学生展示课前预习的火箭知识，分享火箭的结构组成：壳体和燃料。

续表

学习主题	反冲现象火箭		
课堂教学活动	目标	环节步骤	
	激发学生了解和热爱航天事业的爱国主义情怀	2. 介绍火箭的燃烧剂和助燃剂。 燃烧剂：液氢、偏二甲肼。 助燃剂：液氧、四氧化二氮。	2. 了解火箭的燃料，知道发动机开始工作后，燃烧剂和助燃剂进入燃烧室燃烧，喷出大量高温高压的燃气，使得火箭由于反冲现象获得较大速度。
		3. 引导学生汇报火箭的作用。	3. 火箭是一种运载工具，可以运载宇航员、探测器、卫星等进入太空
	支撑材料	《反冲现象火箭》教学课件	
	环节四：计算火箭的收尾速度	教师活动	学生活动
	引导学生，面对一个复杂的真实情境时，要学会简化问题，建立理想的物理模型。	1. 引导思考：火箭想要将宇航员等送入预定轨道，至少要达到多大的发射速度？ 火箭利用反冲现象获得的速度大小与哪些因素相关？应该如何计算？	1. 思考回答：第一宇宙速度（7.9 km/s）。
	引导学生知识迁移，模型应用。	2. 假设火箭在外层空间飞行，空气的阻力和重力的影响忽略不计。引导学生根据人抛小物体的运动模型构建火箭喷燃气的模型。	2. 模型简化后与前面学习中构建的人抛小物体的物理模型一致。

学习主题	反冲现象火箭		
	目标	环节步骤	
课堂教学活动	鼓励学生的批判性思维，大胆质疑，从宏观、微观不同角度思考问题，培养科学的思维方式。	画出运动草图： 3. 引导学生思考：火箭喷出燃气的过程与人抛出小物体的过程完全相同吗？应该如何处理？	思考回答： 以喷气前的火箭为参考系，箭体与燃气系统为研究对象，系统遵循动量守恒定律， 火箭获得速度： $v = -u\dfrac{\Delta m}{m}$ 3. 思考回答：不相同，火箭喷出燃气的过程是持续性的。 先用微元法将喷射燃气过程分成无穷多个小过程，每一个小过程都可以按上述方法求出速度的增量，再累积求和（微积分思想）。
	类比探究； 知识迁移； 微元累积； 思想归纳整合	4. 引导学生回顾求匀变速直线运动位移的过程，体会将时间分成小段，将每段过程视为匀速直线运动，再累积求和的科学思想方法。 匀变速运动位移 回顾图象法求解弹簧弹力做功的过程，体会将位移分成小段，将每段过程视为弹簧弹力恒定做功，再累积求和的科学思想方法。	4. 体会微元法和累积法。

续表

学习主题	反冲现象火箭		
	目标	环节步骤	
课堂教学活动		弹簧弹力做功 火箭喷燃气的过程中，火箭是变质量系统，速度改变量的大小为 $\Delta v = \dfrac{u}{m}\Delta m$，引导学生类比确定图象横轴和纵轴的物理量。 教师总结： 设火箭发射前的质量为 m_0，发射后的火箭质量为 m，将火箭发射时的质量变化分成很多小段，那么图象中每一小段的面积就是火箭速度的增加量，当 Δm 趋于 0 时，曲线与横轴所围的面积就是火箭的收尾速度 5. 借助学案"拓展阅读"部分介绍齐奥尔科夫斯基火箭公式： $$v = u\ln\dfrac{m_0}{m}$$ 式中 $\dfrac{m_0}{m}$ 叫作质量比，是火箭发射时的质量与燃料烧完后火箭质量之比。	学生思考回答：火箭喷射燃气的过程，是将火箭质量变化分成许多小段，应选择火箭的质量 m 作为横轴的物理量，$\dfrac{u}{m}$ 作为纵轴的物理量。 类比迁移，问题解决。 5. 阅读学案"拓展阅读"部分，体会微元法和累积法。

续表

学习主题		反冲现象火箭	
课堂教学活动	目标	环节步骤	
		引导学生思考：如何提高火箭的飞行速度？	增加燃气的喷射速度，提高火箭喷出物质的质量与火箭本身质量之比。
		6. 根据上述公式计算得到的火箭收尾速度能达到第一宇宙速度吗？ 真实物理情境 ← 解决实际问题 ↓ ↑ 思考3：火箭在持续喷射燃气过程中是变质量系统，火箭的收尾速度应如何计算？ 思考4：如何提高火箭的飞行速度？ ↓ ↑ 微元法、累积法 → 齐奥尔科夫斯基公式	6. 学生分析计算一级火箭所能达到的速度约为4.5 km/s。要使卫星绕地球运转，用单级火箭无法达到，所以要采用多级火箭结构
	活动目标	环节步骤	
	环节六 课堂小结	应用动量守恒定律解决实际问题 ｛ 任务一：认识反冲现象 — 实验观察 ⇒ 总结归纳 任务二：构建反冲运动的物理模型 — 真实情境 ⇒ 理想模型 任务三：计算火箭的收尾速度 — 微元累积 ⇒ 思维提升	
	支撑材料	《反冲现象火箭》教学课件	

续表

学习主题	反冲现象火箭					
	活动目标	环节步骤				
课堂教学活动	板书设计	§1.6 反冲现象火箭 主板书 一、反冲现象 1. 定义： 2. 特点：系统动量守恒、机械能增大 二、火箭： 1. 作用：运载工具 2. 结构：壳体、燃料 3. 收尾速度： 发射前 $v = u\ln\dfrac{m_0}{m}$ 发射后 副板书 （正方向） （1）$\Delta p = p_2 - p_1 = \Delta mu$ （2）$0 = \Delta mu + mv$ $v = -u\dfrac{\Delta m}{m}$ $\Delta v = -u\dfrac{\Delta m}{m}$					
	评价设计	课堂教学目标	目标达成评价	学生实际获得 （自评、互评、师评)		
		能通过观察分析反冲运动的实例，归纳总结反冲现象的定义和特点	学生通过观察气球反冲、水流反冲实验，能准确描述现象，归纳反冲现象的定义和特点	能否用物理的语言定义反冲现象，能否提出反冲现象遵循的物理规律		
				能定义反冲现象并知道所遵循的规律（A+)	知道遵循的物理规律，不能描述反冲现象（A)	不清楚（A-)
		能从宇航员扔气瓶、火箭飞行的真实情境中构建物理模型，运用物理规律解决实际问题	学生通过对学案中"问题解决"部分分析，面对真实情境如何选择参考系和研究对象，构建物理模型	能否建立反冲运动的理想模型，并列出相应的动量守恒定律		
				能抽象模型并列式求解（A+)	不清楚如何建立模型，但能列式（A)	不能列式（A-)

续表

学习主题	反冲现象火箭				
课堂教学活动	活动目标	环节步骤			
	评价设计	课堂教学目标	目标达成评价	学生实际获得（自评、互评、师评）	
		面对火箭飞行时质量变化的真实问题，能通过微元法和累积法分析火箭的收尾速度	学生通过类比求"匀变速直线运动位移"和"弹簧弹力做功"时用到的微元累积的科学思想方法，类比迁移分析火箭的收尾速度	能否利用微元累积的科学思想方法，建立火箭持续喷出燃气过程中的 $u/m-m$ 图象，并分析火箭的收尾速度	
				能画出图象并知道图象面积的物理意义（A+）	能知道通过微元累积的思想方法求火箭的收尾速度（A）	不知道如何分析（A-）
		了解我国航天发展历程，知道我国航天事业的巨大成就	学生通过教师讲解、观看视频了解我国航天发展，能说出长征2F火箭的结构和我国航天发展事迹	能否列举我国航天事业的成就	
				能说出三条（A+）	能说出两条（A）	能说出一条（A-）
		评价结果：（A+记3分，A记2分，A-记1分） (1) 得分>10分的学生课堂参与度高，能够积极思考问题，学习效果好； (2) 得分在4~10分的学生，在教师引导下能够参与课堂活动，但没有将知识内化，课堂学习需要更加主动积极； (3) 得分小于4分的学生没有有效参与课堂，学习效果不好				
课后作业（活动）	目标	作业（活动）要求			
	巩固知识	完成习题：教材28页1~3题			
	培养学生科学探究核心素养	尝试制作"水火箭"，并思考"水火箭"的射程与哪些因素相关			
	支撑材料	1. 教材，用途：帮助学生巩固练习，落实知识。 2. 梁梓源、黄日铭、范济宽小组制作的水火箭发射视频，以供参考			

第三节　化学课程实践创新与拔尖创新人才培养

我国实施科教兴国战略和人才强国战略，急需拔尖创新人才，而拔尖创新人才培养是一个复杂、系统的过程，基础教育与高等教育所承担的人才培养任务彼此联系、相互影响。在基础教育阶段开始实施拔尖创新人才培养计划，提前介入培养过程，拉长培养周期，充实培养课程内容，为学生将来从事专业研究奠定坚实基础，实现在高水平人才输送端口培育新生力量。因此，基础教育成为拔尖创新人才培养的关键时期。

北京一零一中学是北京市拔尖创新人才培养基地之一，多年来一直积极探索基础教育阶段的拔尖创新人才培养模式。建立英才学院，联合多所高校（包括北京大学、同济大学、北京理工大学等）与科研院所建立多领域高端实验室和特色实验班，构建大中小学贯通的课程体系，提供丰富的教育资源和个性化学习方案，为学生成为德才兼备的创新型人才保驾护航。

一、培育计划制订背景

初、高中化学课程标准从课程目标、教学内容与方法，以及教室的角色与要求三方面对拔尖创新人才培养提出了要求。课程目标中提出激发学生对化学学科的兴趣和好奇心，培养探索未知世界的内在驱力；培养学生的观察、思考、分析和解决实际问题的能力；引导学生形成创新思维和创新能力，鼓励他们在化学学习中勇于质疑、敢于创新。课程标准提出可以结合多元化学课程，探究性、合作性学习，培养学生的科研思维和创新能力，重视实验教学在化学教学中的作用，通过实验让学生亲身体验化学的魅力和科学的严谨性，培养他们的动手能力和创新精神。拔尖创新人才培养的过程中，教师的角色至关重要。首先，教师自身应具备创新意识，能够在教学过程中引导学生进行创新思考和实践。其次，教师应具备扎实的化学专业知识和技能，掌握多种教学方法和策略，如探究式学习、合作学习等，以激发学生的学习兴趣和创新能力。最后，教师要建立科学合理的评价机制，及时给予学生反馈和指导，进而提高他们的创新能力和综合素质。

1. 北京一零一中学化学课程建设的基本情况

北京一零一中学培养"未来卓越担当人才"的育人目标要求课程体系体现自我教育理念，课程要有利于拔尖创新人才培养；课程必须满足学生多元发展需求。在此纲领下，化学学科课程体系分为国家课程、校本课程和创新实践课程三大方面（图 4-3-1）。

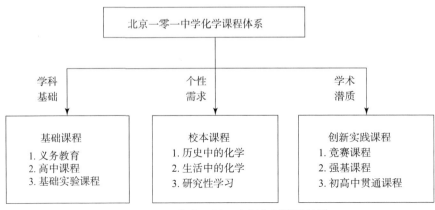

图 4-3-1 北京一零一中学化学课程体系

1）基础课程——注重学科基础，打造"生态智慧"课堂

"生态智慧"课堂是我校在坚守自我教育理念的前提下提出的创新性课堂教学，是一种指向未来的课堂追求，把"人"放在核心地位，关注学生的"生命、生活、成长"。基础课堂中将化学核心素养融合在"生态智慧"课堂的四大场域中，实现化学组课堂教学设计的理念与目标。

学校化学学科教学创新旨在促使学生跨越学段的边界，打破必修和选择性必修的界限，在完成国家规定的课程基础上，形成具有特色的化学课程体系。例如化学组在教学中将必修二与选择性必修一"化学反应原理"中重合的内容进行整合，提高了教学的实效性。基础实验课程涉及初高中学段所有的教材实验，重视实验教学，提高学生的基础实验能力。

2）校本课程——深度和广度相结合，满足个性化需求

（1）特色校本课程

特色校本课程是学生核心素养的重要生长点之一。化学组开展一系列丰富多彩的化学校本课程，满足学生多元发展需求。"历史中的化学"帮助学生从理论上拓宽视野，了解化学科学家的研究故事；"生活中的化学"较为基础，重在一些趣味实验，激发学生兴趣，如天气瓶、大象牙膏、碘钟等实验；"研究性学习"具有研究性质，每个小组可选取与生活相关的课题进行研究，如菠菜中铁含量的测定，校园湖水污染程度的测定等，体验科学探究的全过程。

（2）化学文化活动

丰富多彩的系列活动可助力学科素养的提升。在高一、高二年级化学组开展"离子检验大赛""方程式大赛"，受到了学生的一致好评，2020年度比赛获胜者奖励为动手制作宇航员"天衣"实验的机会。

3）创新实践课程——挖掘学术潜质，培养创新意识

(1) 学科竞赛一体化

化学竞赛有益于拓宽学生思路和视野，有利于选拔培养有志于服务国家重大战略需求且综合素质优秀或基础学科拔尖的学生。化学组为有志于此的学有余力的学生利用课余时间提供专门的辅导。主要工作如下：

①贯通学段，初中高中一体化。

及早发现并培养兴趣和能力，作出长期规划，通过北京市竞赛、"国初"和"国决"的锻炼来不断检验和提升。过程中充分锻炼学生的耐力、韧性和抗压抗挫折能力，收获绝不止于化学竞赛成绩本身，同时也为将来从事与化学相关的专业打下坚实的基础。

②强强联合，竞赛强基一体化。

强基计划：是基础学科招生改革试点，突出基础学科的支撑引领作用，聚焦关键领域和人文社会科学领域。强基的要求低于竞赛，但高于高考，接近大一水平。竞赛辅导的第一轮进阶，与强基的准备正好一致，为强基做好充分准备。

③众志成城，教学教研一体化。

化学组竞赛教师团队不仅负责竞赛课程的讲授，同时不断进行化学学科校本竞赛课程的开发和教研工作，已初步形成化学竞赛校本课程结构，并在不断改进中。近年来，共获得中国化学奥林匹克竞赛决赛金牌1人、银牌6人，初赛一等奖二十余人次。

(2) 与高校联合，参与科技比赛

依托学校英才学院的先进功能材料实验室，与北京科技大学联合，输出学生团队参加丘成桐科技比赛，取得了一定的成绩。学生在此过程中学习体会查阅文献、设计实验、分析数据、撰写论文等科研环节，为将来继续从事科研工作奠定了基础。

2. 化学课程的教研体系

1）教师队伍素养分析

北京一零一中学化学组经过多年教学教研实践，已经形成了一套比较完善的教师专业发展制度，依托学校的青蓝工程，师徒结对，力争实现三年成熟、六年优秀、九年成"名师"的教师发展目标。他们具有教学和科研的热情和能力，对于提升学科教学质量有很高的诉求。教师们在北京市、海淀区的多项教育教学比赛中获一等奖。参与多项区级、校级课题，多次承担区级公开课，出版专著《阅微知著——中学化学学科阅读指导用书》，多篇论文在《化学教学》等核心期刊发表。同时还有多名博士教师，他们学历高，研究能力强，在化学教学中有自己独到的见解。

2）教研方式及内容

（1）集体备课，聚薪火，永相传

在学校青蓝工程的背景下，化学组长期以来坚持师徒结对，以老带新的模式为组里年轻人的迅速成长保驾护航；老教师为年轻教师提供教学经验、教学方法；一些优秀的年轻竞赛教练更是成为组里的"活字典"，让大家对化学学科本质的认知更加深入和透彻。所有人坦诚相待，共同努力坚持集体备课，创意共享，自编学案，届届相传，代代创新。化学组能取得今天的成就是每一位老师付出和努力的结果。

（2）紧跟教研，磨真题，研课题

化学组具有教学和科研的热情和能力，对于提升学科教学质量有很高的诉求。教师专业化水平高，老教师积累了丰富的教学和科研经验，且重视传承与创新，年轻教师学历高，具备一定科研能力。李显伟、张鑫雨、沈昊明等博士学历高，担任化学竞赛教练，逐步摸索形成了化学竞赛课程体系，并编制了教学文本。此外，化学组一直积极承担区公开课、区教材教法的任务，每一个年级都有教师是兼职教研员，对于教学方向的把握十分精准到位。

化学组还积极参与学校的多项教育教学课题，如"学科阅读""生态·智慧"课堂建设等，取得了一定的研究成果。总之，从创新教学方式到转变学生的学习方式，从探索学科本质到研究学生认知方式和思维模式，从开发校本教材到建构化学特色课程，化学组的教师都有极强的探索欲望，始终走在化学教学改革和探索的前列。

3）教研成果

（1）贯通学段，积跬步，致千里

经过多年的研究和实践，化学组已经形成了一定规模的化学学科课程体系，并且随着教育改革的发展与时俱进，进行不断的继承、探索和优化。到目前为止，基础教学的课程体系已经基本完善，在历年高考中也都取得了令人满意的成绩。基于学校的情况，化学组尝试将初、高中学段化学教学贯通，在一些重要知识点上为学生搭建更长的思考路径，如氧化还原反应，酸碱盐等，让学生"知其然也知其所以然"，摆脱初中化学死记硬背的学习模式，避免初、高中化学学习跨度太大导致畏难情绪的产生，初步建立化学学科思想。

（2）拔尖创新人才培养课程体系初具规模

基础教学体系在化学组已经完善。受关注时间、研究投入精力的影响，拔尖创新人才培养体系虽然已经初具规模，但具体课程规模的完善和细化仍需要很长的路走。

3. 确定课程建设的方向

根据新课程改革深度推进，化学组经过深度研讨，利用 SWOT 分析法，明确课程建设的方向（表 4-3-1）。

表 4-3-1 化学课程建设 SWOT 分析

S-优势： (1) 三级课程体系初具规模； (2) 教师队伍力量强大； (3) 课程建设取得初步成果	W-劣势： (1) 三级课程体系，尤其是拔尖创新人才培养体系有待完善、细化、加强； (2) 教师的创新意识应与时俱进； (3) 教师的教研时间不够充足
O-面临的机遇： (1) 学生发展需求多元化日趋明显； (2) 国家重视拔尖创新人才培养和发展，有政策支持； (3) 英才学院成为学校与高校对接的桥梁	T-遇到的挑战： (1) 校本课程和创新实践课程实施过程中面临学生的主动性不足、课时不足的情况； (2) 完善、有效的课程评价机制有待建立

在继承与发展的过程中，化学组构建的三级课程体系已经初具规模，并在高考、竞赛中取得了一定的成绩。随着育人理念的转变，化学教育的关注点除了提升高考成绩，更应关注学生的长期发展，满足学生发展的多元化需求。目前，国家十分重视拔尖创新人才的培养和发展，学校英才学院成为中学与高校对接的桥梁，为拔尖创新人才课程的创建和发展提供了高效的保障。立足校本课程资源，充分发挥年轻、高学历教师的优势，承担国家育人责任，助力学生的长远发展，建设培育拔尖创新人才的课程成为化学组未来重点工作。

基于以上分析，化学组确定拔尖创新人才培养课程建设的方向如下：

1）校本化

拔尖创新人才培养课程体系的开发和建设要符合校情、师情、生情。首先要考虑化学组的师资力量以及可借鉴的外部师资力量，比如北京大学、清华大学、中国科学院等大学教师、实验室等条件；其次要考虑校情，学校可提供的研究条件，包括实验室硬件条件、自然环境条件等；最后还要结合学生的实际情况，比如不同年级学生已储备的知识和技能不同，或者学生的情况不同（擅于表达、思考、组织等），开发提供不同的课程。

2）整合化

每个人都是知情意行的综合体，社会需要全面发展的综合型人才。所以，在开发拔尖创新人才培养课程体系时，要注意开发"项目式学习""深度学习"或者"大单元学习"等综合性强的学习课程，这里涉及学科知识的整合，甚至有跨学科知识的整合，学科核心素养的整合，多方面能力的整合。如创新能力培养——注重培养学生的创新思维和创新能力,提高解决问题的能力;实践能力培养——注重培养学生的实践能力,让学生通过实践活动,将理论知识应用到实际中;团队合作精神培养——注重培养学生的团队合作意识和能力,培养学生成为团队领导者和团队成员;社会责任感培养——培养学生的社会责任感和公民意识,让他们成为有责任心的公民和社会成员。

3)个性化

每个人都是独一无二的个体,拔尖创新人才培养课程体系要给学生选择的权利,不是所有人都要学习、研究一样的课题。可以提前调研学生的需求,尽可能开发课程,供不同需求、不同侧重点的学生选择。

4)特色化

逐步形成独具特色的拔尖创新人才培养化学课程体系,培养具备宏观辨识与微观探析、变化观念与平衡思想、证据推理与模型认知、实验探究与创新意识、科学精神与社会责任等化学学科核心素养的学生,为化学科研输送人才。

二、课程设计

1. 课程建设的依据

1)国家层面

习近平总书记指出,"培养创新型人才是国家、民族长远发展的大计",要"实现科教兴国战略、人才强国战略、创新驱动发展战略有效联动,坚持教育发展、科技创新、人才培养一体推进,形成良性循环"。国家通过出台相关政策,如《统筹推进世界一流大学和一流学科建设总体方案》等,将"培养拔尖创新人才"作为重要任务。2009 年,国家推出"拔尖人才培养 1.0"计划,重点在北京大学、清华大学等 19 所高校实施拔尖人才的培养;2019 年,国家推出"拔尖人才培养 2.0"计划,其中包括高考改革,旨在更公平、科学地选拔优秀学生。

2)高校层面

许多高校实行"本-硕-博"贯通式培养模式,如华东理工大学的"拔尖创新人才培养计划"实行"3+1+X"模式,在完成本科和研究生课程学习后进行科研学习。华中科技大学通过"启明·星计划"等举措,加大对拔尖卓越人才的培养力度,推行实施学生培养实验室轮转制度,开展一流学术训练。许多高校通过搭建学术交流和实践平台,助力学生开拓创新思维和创造力,培养领导和团队协作能力,提高实践能力和综合素质。

3)基础教育层面

自 2014 年起,随着高考综合改革试点的启动,试卷命题越来越注重实践和真实情境,着重考查学生解决实际问题和综合性问题的能力。国家也一直在探索多元录取方式，开辟多条升学路径，如统一高考、综合评价招生、基础学科招生改革试点等。出台《深化新时代教育评价改革总体方案》，提出"改进结果评价、强化过程评价、探索增值评价、健全综合评价"，为拔尖创新人才的选育提供有力支撑。

为贯彻党的二十大精神，落实立德树人根本任务，办好人民满意的教育，教育部决定推进实施"基础教育课程教学改革深化行动"，教育部办公厅印发的《基础教育课程教学改革深化行动方案》中指出，"落实党的二十大关于教育、科技、人才三位一体布局战略要求，针对讲得多做得少，学生对科学技术缺乏内在兴趣等问题，深化中小学科学教育改革，强化做中学、用中学、创中学，激发青少年好奇心、想象力、探求欲，提升学生解决实际问题的能力，发展学生科学素养"。《普通高中化学课程标准（2017年版2020年修订）》提出："学科核心素养是学科育人价值的集中体现，是学生通过学科学习而逐步形成的正确价值观、必备品格和关键能力。"高中化学学科核心素养是高中学生发展核心素养的重要组成部分，是学生综合素质的具体体现，反映了社会主义核心价值观下化学学科育人的基本要求，全面展现了化学课程学习对学生未来发展的重要价值。化学学科核心素养包括"宏观辨识与微观探析""变化观念与平衡思想""证据推理与模型认知""科学探究与创新意识""科学态度与社会责任"五个方面。

2. 课程建设的原则

课程建设是教育教学工作的核心之一，它直接关系到学生的学习质量。课程建设应该基于一定的原则，这些原则会影响课程设计、课程实施和课程评价。

1）适应性原则

建立与学生实际需求相适应的课程体系，充分关注学生的基础、能力、兴趣、发展需求。面向的受众群体不同，课程内容、评价要做出相应的调整和改变，确保课程内容的合理性和连贯性。课程内容要适应社会发展，紧跟经济社会发展新变化、科学技术进步新成果，确保课程的时效性和前沿性。通过引入最新的研究成果和案例，使学生能够了解并掌握行业发展的最新动态和趋势。在课程中融入社会责任感和职业道德教育，引导学生关注社会问题，培养其解决实际问题的能力和社会责任感。

2）整体性原则

课程建设应从整体角度进行规划，强调在课程设计、教学内容、教学方法及评价体系等方面保持高度的统一性和协调性，以确保培养出的拔尖创新人才具备全面的素质和能力。课程体系应全面覆盖学科基础知识、专业核心技能、创新思维方法、社会实践经验等多个方面，并按照学生的认知规律和学科发展逻辑进行有序安排，形成从基础到高级、从理论到实践的层次递进关系，促进学生知识、能力和素质的逐步提升。课程建设鼓励跨学科的教学内容整合，打破学科壁垒，促进不同领域知识的交叉与融合，培养学生的综合思维和创新能力。采用多样化的教学方法，如探究式学习、项目式学习等，激发学生的学习兴趣和主动性，培养其自主学习和合作探究的能力。课程还应该建立多元化的评价体系，包括学生自评、学生互评、教师评价、社会评价等多种评价方式，注重对学生创新思维和实践能力的评价，避免单一依赖考试成绩的评价方式，全面反映学生的学习情况和能力水平。

3）开放性原则

课程建设的开放性原则是指在课程开发、实施和评价的过程中，保持一种开放、包容和灵活的态度，旨在打破传统教育的封闭性和局限性，促进知识的自由流动和教育的持续创新，为学生的全面发展提供更加广阔的空间和机会。主要包括知识内容的开放性，保障课程内容具有时代性和前瞻性，及时更新以反映最新的科技进展、社会动态和行业需求，保障课程内容具有一定的灵活性和可调整性，以适应不同学生的学习需求和能力水平，鼓励跨学科融合，打破学科壁垒，培养学生的综合素养和创新能力。教学方法的开放性，要求教师采用多样化的教学方式，如自主学习、合作学习、探究学习等，激发学生的学习兴趣和主动性，利用现代信息技术手段，如网络平台、在线课程等，拓展教学空间和时间，实现教学资源的共享和优化配置。课程资源的开放性，充分利用学校、家庭、社会等各种资源，为学生提供充足的课程供给。评价体系的开放性，指建立多元化的评价体系，不仅关注学生的学业成绩，还要关注学生的综合素质、创新能力、实践能力等方面的表现，鼓励学生、家长和社会参与评价过程，形成多方参与、共同监督的评价机制。

3. 课程建设的目标

拔尖创新人才的育人目标是一个多维度、综合性的体系，旨在培养具有高尚品德、扎实专业知识、卓越创新能力和强烈社会责任感的高素质人才。而化学学科育人价值根植于化学科学研究，生发于化学教育教学实践。高中化学学科核心素养是化学学科育人价值的集中体现。化学与经济发展、社会文明的关系密切，它促进了人类文明的可持续发展，是揭示从元素到生命奥秘的核心力量。该课程的建设目标旨在打通初、高中化学课程的壁垒，实现初、高中的贯通学习，同时做好大、中衔接课程，为高校乃至社会输送人才。通过构建科学的化学课程体系，提高学生的化学素养和实践能力，培养学生的跨学科能力和综合素质，以及服务学生全面发展和行业需求，为培养具有创新精神和实践能力的化学人才提供有力支持。

1）课程建设目标

（1）学生实现中学化学的贯通学习

打破传统的义务化学学习、高中化学学习割裂的局面，降低适应高中化学学习的难度，学生能更加系统连贯地掌握知识本身，综合素养和能力得到提升，有助于实现个人的全面发展。

(2) 学生的化学素养和实践能力得到提高

通过实验课程设计，培养学生的观察力和实验技能，使其能够亲自动手进行实验，观察并记录实验现象。培养学生的化学思维，引导其进行化学实验、化学推理和化学探究，深入理解化学知识和解决化学问题。培养学生的科学态度，使其具备科学探究的精神，学会质疑和思考，以及善于观察和实验的能力。

提升学生的实践能力：培养学生的实验设计和数据处理能力，使其能够科学地设计实验方案，并准确地记录实验数据，进行数据分析和处理。培养学生独立思考和解决问题的能力，通过引导学生进行化学实验和化学探究，培养其独立思考和解决问题的能力。

(3) 学生全面发展和社会发展需求得到保障

使化学课程内容的设置更加符合社会对化学人才的需求，同时加强与高校、企业的合作与交流，共同开发课程和实践项目，培养学生的职业素养和职业技能。

2) 课程育人目标

该课程群旨在提升学生化学核心素养，帮助学生形成正确价值理念、必备品格和关键能力，反映了社会主义核心价值观下化学学科育人的基本要求。学生通过课程的学习，激发了强烈的创造欲望和创新能力，提升了独立思考能力，勇于探索未知领域，能大胆提出新颖、有价值的观点和创意。

(1) 学生学会结合宏观和微观视角分析问题

宏微结合是现象与本质、感性与理性的结合。通过课程群中全部或部分课程的学习，先掌握宏观和微观的概念范畴（如宏观包括物质性质、实验现象等，微观包括粒子行为、粒子结构等），再学会从微观的视角预测、分析和解释宏观现象。

(2) 学生的变化观念与平衡思想得到发展

变化与平衡相结合是一种辩证思维。通过学习，学生认识到世界、物质是变化的，化学变化的本质是有新物质生成，并伴随能量变化，因此在化学变化中又存在着质量和能量的守恒。学生理解化学反应会达到一定的平衡状态，逐步形成变化与平衡的辩证思维。

(3) 学生学会依据模型和证据认识、解决问题

在学习化学反应速率、电化学、晶体结构等模块时学会利用模型简化学习，同时体会在化学发展史中科学家用模型解决问题的巧妙之处，并将之应用于实际问题解决中。学会用比较、分析、综合、归纳、概括等科学方法对实验事实进行加工处理，证据推理能力得到提升。

(4) 学生学会科学探究，创新意识得到加强

科学探究不仅仅是一种实验技能的学习，更是一种思维方式的培养。在项目

完成过程中，学生学习、体验、完成科学探究的全过程（提出问题、作出假设、设计实验、收集数据、分析结论以及交流分享），科学的世界观和方法论得以建立，严谨的逻辑思维和批判性思维得到培养，创新意识得到加强。

(5) 学生的社会责任感得到加强

课程群的学习融入了学生社会责任感的培养。通过为宇航员做"天衣"，拯救酸化的海洋等课程，学生在实践中进行思考，了解社会现象，解决实际问题，认识到自己在社会中的角色和责任。

3) 课程结构

北京一零一中学化学组在原有课程体系的基础之上，逐步完善和调整，最终形成了北京一零一中学化学拔尖创新人才培养课程体系，该课程以实验和理论为暗线分为三级课程，分别为基础课程、选修课程和拔尖课程（图4-3-2）。

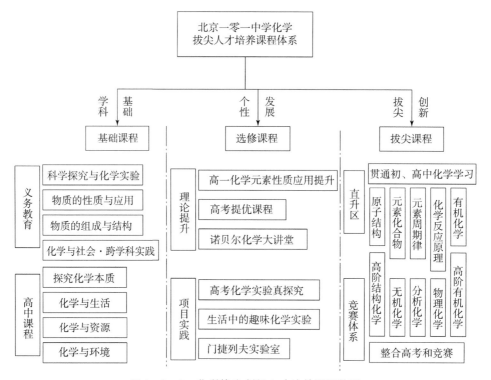

图4-3-2 化学拔尖创新人才培养课程体系

其中基础课程面向所有学生，旨在帮助学生奠定化学理论和实验的基础；选修课程是为了满足不同学生的个性化发展需求，如理论提升部分旨在帮助学生提升应试能力，从化学史、化学前沿理论层面了解化学科学研究，项目实践中不同类别的实践项目则能帮助学生从生活、应试、初步探究等层面提升研究水平，在项目中探索、解决真实问题，培育学生长线高阶思维；拔尖课程面向有一定化学研究基本素养的学生，直升区重在贯通初、高中化学学习，为将来从事化学科研的学生助力，竞赛课程则重在培养竞赛生，为其提供更有力的平台，为将来继续从事科学研究保驾护航。

4）课程内容

（1）基础课程

①义务教育。

结合《义务教育化学课程标准（2022年版）》，整合初中化学学习内容构建了四个主题课程："科学探究与化学实验""物质的性质与应用""物质的组成与结构""化学与社会·跨学科实践"（图4-3-3）。四个学习主题既独立又有实质性联系，其中"物质的性质与应用""物质的组成与结构"是化学科学的重要研究领域，通过对生活中常见的物质，如空气、溶液、金属、酸、碱、盐等的研究，了解物质的常见性质及化学学科的研究范畴。通过对"原子、分子"的学习，感受微观世界的真实性，建立宏微结合的学科视角。而"科学探究与化学实验"侧重科学的方法论和价值观，通过探究实验感受化学是一门以实验为基础的科学，了解科学的严谨性。"化学与社会·跨学科实践"通过真实的探究项目，了解化学与社会、化学与其他学科之间的联系，体会化学的重要性最终形成化学观念，解决实际问题，养成科学态度，培养责任担当。

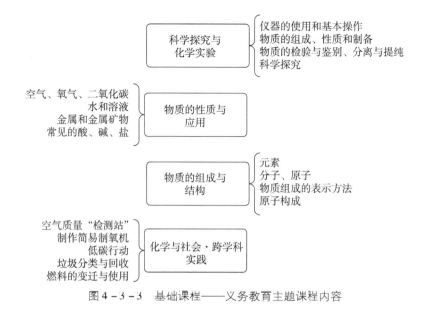

图4-3-3 基础课程——义务教育主题课程内容

②高中课程。

对高中化学教学内容进行关联整合,构建了四大主题课程:"探究化学本质""化学与生活""化学与资源"和"化学与环境"(图4-3-4)。每个主题下,通过真实的和具有挑战性的教学任务,使学生逐步习得知识、技能,培养关键品格。在知识的基础上,通过活动运用知识,使学生有能力创造新知识,形成稳定的解决复杂问题的思路方法。在问题解决的过程中彰显化学知识的功能价值,使化学核心知识结构化,促进学生化学核心素养的发展。

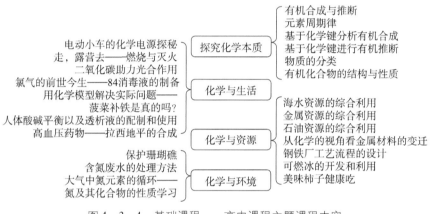

图4-3-4 基础课程——高中课程主题课程内容

(2)选修课程

①理论提升。

结合高中阶段国家课程要求和学生对化学课程的多样化要求,我们开设了聚焦化学理论学习的课程,化学理论课程分为三大模块,第一模块元素化合物面向基础好且对化学有兴趣的学生,主要分为三大内容,第一部分聚焦典型元素及其化合物——Na、Cl、Fe、S、N、Al、Si,利用物质在工业生产中的应用,整合提升学生对离子反应、氧化还原反应及物质性质的综合应用能力,能说明常见元素及其化合物的应用对社会发展的价值、对环境的影响,深化化学能创造更多的物质和精神财富的观点,能帮助学生对与化学有关的社会议题作出正确价值判断。第二部分依托元素周期表拓展原子结构及构造原理,结合简单有机物的学习,探秘分子的空间结构,让学生初步了解价层电子对互斥模型和VSEPR模型,能从宏观和微观相结合的视角分析与解决实际问题。第三部分通过"碳中和",将反应原理和平衡移动联系起来,深化变化观念与平衡思想。第二模块高考提优课程,依托于近几年北京高考真题及各区县模拟题,面向有学习化学需求和升学考试需求的学生,通过对物质及其性质、结构、反应原理的真题研究,学生能在真实情境中，依托核心素养解决实际问题，面对高考，面向社会发展需要。第三模块面向具有科学创新精神且化学素养良好的学生，结合物质性质、结构化学及反应原理，选取前沿科学研究，比如探究合成氨工业的催化剂来深化认识氮及其化合物，让学生了解化学科研的最新动态，更好面向未来专业选择和就业方向选择（图 4-3-5）。

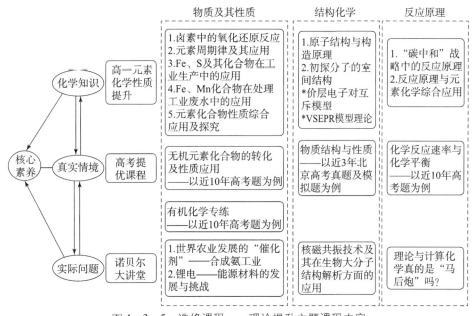

图 4-3-5 选修课程——理论提升主题课程内容

②项目实践。

化学是一门以实验为基础的学科，实验是研究和学习化学的基本方法。《普通高中化学课程标准（2017 年版 2020 年修订）》也提出"倡导真实问题情境的创设，开展以化学实验为主的多种探究活动，重视教学内容的结构化设计，激发学生学习化学的兴趣，促进学生学习方式的转变，培养他们的创新精神和实践能力"。

根据北京一零一中学的学生特点，分别在初三、高一、高二年级开设"生活中的趣味化学实验""化学实验真探究"和"门捷列夫实验室"选修课程，旨在实现不同的目标，即"走进生活，体会化学魅力""贴近高考，分析解决问题"和"拓宽视野，开发创新思维"，为不同学龄段的学生创造动手探究的机会，实现学习知识、提高能力与发展核心素养的有机结合（图 4-3-6）。

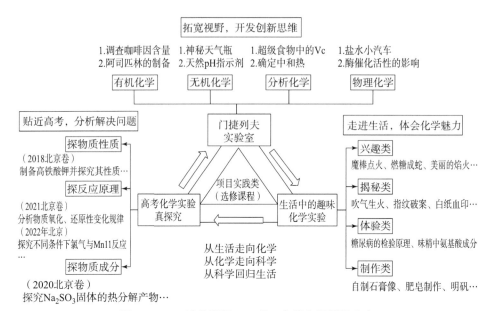

图 4-3-6 选修课程——项目实践主题课程内容

（3）拔尖课程

结合大中小学思政教育一体化，全面培养提升学生的化学学科核心素养，形成科学的学习方法，强化辩证地分析问题，培养逻辑思维能力和证据推理能力。将直升区和竞赛课程打通，进行整体规划。直升区学生知识和化学核心素养达到高中毕业水平，竞赛学生在高二暑假达到大学本科一年级和二年级部分的知识技能，能在高考、强基校测、奥赛考试中取得好成绩，力争拿到省一乃至国决奖牌。通过化学竞赛的学习，不仅建立化学学科的各种优势，形成的学习方法、提升的关键能力、锻炼的必备品格（毅力、抗压能力、情商等），在今后人生的各种学习考试中和生活工作中都能体现其价值和功效，实现人的可持续健康发展。

①直升区。

直升区将初高中融合，形成元素观、微粒观、变化观、平衡观等基本思路方法，原子结构、分子结构、晶体结构，主干 Na、Al、Fe、Cu、Cl、S、N 等元素及其化合物性质、速率、平衡、氧化还原等原理，有机化学初步等课程内容（图 4-3-7）。

②竞赛体系。

竞赛课将大学化学的几个二级学科（无机化学、有机化学、物理化学、分析化学和高分子化学）结合高中的课程体系和竞赛的内容要求，依据中学生的认知水平和规律进行整合，注重知识之间的内在逻辑关系，不光有物，更要有理有据，结合实验探索辅助（图 4-3-8）。

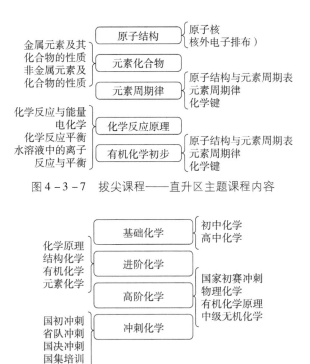

图 4-3-7 拔尖课程——直升区主题课程内容

图 4-3-8 拔尖课程——竞赛体系主题课程内容

三、课程实施

1. 课程实施的基本思考

1) 深入了解学校实际

进行全面的学校调研,了解学生特点,包括年龄、兴趣、学习风格、背景差异等,关注特殊需求学生,提供个性化教学支持;了解师资水平,分析教师队伍的专业结构、教学能力和发展需求,合理配置教学资源,开展教师培训和教研活动,鼓励教师创新教学方法,提升教学质量;了解学校文化与资源,结合学校的历史、传统、办学理念等,形成具有特色的课程文化,充分利用校内外资源,如图书馆、实验室、社区资源等,丰富课程内容,拓宽学习渠道。

2) 开发校本化课程

在国家课程标准的框架下,结合学校特色(包括学校水平、定位)和学生需求(高考、竞赛、出国等),对国家课程进行校本化改造,整合学科内容,如"健康柿子健康吃""为宇航员做'天衣'"等课程融合了生物、物理、化学学科,形成跨学科主题教学。开发具有学校特色的校本课程,如圆明园文化课程、特色研究课程等,丰富课程体系。鼓励教师参与课程开发,依托学校平台,积极参与学科阅读、"生态智慧"课堂建设、拔尖创新人才培养等课题，充分发挥个人优势。化学组教师大都为博士，可发挥他们的专业特长和创新精神，加入课程开发的队伍中。

3）充分利用现代信息技术，创新教学方法

引入先进的信息技术工具，如人工智能技术、在线教育平台、智能教学系统等，提高教学效率和质量。利用大数据和人工智能技术，对学生的学习情况进行精准分析和个性化指导。如可以借助智学网、教务管理系统以及 classin 等平台提供的数据，分析学生的作业完成度、考试成绩的知识掌握水平和能力水平，通过横向、纵向对比，调整教学方案。同时，可定期开展线上问卷调查，调研学生的作业完成时间、课程进度等方面，及时了解学情。引入多元化的教学方法，如项目式学习、探究学习、合作学习等，以满足不同学生的学习需求。通过培训和交流，充分借助海淀区教研培训、北京市中小学的各项培训、名师讲座等，提升教师的教育教学能力，使其能够灵活运用各种教学方法。

4）建立多元化评价体系

根据课程建设与实施的环境、主体等的实际，加强社会评价，通过社会实践、科研项目、竞赛活动等方式，引入社会评价主体，如企业导师、专家评委等，对学生进行实验技能（通过实验操作、实验报告等方式评价学生的实验技能和科学探究能力）、创新能力（通过科研项目、创新实验、论文发表等方式评价学生的创新思维和创新能力）、综合素质（评价学生的团队协作能力、沟通能力、领导能力等综合素质）等评价。拓展评价方式，增加实验操作（通过实验操作考核学生的实验技能和科学探究能力）、项目作业（布置与化学知识相关的项目作业，要求学生综合运用所学知识解决实际问题，评价学生的创新能力和实践能力）、口头报告与答辩（鼓励学生进行口头报告和答辩，锻炼表达能力和逻辑思维能力）等评价。建立评价体系反馈机制，定期对评价体系进行反思和评估，收集教师、学生、家长和社会各界的反馈意见，根据反馈意见对评价体系进行调整和完善，确保其科学性和有效性。

5）建立有效的家校沟通机制

首先要明确沟通目标，共同促进学生的发展，家长和学校之间要建立充分的信赖关系。其次可以建立多样化的沟通方式，如家长会、家访、家校联系平台、家长志愿者活动等，增进家长对学校工作的理解和支持。鼓励家长参与学校的教育教学活动，如家长讲堂，运动会，纪念"一二·九"运动合唱等活动，共同促进学生的健康成长。还可以建立良好的反馈与评估机制，定期对家校沟通机制的效果进行评估，了解其在促进学生全面发展和提升教育质量方面的作用，并根据评估结果进行调整和优化。最后，学校可以组织案例分享与经验交流会，定期分享家校沟通成功的案例和经验，邀请教师和家长分享自己的经验和做法，共同学习和提高。

6）持续反思与改进

定期对学校的各项工作进行反思和总结，发现问题并及时改进。鼓励师生提出意见和建议，包括课程管理、课程实施等方面的建议，共同推动学校的持续发展和创新。

2. 课程实施原则

课程实施原则是指在进行课程教学过程中应遵循的基本准则和指导思想，这些原则有助于确保课程的有效实施，促进学生的全面发展。化学课程的实施主要遵循以下原则：

1）目标性原则

在课程实施之前，必须清晰地界定课程目标，从核心素养出发，制订具体的、可测量和可操作的目标，以便在教学过程中进行有针对性的指导和评价。一是保证教师根据课程目标选择适当的教学内容、教学方法和教学手段。教学活动的设计要紧密围绕课程目标进行，确保每一项教学活动都能直接或间接地促进课程目标的实现。二是保证教学评价的导向性。教学评价以课程目标为依据，通过对学生学习成果的评价来检验教学目标的实现程度。评价应注重过程性评价与结果性评价相结合，关注学生的全面发展，促进学生对课程目标的深入理解和内化。三是保证课程调整的灵活性。在课程实施过程中，教师基于对学生学习需求的深入分析和对课程目标的深刻理解，根据学生的学习情况和反馈及时调整教学策略和方法，确保课程目标的顺利实现，以实现教学效果的最优化。

2）因材施教原则

因材施教原则是现代教学必须坚持的一条重要原则，它体现了教育的个性化需求，也是提高教学质量、促进学生全面发展的重要手段。课程实施方案应当根据学生的知识水平和能力，将学生分为不同的层次，然后针对不同层次的学生制订不同的教学目标和教学计划，使每个学生都能在自己的基础上得到提高。对于学习有困难的学生，教师要给予个别针对性的指导，帮助他们解决学习中的问题，提高他们的学习兴趣和自信；对于学习能力强的学生，教师可给予更多的挑战和拓展，激发他们的潜能。教师在教学过程中，要善于观察学生的表现，发现学生的兴趣和特长，并为学生创造条件，使其能够得到充分的发展。例如，对于喜欢阅读的学生，教师可以推荐一些优秀的书籍；对于喜欢科学实验的学生，教师可以组织一些有趣的实验活动。

3）多元教学手段原则

教师应采用多种教学手段和方法，以满足不同学生的学习需求。因此教师在教学过程中，要充分了解学生的实际情况和个别差异，包括学生的知识水平、接受能力、兴趣爱好、个性特点等，根据学生特点，针对性地调整教学手段。这些教学手段可以包括讲授、讨论、实验、项目式学习等，以激发学生的学习兴趣和积极性。对于基础较为薄弱的学生，以讲授为主，内容偏重基础；对于思维能力较好且有探究热情的学生，可以进行实验和讨论相结合的教学方式，学生在实践、讨论中寻求真知；对于水平更高的学生，可以实施项目式学习、大概念单元学习，学生通过查阅资料，分析解决实际问题，甚至可以借助人工智能技术进行真实问题的探索，在动手实践的过程中提升核心素养。此外，针对大部分学生的共性问题，还可以开设专家的专题讲座进行教学。

4）人本性原则

课程实施的人本性原则，又称人本课程论或人本主义课程论，是一种以人性为中心，强调个体全面发展和自我实现为目标的课程实施原则。这意味着教学不仅仅关注学生学术知识的掌握，更重视其非学术潜力的发展，旨在实现学生全域能力的发展，达成学校课程的"人本化"目标。要以学生为中心，注意构建良好的师生关系，师生之间彼此相互信赖。课程内容要纳入具有社会价值的综合性课程，如拯救酸化的海洋、人体酸碱平衡等，培养学生的社会责任感。此外，课程还要为学生提供更加开放的学习路径和选择方式，使学生的学习需求得到充分的尊重和满足。

5）整体性原则

整体性原则主要包括教学任务的整体性和教学要素的整体性。教学任务整体性要求学生全面发展，这体现了教育的综合性，旨在培养具有全面素质的人才。教学要素整体性是指教学过程必须协调好教师、学生、教材等诸要素之间的关系，以产生良好的整体作用。为实现整体性原则，可以通过优化课程结构、加强教师培训、完善评价体系和加强家校合作来完成。其中学校课程的开发应从整体上把握课程的目标与结构，注重学科课程和活动课程的平衡发展，开发潜在的课程资源，重视隐藏在课内外和校园文化中的课程因素及对学生发展的作用。

3. 课程实施路径

1）课程背景

加强拔尖创新人才培养既是实现高水平科技引领国家发展的关键，又是建设教育强国的战略支撑，意义非凡。化学组长期致力研究并关注学生成长，为满足人才培养的系统化以及个性化需求，从系统化、全局性的思维出发，考虑从多元分类实践模式创新、协同贯通树状分类体系构建等路径，探索建设适合拔尖创新人才成长的中学化学课程体系和教育生态，旨在尽早开始实施拔尖创新人才的培养计划，提前介入培养过程，拉长培养周期，充实培养课程内容，为学生将来从事化学、材料、环境工程以及生命科学等专业研究奠定坚实基础，实现在高水平人才输送端口培育新生力量。

（1）基础课程

①义务教育。

初三是学生学习化学的起始阶段，化学课程立足学生的生活经验，体会探索物质性质的美妙。通过合作探究，形成个人发展必备能力，形成正确的世界观、人生观、价值观。学习"物质的性质和应用"主题时，学生尝试通过实验探究认识氧气和二氧化碳的主要性质，明确物质性质的分析角度。后续通过分类的方法，认识金属、酸、碱、盐具有类似的性质。体会性质的相似性和递变性。在学习"物质的组成与结构"时，原子、分子是学生看不见、摸不着的微观粒子，为了更好地帮助学生理解，可以通过科学史实体会科学家探索物质的组成与结构的智慧；通过多媒体展示、模型构建等方式，提高学生的想象力，学习利用物质的性质和化学反应探究物质组成的基本思路和方法。学习"科学探究与化学实验"主题时，通过具体实验活动初步形成化学实验探究的一般思路和方法，学习和体会化学家进行科学探究的智慧和方法，理解科学探究的本质（图4-3-9）。

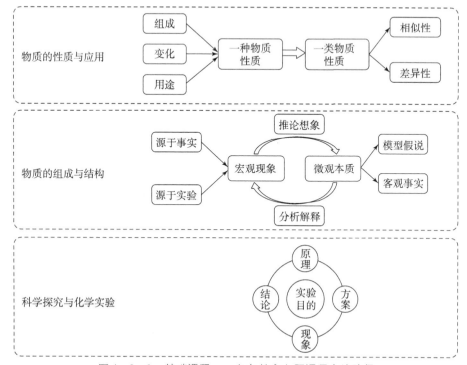

图4-3-9 基础课程——义务教育主题课程实施路径

②高中课程。

合理组织化学教学内容的同时也关注学习的进阶。依据化学学业质量标准，明确化学教学内容在各学段的不同水平要求，整体规划不同学段化学教学内容的深度和广度。比如学习"化学与生活"主题时，在不同年级选择不同课题作为校本课程。内容上，从学生更熟悉的光合作用、燃烧过渡到生活中能见到的 84 消毒液和电动车，最后到学生不太熟悉的药物合成和透析液等，注重内容的进阶。在思维上，从最初的初三、高一，主要是从真实情境中提取化学问题，基于具体物质性质学习性质和变化规律，到从本质上理解、应用"结构—性质—用途"的联系，再到综合运用知识、方法，创造性地解决真实情境实际问题，注重思维的进阶。在这个过程中，实现核心素养的进阶（图4-3-10）。

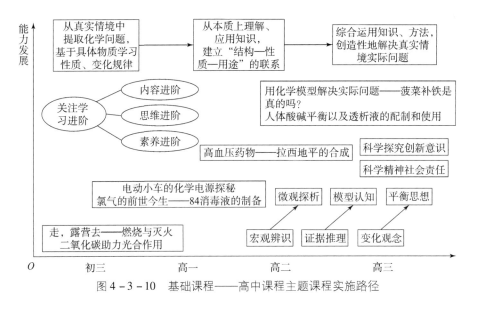

图 4-3-10　基础课程——高中课程主题课程实施路径

（2）选修课程

①理论提升。

通过创设理论化学课程模块，不同层次的学生能够在学习内容的广度和深度上有更大的自主权，进而进行个性化的学习，达到相应学业质量水平要求，形成良好的化学学科核心素养。例如，元素化合物基础性质及应用的学习，可以帮助基础薄弱的学生构建元素化合物学习的思路方法。理论化学课程不是简单的课程整合，而是基于知识体系的有机融合，课程内部之间相互关联、相互补充，形成了基础的知识体系，课程设置之间具有一定的层次性和梯度性。例如，原子结构与构造原理和初探分子的空间结构，对于有高考需求和发展规划需求的学生，该模块是高考提优课程的先修课，学生通过先修课—高考提优课程—诺贝尔大讲堂这一系列课程的学习，对物质及其结构的认识由浅入深、由点到面，由宏观到微观，能发展学生的宏观辨识与微观探析核心素养，为学生未来升学、就业奠定良好的基础。同时，化学理论课程模块的诺贝尔大讲堂涵盖了环境化学、材料化学、生物化学等前沿领域，使学生亲身体验化学知识的应用。

②项目实践。

项目实践类课程以解决具有挑战性的实验任务为驱动，旨在引导学生夯实知识的同时，建立从化学角度分析解决问题的视角，构建思维模型，实现知识结构化、思维程序化，并体会化学学科的价值和独属于化学学科的特殊魅力。比如，"高考化学实验真探究"课程通过带领学生走进实验室，亲自动手开展实验探究——应用所学知识进行物质制备、分离、检验及探究物质的性质、组成或反应规律，亲身体验发现问题、说明论证、分析解释、推论预测、简单设计、复杂推理、系统探究等科学探究的完整过程，促进知识的理解、能力的提升、素养的发展。该课程的整体设计思路如图4-3-11所示。

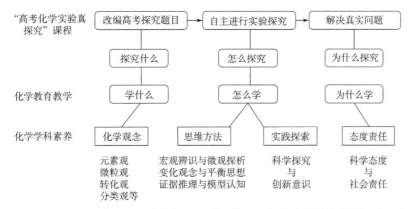

图4-3-11 "高考化学实验真探究"课程的项目实践选修课的整体设计思路

（3）拔尖课程

竞赛体系主题课程实施路径如图4-3-12所示。

4. 课程实施策略

化学是一门以实验为基础的学科，化学与我们的生活息息相关，选取、深度挖掘具有教学价值的案例，设计开发课程，让学生置身其中，在实际问题解决过程中，完成学习目标。下面将结合案例——为宇航员做"天衣"，具体阐述课程实施策略。

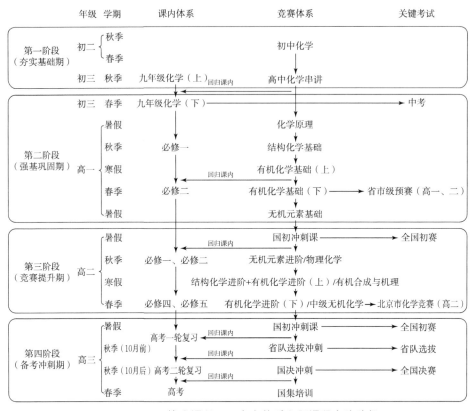

图4-3-12 拔尖课程——竞赛体系主题课程实施路径

1) 发挥教师的主导作用

在项目选定、完成过程中,教师其实处于主导地位,引领学生关注项目、拆分项目、解决项目、总结提升。虽然学生是完成项目的主体,但教师在背后起着默默推动的作用,其重要性不言而喻。

本课程实际属于跨学科的项目式学习,其中以有机化学为主。选定该项目,是因为其涉及学科比较广,且对应学科知识比较符合高中学生的认知水平。在课程实施过程中,教师以"设计、制作、性能测试"为组织核心,引导学生将相关事实(如太空环境、人体生理状况)、学生已有的生活经验和各类素材组织起来,结合物理、化学、生物、信息技术等相关学科知识解决实际问题。整个项目的完成,都在教师的课前规划项目、课中引导实验、课后总结等指导下完成。下面展示的课时1中,学生在教师的引导下逐步完成项目的拆解过程。

【课时1：了解、拆分项目】

教师活动	学生活动
1. 播放视频：人类探索月球的发展历程。 介绍项目：中国宇航局发布全国"宇航服"设计方案征集，要求能够保障宇航员独立在舱外工作4小时。 2. 问题：为完成这个项目，需要解决哪些问题？ 3. 提问：大家能否将上述问题归类？ 项目拆解 功能 ⇩ 设计 ⇩ 制备 ⇩ 测试 4. 以上这几类问题完成的先后顺序是什么？ 5. 形成板书	1. 聆听。 2. 列出待解决的问题。 3. 问题归为功能、设计、制备、测试。 4. 回答：功能→设计→制备→测试
设计意图：学生自行拆解项目，学会项目拆解的方法：列出待解决问题→将问题分类→确定完成问题类别的先后顺序	

2) 实际问题解决过程中，以学生为主体

在教师的引领下，学生逐步完成"拆分项目→确定宇航服功能→设计宇航服结构→制备宇航服材料→测试材料性能"等环节。学生完全投入其中，亲身体验每一个环节，团队合作、创新精神等各方面素养得到提升。下面具体展示设计宇航服结构环节以及学生的表现。

【课时2：子项目2 宇航服的设计】

教师活动	学生活动
一、结构设计 1. 小组活动：参照说明书的样式，做出你们组设计宇航服的说明书，拍照上传。 2. 分享交流：各组介绍本组宇航服。 3. ①PPT展示实际宇航服的情况： 头盔、套装、手套、靴子、背包。	1. 绘制宇航服说明书，拍照上传。 2. 展示交流。 3. 观看。体会自己设计与真实宇航服之间的不同，找不足。

续表

教师活动	学生活动
套装又由内衣舒适层—通风层和水冷层—气密层和约束层—隔热—外罩防护层等构成。 ②看资料，展示宇航服更细致复杂的结构。 ③着重介绍液冷服。 二、材料筛选 4. 任务：为液冷服的衣面选择材料。 5. 液冷服衣面材料应具备哪些性质？ 副板书梳理记录。 6. 小组活动：从所给资料中选出合适的材料，说出为什么。 7. 总结：通过物理结构和材料筛选，我们对宇航服的物理结构进行了设计，这就是工程设计问题中的产品设计环节	4. 聆听，了解任务。 5. 软，有弹性，密度小，透气吸汗，耐磨，化学性质稳定。 6. 有弹性——线型分子。 化学性质稳定：主链化学键能大，有杂原子（锦纶、涤纶）。 透气吸汗：形成分子间氢键（锦纶、涤纶）。 透气性好（锦纶）。 耐磨性（结晶性好，分子间氢键，分子对称）：锦纶居所有合成纤维之首。 7. 体会物质结构、性质、性能与产品功能之间的关联

形成板书：

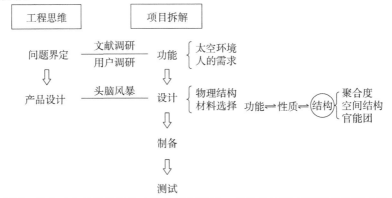

设计意图：学生对宇航服整体物理结构进行设计，并将其绘制成说明书的形式进行交流，培养学生系统地设计产品思维的能力以及结构化表达的能力。
体会物质结构、性质与产品功能之间的关联，并将之用于实际问题解决

3）理论与实际相结合，通过实验解决问题

实验是化学学习的最高法庭。在一个项目解决过程中，同时也在培养和提升学生设计实验方案、分析实验证据、获得相应结论的能力。下面具体展示该项目实施过程中，学生设计实验、完成实验的过程。

【课时3：子项目3 宇航服材料的制备】

教师活动	学生活动
1. 介绍尼龙-66的重要性。 选定材料后我们要进行材料的制备，首先是合成路线的设计。 布置任务：以基础化工原料为原料，设计尼龙-66的合成路线。记录在白纸上，并拍照上传。 2. 教师点评路线设计、在路线设计中的思维程序、应注意的事项，形成板书	1. 参照有机合成资料，分组完成合成路线设计，拍照上传。 2. 聆听
（工程思维 / 项目拆解流程图：问题界定→产品设计→合成路线→测试；文献调研、用户调研、头脑风暴；功能（太空环境、人的需求）；设计（物理结构、材料选择）；功能⇌性质⇌结构（聚合度、空间结构、官能团）；制备（合成路线 核心要素 原料、条件、中间物质 逆向/正向 本质 碳骨架、官能团 → 多条路线 → 择优 评价 原料、操作、安全等））	
3. 布置任务：以己二胺和己二酰氯为原料，实验室合成尼龙-66。 PPT投影出制备方法（在学生机上同步播放）	3. 实验体会尼龙-66的制备——界面缩聚
设计意图：利用高分子聚合物知识进行合成路线设计，实验室合成	

4）建立和完善课程评价机制

建立和完善拔尖创新人才培养化学课程体系的评价机制，需要授课教师认真做好教学反思，积极探索评价指标，这是不断提高课程水平的重要保证。评价机制的最终目标，还是要指向体现学生多方面"增值"的程度，包括：学科技能、认知水平、综合素质和解决实际问题的能力、思想意识等方面的进步和发展。

此外，为了激发学生的学习兴趣，激发斗志，我们还设置了一些活动策略，

列举如下:

(1) 策略一:学段竞赛制。

根据学生的不同学段(初中、高中初级、高中高级)来组织和实施课程活动,这种制度旨在通过竞赛的形式,激发学生的学习动力,提升他们的学科素养和综合能力,同时也为教师和学生提供一个展示教学成果和学习成果的平台。主要实施步骤如下:①确定竞赛目标和内容:根据学段特点和教学目标,确定竞赛的目标和内容,包括竞赛的学科范围、难度等级、题型设置等。②组织报名和选拔:通过学校公告、班级通知等方式向学生宣传竞赛活动,并组织学生报名。在报名后,可以通过初赛、复赛等选拔环节来确定最终参赛名单。③开展竞赛活动:按照预定的时间和地点开展竞赛活动。竞赛过程中要确保公平公正,严格遵守竞赛规则,同时也要注意学生的安全和秩序。④评选和表彰:根据竞赛成绩和表现,评选出获奖学生和优秀指导教师,并进行表彰和奖励。这不仅可以激励获奖学生和教师继续努力,也可以激发其他学生的学习热情和动力。

(2) 策略二:班级晋升制。

鼓励学生跳级完成不同学段的学习。主要实施步骤如下:①制订规则和标准:根据班级实际情况和教学目标,制订详细的班级晋升制规则和晋升标准(包括学习成绩、课堂表现、班级贡献、领导能力、课外活动等)。②宣传动员:向全班学生宣传班级晋升制的目的、意义和规则,动员学生积极参与。③实施晋升:按照晋升标准和规则,定期对学生的表现进行评价和晋升。④监督反馈:建立监督机制,对班级晋升制的实施情况进行监督和反馈,确保晋升过程的公平公正。同时,根据学生的反馈意见,不断完善和调整晋升制规则。

四、课程评价

1. 评价方式

评价主体:教师、社会、家长、学生(自评、互评、他评)。

评价方式:知识性评价、过程性评价、结果性评价等。

知识性评价是指通过书面形式的测验工具,类型主要包括传统的考试、教师自编成就测验、标准化成就测验,以及其他作为教学评价辅助工具的心理测验等,主要侧重于评定学生在科学知识方面的成就高低,或者在认知能力方面发展强弱的一种评价方式。这种评价方式通常以纸质试卷的形式进行,目的是检测学生的知识是否与其教学目标要求一致。

过程性评价关注学生在学习过程中的表现,包括知识掌握、能力发展,以及情感、态度与价值观等方面的变化,通过持续的评价来反映学生的学习情况,促进学生的学习与发展。

结果性评价是在学生完成某一阶段学习任务后，对其学习成果进行的总结性评价。它关注的是学生最终的学习效果，是对学生学习成果的直接衡量。最常见和最直接的方式是考试。考试可以通过纸笔测试、口头测试、实践操作等形式进行，旨在全面或重点考查学生的知识掌握情况、能力发展水平等。此外，作品展示、项目报告等也是结果性评价的重要方式，它们能够更直观地展示学生的学习成果和创新能力。

2. 评价量表

课程评价是一个综合性的过程，旨在全面、科学地评估课程群的教学质量和学习效果。常见的评价原则有：评价主体多元化（教师、家长、社会评价，学生自评、互评），评价形式立体化（纸笔测试、成长档案），评价方式多样性（诊断性评价、形成性评价、过程性评价、终结性评价）。部分课程的评价内容展示如下：

1）过程性评价（基础课程——义务教育）

在课程实施过程中对学生的表现进行观察，评价。

如表4-3-2所示，评价量表的评价主体是教师和学生，结束后每位学生结合同学给自己的打分结果，以及自己给自己的打分结果，可以更加全面地了解自己在课堂思考、设计方案、交流表达、评价方案、分析结论等方面的表现，明确自己的优点与缺点；同时还可以将自己在各方面的表现与同班同学进行横向对比，明确自己的弱项是哪些同学的强项，准确找到学习的榜样或者可寻求帮助的对象，做到知彼知己；或者找到与自己表现形成互补的几位同学，形成互助学习小组，互帮互助，取得更大的进步。教师结合评价量表，可以对班上学生情况进行更加全面的了解，方便调整后续教学方案，如若方案设计整体偏弱，可以在后续的课堂教学中增加此部分的比重。

表4-3-2 评价量表

评价标准	自评	他评	师评
紧跟教师思路，积极思考课堂相关问题（10分）			
举手回答问题，积极互动（10分）			
自主设计方案，并将设计方案用图形、文字、表格等形式展示（20分）			
与组内成员的合作、交流（10分）			
表达观点时思路清晰，有理有据（10分）			
认真听取他人意见，能对他人方案、观点进行评价（10分）			

续表

评价标准	自评	他评	师评
规范实施实验，并记录实验现象（10分）			
分析数据，总结结论（10分）			
掌握课程的重点内容，并能内化于心、外化于行（10分）			

2）终结性评价（选修课程——项目实践）

在课程实施结束后，学生上交实验报告，对实验报告进行评价。实验报告的评价标准主要包括实验报告撰写的规范性、实验过程描述、实验数据记录、处理与分析、实验讨论（包括心得体会与实验思考）等方面。评分等级如表4-3-3所示。

表4-3-3 评分等级

评分等级	成绩评定标准
优秀 （90分以上）	1. 实验报告格式规范，内容完整，条理清晰。 2. 报告中对实验过程叙述详细、概念正确，语言表达准确，结构严谨，条理清楚，逻辑性强，自己努力完成，没有抄袭。 3. 实验数据记录正确、充分、完整，对实验过程中存在的问题分析详细透彻、规范、全面；数据分析结合实验原理方面内容描述正确、深刻。 4. 实验心得体会深刻、有创意，论述合理详细，有自己的个人见解和想法，实验思考题分析正确并给出解决方法
良好 （80~90分）	1. 实验报告格式规范，内容基本完整。 2. 报告中对实验过程叙述较详细，概念正确，语言表达较准确，结构较严谨，条理较清楚，逻辑性较强，自己努力完成，没有抄袭。 3. 实验数据记录正确，内容较充分和完整，对实验过程中存在问题分析比较详细透彻、规范、全面；数据分析结合实验原理方面内容描述正确。 4. 实验心得体会较深刻、有一定创意，论述较合理详细，有自己的个人见解和想法，思考题给出解决方法
中等 （70~80分）	1. 实验报告格式比较规范，内容比较完整。 2. 报告中对实验过程叙述较详细，自己努力完成，没有抄袭。 3. 对实验过程中存在问题有较详细的分析，但不全面。 4. 实验心得体会不够深刻，缺乏创意
及格 （60~70分）	1. 实验报告格式不正确，内容缺失。 2. 报告中对实验过程叙述简单，没有抄袭。 3. 对实验过程中存在问题有简单分析和描述。 4. 基本无实验心得体会

续表

评分等级	成绩评定标准
不及格 （60分以下）	1. 没有交报告。 2. 基本上是抄袭。 3. 内容太空泛，太简单 （有上述任何一项均为不及格）

结合实验报告完成情况的评价量表，学生可以结合教师评价的结果详细、全面了解自己的表现，如实验报告的格式、数据的分析、结论的表达等环节，有针对性地对薄弱部分进行改善。

3）过程性评价与终结性评价结合（选修课程——项目实践）

项目实践课程的实施往往需要多个课时，甚至是几天，几周连续完成，因此过程性与终结性评价更能帮助学生全面了解自己在课程中的表现与实际获得。每一个项目完成后，学生了解自己的表现，有针对性地进行改进，再结合下一个项目中的表现，评价自己是否取得进步。这种学生自我的"纵向"对比，是十分必要的，因此评价量表的使用不仅能帮助学生更加了解自己和他人，更能帮助他们取得进步（表4-3-4和表4-3-5）。

表4-3-4 评价量表1

评价内容	自我评价	小组评价	教师评价
对化学学科的兴趣程度（10分）			
对化学学科的基本思想和方法的了解程度（10分）			
运用化学知识解决生活中化学问题的能力（10分）			
独立思考、实践和学习能力（10分）			
解决问题的能力（10分）			
设计方案、收集信息的能力（10分）			
实验操作能力（10分）			
实事求是的科学态度（10分）			
口头表达能力（10分）			
团队合作能力（10分）			
总分（100分）			
评语：			

表 4-3-5　评价量表 2

维度		合格（1分）	良好（2分）	优秀（3分）
核心知识	太空环境与人体生理需求的差异	在确定宇航服的功能时，关注到1~2点太空环境与人体需求差异，能说出1~2点宇航服应具备的功能	在确定宇航服的功能时，关注到3~4点太空环境与人体需求差异，能说出3~4点宇航服应具备的功能	在确定宇航服的功能时，全面关注到太空环境与人体需求差异，能准确全面说出宇航服应具备的功能
	结构→性质→用途	知道宇航服应具有的功能，不能准确设计宇航服的物理结构	知道宇航服应具有的功能，能部分设计宇航服的物理结构	知道宇航服应具有的功能，能准确设计宇航服的物理结构
	有机高分子材料的结构与性质	在为液冷服的衣面选择材料时，能说出1~2点材料的性能，不能选出相应的有机高分子材料	在为液冷服的衣面选择材料时，能准确全面说出材料的性能，能选出部分相应的有机高分子材料	在为液冷服的衣面选择材料时，能准确全面说出材料的性能，准确全面选出部分相应的有机高分子材料
实际解决问题能力		宇航服的物理结构或材料的筛选更多侧重生活感性经验，缺少化学、生物等学科视角，几乎没有体现出论证与评价能力	宇航服的物理结构或材料的筛选能从化学、生物等学科视角出发，体现了一定的论证与评价能力	宇航服的物理结构或材料的筛选能从化学、生物、地理等多学科多视角出发，论证充分，理由充足，能辩证地进行评价
以人为本的理念		零散体现宇航服的设计是满足人的需求，例如只能关注1~2点太空环境与人体需求的差异	较为多地体现宇航服的设计是满足人的需求，例如能关注3~4点太空环境与人体需求的差异	能全面体现宇航服的设计是满足人的需求，例如能全面关注太空环境与人体需求的差异，考虑充分，宇航服设计更加接近真实情况
反思与改进		反思项目完成过程中的问题时只能说出零散的改进点	反思项目完成过程中的问题时能说出部分改进点	反思项目完成过程中的问题时能按照一定的逻辑，全面说出每一个环节的改进点
表达与交流		汇报思路不清晰，展示形式单一	按照一定的逻辑汇报展示成果，语言流畅，基本能完成汇报任务	按照严谨的逻辑汇报成果，展示形式丰富，有反思，语言流畅

续表

维度	合格（1分）	良好（2分）	优秀（3分）
小组合作	体现小组合作，有简单的任务分工；小组成员合作完成部分任务	分工明确，每个成员都有自己的任务且顺利完成，合作完成总任务	分工明确，每个成员都有自己的任务且顺利完成，在此过程中，成员沟通到位、及时调整、合作顺利，完成总任务

五、课程资源

1. 教师资源

北京一零一中学化学组构建"青蓝工程"师徒培养体系，实施"三年成熟、六年创优、九年成名"阶梯式发展路径。团队现有特级教师、市骨干、海淀区学科带头人等骨干教师10人，博士占比40%，近三年主持参与多项重点课题，出版学科专著2部，在核心期刊发表论文多篇。团队形成"资深教师传帮带+博士团队科研引领"双轮驱动模式，在STEM课程开发、学科阅读指导等领域形成显著特色，相关课程被评为北京市特色课程。

2. 课程资源

1）教学资源保障

教师们组建了队伍，能随着教育技术的不断发展和教学理念的更新，及时更新教学资源，包括教材、教学软件、教学视频等多种形式的资源。此外，还会积极联系北京大学、清华大学、中国科学院等多所著名实验室，与其建立合作关系（表4-3-6）。

表4-3-6 合作资源

合作方	合作内容	合作方式
北京大学	专业前沿讲堂	学长讲座
北京大学	高考最新动态座谈会	专家座谈会
北京大学	中学生走进科研	联合培养
北京大学	化学竞赛专业辅导	教师授课
清华大学	中学生走进科研	联合培养
中国科学院	中学生走进科研	联合培养
北京师范大学	中学生走进科研	联合培养

续表

合作方	合作内容	合作方式
北京师范大学	化学竞赛专业辅导	教师授课
北京科技大学	中学生走进科研	联合培养
海淀区教师进修学校	教研（高考、中考、STEM）	讲座、公开课

2）大、中衔接自制实验器材

依托英才学院开设的各种课程中，有自制的实验器材，并在逐步完善中。

大学资源：反应釜、马弗炉、有机分离装置（层析柱、旋转蒸发仪）、大型检测仪器（紫外分光光度计、红外光谱仪、质谱、核磁、荧光检测仪）、电镜（扫描电镜、透射电镜）、细胞培养室等。

学校资源：简易面粉爆炸装置，自制球棍模型，自制 VSEPR 模型，自制水果电池装置，自制盐水小车装置，高考探究题实验系列装置，天然环境素材——校园湖水、泥土、昆虫等。

3）课程考核保障

建立了多元化评价体系，包括平时成绩、项目成绩、期末考试成绩等多个方面，这有助于全面评价学生的学习成果和综合能力。教师们还会根据考核结果和学生反馈，及时调整和改进课程群建设的实施方案，不断优化教学过程，提高教学质量。

在项目实践课程中，为全面了解学生的表现，除了本学科教师，学校也会参考班主任、其他学科教师对学生的评价，纳入考核内容之一；在与高校合作的项目中，除了本校教师，高校的负责教师也会对学生在方案设计、实施、数据分析、文章撰写等方面作出评价和考核；此外，对于参加学科竞赛课程的学生，学校也会在国家课程考核方面做一些弱化处理，来保证竞赛学生的学习投入时间。

六、未来展望

拔尖创新人才培养课程的建设研究是学生核心素养孕育成长的摇篮，推动学生学科核心素养的落实和发展，弥补传统的教学带来的不足，充分落实发展学生的能力和素养。课堂教学改革强调以学生为主体，关注学生获得知识、形成能力的过程，更加关注学生的全面发展。因此，符合学生发展认知水平的项目研究，能够让学生时时体会课本知识与实际生活的联系，关注所学知识在解决实际问题中的应用；而数据的分析和论文的撰写，又可以帮助学生进一步思考，实现全面发展。

拔尖创新人才培养课程的建设研究是教师专业技能提升发展的平台，重塑教师课堂角色,打造真实课堂。课堂教学改革对于教师提出了更高的要求和挑战。筛选、整合合适的情景素材,并设计合理问题,也是教师自我提高的过程。在此过程中,教师要不断思考,此部分知识重在培养学生的哪些素养,什么样的材料有助于学生素养的发展等,这既要求教师自身专业素质过硬,又要求教师不拘泥于课本教材,具有广阔的视野,甚至找到各学科知识间的交叉点。教学的本质是师生之间一种特殊的交往,教师能够找到"教书"与"育人"之间的平衡,在课堂实施过程中,将知识与德育融为一体,打造真实的课堂,帮助学生实现全面发展。

拔尖创新人才培养课程的建设研究是学校育人理念实施实现的基石。北京一零一中学坚持以学科核心素养培养为主线,推进深化国家的教育教学改革政策和方针。这一课题的深入发展,不仅能让学生获得知识,拓宽视野,更能帮助学生在项目完成过程中,提升分析和解决实际问题的能力,逐步形成良好的科学态度和社会责任感以及终身学习的能力。

拔尖创新人才培养课程的建设研究是社会对新型人才需求的积极回应。21世纪的社会对人才提出了更高标准的需求,千秋基业,人才为先。该课程的研究逐步培养出全面发展的学生,为社会输送具有正确的价值观、坚韧的意志品质、过硬的专业知识以及极具创造精神的复合型人才,为国家的发展贡献力量。

第四节 生物学课程实践创新与拔尖创新人才培养

一、生物学特色课程方案背景

1. 生物学教育的意义和现状

生物学是自然科学的一个重要分支,是研究生命现象、生命活动规律以及生物与周围环境之间关系的科学。生物学的研究领域广泛,涵盖了从微观的分子和细胞层面到宏观的生物多样性和生态系统等层面,细分为包括分子生物学、细胞生物学、遗传学、生态学、生理学、微生物学、免疫学、生物化学在内的众多二级学科。在提高农业的生产力、促进医学发展、保障人类的健康,以及保护地球家园,为人类提供可持续发展的空间等诸多不同领域,生物学的研究成果都发挥着不可替代的作用。

生物学是一门实验科学,在生物学学习过程中,学生需要通过观察、调查和探究等手段不断深入了解相关知识,在此过程中学生的动手能力、探究精神、科学素养以及解决实际问题的能力都会得到有效的提升。生物学教育的意义不仅在于传授知识,更在于激发学生的好奇心和探求欲,提升学生的科学素养,并进而帮助学生逐渐成长为有理论、有方法、有能力的拔尖创新人才。

在中学阶段，生物学的教学主要是通过初高中生物学国家课程来完成的。初高中阶段的《生物学》课本在不同的知识内容深度层面，几乎涉及生物学所有领域的知识；此外，《生物学》课本中还涉及开展生物学研究所需要的部分实验技能，如光学显微镜的使用、叶绿素的提取与分离、DNA的提取等，和部分科学思维方法，如观察、调查、探究实验、假说演绎等。同时，《生物学》课本中还包含生物学与社会，即科学家的故事、生物学知识与技术在社会生活中的应用实例、与生物学有关的职业及其内容等，来丰富学生的学科视野，增强学生的社会责任感。

《普通高中生物学课程标准（2017年版2020年修订）》中强调，在高中阶段的生物学教学要注重学生的核心素养培养，即生命观念、科学思维、科学探究和社会责任的培养；引入新的研究成果和新技术；跨学科的整合与应用。《义务教育生物学课程标准（2022年版）》中要求，初中生物学教学要注重以核心素养为宗旨，课程设计注重衔接，以学习主题为框架，内容聚焦大概念，教学过程注重实践，以学业评价促学生发展。在课程标准的引领下，生物学科进一步建设完善科学的课程体系，以完成培育"未来卓越担当人才"任务。

2. 北京一零一中学生物学课程的基本建构

在学校由国家课程、地方课程和校本课程深度融合形成的"八领域三层级"课程体系中，生物学科的课程现状主要以下列内容和形式呈现：

1）基础层面课程

生物学科的基础层面教学主要由初高中生物学国家课程的教学来完成，其主要内容包含分子生物学、细胞生物学、遗传学、生态学、生理学、微生物学、免疫学等基础学科知识以及生物学研究中所使用的部分研究技术和研究方法。生物学国家课程的教学可以为学生奠定覆盖面广泛的知识和技能基础，有效提升学生的生物学科素养。

2）拓展层面课程

生物学科的拓展层面教学主要由选修课程、综合实践活动、研究型学习和社团活动等课程的开展来完成。拓展层面的课程都是针对生物学之下分支学科的某一研究领域或某一具体研究项目来开展的。拓展层面课程面向全体学生开展，学生可以根据自己的兴趣和特长自主选择。拓展层面课程的开展有利于学生多维度方向的自主发展，对于在某些领域感兴趣的学生而言，拓展课程可以让学生更为深入地了解和学习相关领域的知识内容，积累更多相关领域的探究实践经验。

3）拔尖层面课程

生物学科的拔尖层面教学主要由创新研究课程和生物学奥林匹克竞赛课程来

完成。拔尖层面的课程主要针对的是热爱生物学相关领域,在生物学创新研究方面有兴趣有潜质的学生。拔尖层面的教学致力于培养具备科学家潜质的青少年群体,为国家的科学研究队伍输送后备力量。

基础层面奠定基础,拓展层面、拔尖层面的课程用于满足不同学生对于生物学科学习的不同需求,给学生搭建好平台,实现自我提升,快速成长。

3. 生物学课程建设的现状及未来发展

1) 生物学课程建设基本情况

经过多年的探索与实践,生物学课程体系逐步走向成熟,包括生物学科常规开设的国家课程、选修课程和奥赛课程,如图4-4-1所示。在教师们的不懈努力下,学校在初高中生物学各项统考中均取得优异的成绩,在生物学奥林匹克竞赛中也屡创佳绩。

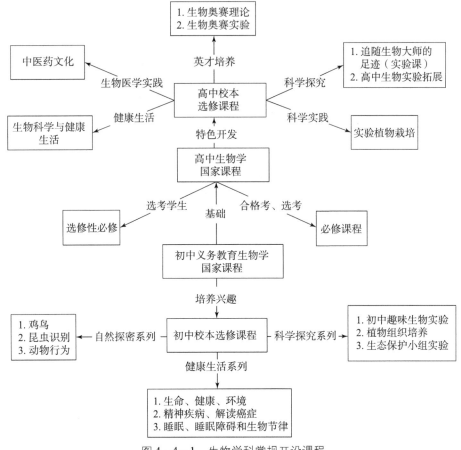

图4-4-1 生物学科常规开设课程

在社团建设方面，学校的生物科学社团被评为北京市金鹏科技社团。教师在创新研究课程中也取得了丰硕的成果，所指导的学生曾获得美国工程大奖赛及日内瓦发明展奖项 31 项，全国青少年科技创新重要奖项 42 项，明天小小科学家奖项 19 项，北京市银帆奖 20 项，北京市创新市长奖 14 项；在北京市中小学植物栽培大赛、北京市中学生数理化综合实践活动、北京教育学院金蕊自然笔记等学科综合实践活动中，学生也收获了众多奖项。

2）生物学课程建设现状分析

目前，学校生物学科课程建设取得了丰硕的成果，但是还存在着一些亟待解决的问题，如图 4-4-2 所示。

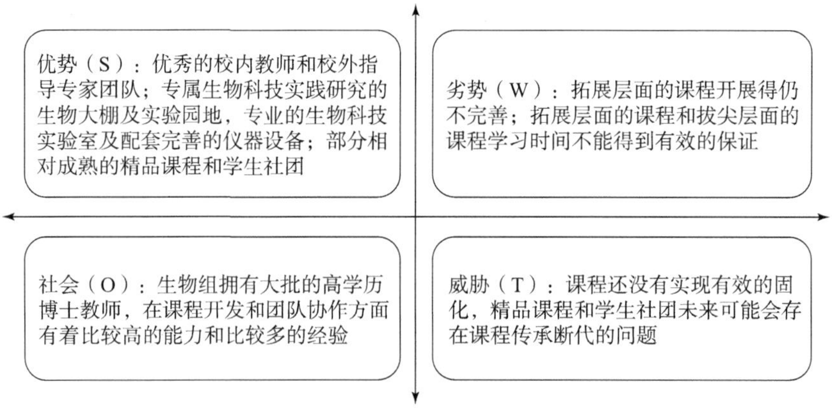

- 优势（S）：优秀的校内教师和校外指导专家团队；专属生物科技实践研究的生物大棚及实验园地，专业的生物科技实验室及配套完善的仪器设备；部分相对成熟的精品课程和学生社团
- 劣势（W）：拓展层面的课程开展得仍不完善；拓展层面的课程和拔尖层面的课程学习时间不能得到有效的保证
- 社会（O）：生物组拥有大批的高学历博士教师，在课程开发和团队协作方面有着比较高的能力和比较多的经验
- 威胁（T）：课程还没有实现有效的固化，精品课程和学生社团未来可能会存在课程传承断代的问题

图 4-4-2 生物学课程建设 SWOT 分析

3）生物学课程建设未来发展

生物学课程建设未来主要集中在以下几个方向：

①建立若干课程团队，致力于现有精品课程的打磨和固化。

②充分利用校内校外资源，继续开发多方向、多门类的优质深度课程，充实现有课程体系。

③致力于开发衔接类和跨学科类的实践类课程，促进学生综合能力的提升。

二、生物学课程设计

1. 课程建设依据

1）学科发展的需求

生物学是一个快速发展、快速更迭的学科，随着新技术的不断突破，新的科学发现和研究成果也不断涌现。这些前沿进展为生物学教学提供了丰富的素材和案例，也使生物学课程必须不断更新和扩展内容，以适应科学发展的需要。这些新发现和技术的不断引入，不仅能够激发学生的学习兴趣，拓宽学生们的视野，而且还能够助力培养学生的创新思维和问题解决能力。

生物学与其他学科之间存在广泛的交叉和融合，如生物信息学、生物统计学、生物化学、生态学等分别都涉及生物学与计算机科学、数学、化学和物理学等学科的交叉融合。通过融合交叉学科的知识来构建课程，可以有效培养学生的跨学科思维和综合的问题解决能力。这种跨学科的教学方式也有助于学生更好地理解学科知识的内在联系和本质规律。

生物学是以实验为基础的科学，实验教学是生物学科课程的重要组成部分。除了基础层面的实验操作教学，在拓展和拔尖层面开展以问题解决为导向的综合探究课程和以培养科研后备生力军为导向的科学研究新技术、新方法学习和实践课程，可以使不同需求的学生科研素养和实践能力得到不同方向的提升。

2）拔尖创新人才培养的需要

拔尖创新人才是指在某一特定领域或学科中，展现出卓越才华、高度创新能力和领导潜力的个体。以培养拔尖创新人才为目标的课程需要在培养具备创新思维、科研能力和跨学科素养方面为主要着力点。

因此，生物学课程应包含基础理论、实验技能和前沿研究三个方面的内容。基础理论课程应注重知识的系统性、广度和深度，为学生提供扎实的学科基础；实验技能课程应强调实践能力和创新思维的培养，包括实验设计、数据分析和科学交流等；前沿研究课程应关注生物学领域的最新进展和热点问题，引导学生了解科研前沿和趋势。

同时，生物学课程应加强与其他学科的交叉融合，开设跨学科课程和项目，培养学生的跨学科素养和综合能力。在教学方式上也应采取多种教学方法和手段，如案例教学、问题导向学习、项目式学习等，激发学生的学习兴趣和积极性，也使学生的团队合作能力和群体领导力得到有效的锻炼。

3）学校课程体系的重要组成部分

北京一零一中学秉承着"培养未来卓越担当人才"的育人目标，在课程建设方面采取以下原则：一是结构化策略，用体系化建构推动三级课程的融合；二是素养化策略，用学生核心素养要求指导学校课程建设；三是专业化策略，用课题研究提高教师专业能力，促进教师专业发展；四是特色化策略，用特色课程群引领和彰显学校的特色发展。

在学校整体课程建设原则的指导下，生物学科的课程建设也始终致力于构建结构化的、完善的、以素养为导向的生物学课程体系。在现有的生物学课程结构之下，调用校内外多方面资源以传承和保留优质课程，提升现有课程的素养培养效果和以完善课程体系为目标的补充开设部分新课程是目前生物学课程体系建设的主要目标。

2. 生物学课程建设的原则

1）科学性原则

科学性是生物学课程建设的首要原则。生物学是知识和技术的更新和拓展都比较快的学科，生物学的课程内容应该基于生物学的基本规律和前沿研究成果，确保知识的准确性和可靠性。因此，开发课程的教师应具备扎实的生物学知识和科研能力，能够为学生提供准确、全面的知识指导。

2）创新性原则

在当今快速发展的科学时代，生物学作为自然科学的重要分支，不仅揭示了生命的奥秘，也为解决人类面临的健康、环境、资源等重大问题提供了科学依据和技术手段。因此，加强生物学课程建设，特别是以提升创新能力为核心，对于培养适应未来社会需求的高素质生物学人才具有重要意义。因此，生物学课程的建设，无论是从课程内容体系、教学方法，还是评价标准，都应该以培养学生创新性思维，提升学生创新能力为核心目标。

3）系统性原则

生物学课程建设应具有完整性和连贯性。课程内容应涵盖生物学的各个领域和层面，形成一个有机的知识体系。同时，课程之间应相互关联、相互支持，形成一个完整的逻辑链条。

生物学与其他学科之间存在着密切的联系，如化学、物理、数学等。在课程建设时，也应注重跨学科知识的整合，将生物学知识与其他学科知识相结合，帮助学生理解生物学知识的本质和应用。

在具体的课程建设过程中，可以将生物学不同的方向，生物学与不同的相关学科知识内容进行整合，根据学生的认知水平和学科特点，合理安排不同学段的课程内容和教学进度，形成横向、纵向完整连贯的课程体系。

4）实践性原则

生物学是一门以实验为基础的学科，生物学课程建设应注重实践环节的设计和实施，实践环节对于培养学生的实践能力和创新能力具有重要作用。

基础层面的生物学课程应增加实验教学的比重，让学生亲自动手进行实验操作和探究。通过实验活动，学生可以更好地理解和掌握生物学知识，提高实践能力和解决问题的能力。

拓展和拔尖层面的课程，除了开展课程必要的实验教学，还应该开发真实的观察、调查、探究项目，让学生接触到更广泛的生物学领域，了解生物学知识在实际科学研究和生活中的应用。

5）适宜性原则

秉持着因材施教的基本思想，在进行基础层面、拓展层面和拔尖层面的课程开发时，首先纳入考量的应该是不同基础、不同目标方向学生的知识基础、能力等各方面的差异性需求。针对差异性需求，确定开发课程的方向和难度，整合校内校外资源，为所有学生提供科学、适宜、优质的课程。

3. 生物学课程建设目标

作为学校总体课程的重要组成部分，生物学课程应建立一个多维度、系统化的体系，通过一系列精心设计的教育策略和实践活动，培养出具备深厚理论基础、卓越科研能力、高度创新精神和社会责任感的生物学领域拔尖创新人才。

1）奠定相对深厚的专业知识基础

拔尖创新人才的培养，是提升国家科技竞争力和创新能力的关键。对于生物学领域的拔尖创新人才而言，奠定坚实的专业知识基础是其成长道路上的第一步。生物学的基础课程是拔尖创新人才知识体系的基石，这些课程包括细胞生物学、遗传学、分子生物学、生物化学等，旨在使学生掌握生物学的基本概念和原理，为后续深入学习打下坚实基础。

为了培养拔尖创新人才的跨学科视野，还应设置一定数量的跨学科综合课程，帮助学生了解其他学科在生物学研究中的应用和贡献。同时，跨学科课程还可以激发学生的创新思维，促进不同学科之间的交叉融合。

生物学领域的知识更新速度极快，生物学的学习和应用必须紧跟学科前沿动态。因此，需要为拔尖创新人才设置前沿课程，介绍最新的研究成果、技术进展和未来发展趋势，有助于他们把握学科发展方向，激发研究兴趣和创新动力。

2）提升自主探索和科学研究的能力

提升自主探索和科学研究的能力是拔尖创新人才成长的关键路径。科学研究能力作为衡量一个人乃至一个国家、一个民族创新能力和竞争力的重要标尺，其重要性不言而喻。

生物学课程通过营造好个性化的学习环境，支持学生个性化发展；鼓励学生根据兴趣和研究课题自主设计实验，进行探索性研究；利用互联网和信息技术，构建数字化学习平台，教会学生利用丰富的在线资源、模拟实验、互动论坛等训练方式提升自主探索能力。同时，与高校携手，根据学生的兴趣和能力制订培养计划，提供个性化的学术指导和职业规划建议，并逐步进行真实科学研究的训练。

3）培养创新思维，提升创新能力

创新思维是指突破传统思维模式和框架，以新颖、独特的方式思考问题，寻找解决方案的过程。它强调思维的灵活性、开放性和批判性，鼓励个体勇于质疑、敢于探索未知领域。创新思维是创新能力的核心，是驱动科技进步和社会发展的源泉。

在拔尖创新人才培养的课程设置中,应重视激发学生的好奇心和求知欲,课程内容的设置上应具有深度与广度,同时通过具有挑战性的学习任务、组织丰富多彩的课外活动等方式,激发学生的探索欲和求知欲,为创新思维的培养奠定基础。

与此同时,在课程中积极搭建并利用好实践平台,利用好校内实验室、校园内其他资源,积极构建与高校、企业的合作平台,通过组织创新竞赛、丰富科研活动等在实践中提升创新能力。

4)提升社会责任感,培养未来公民

在生物学课程建设过程中,需要特别融入"社会责任感"这一核心要素,这不仅是对学生个人成长的全面要求,也是对未来社会可持续发展的深远考量。

生物学作为探索生命现象、揭示生命本质与规律的科学,其知识体系与伦理道德、社会责任紧密相连。随着科技的飞速发展和全球化的深入,人类社会面临着前所未有的挑战,包括生态危机、疾病防控、生物多样性保护、食品安全等。这些问题无一不与生物学紧密相关,要求生物学教育不仅要传授知识与技能,更要培养学生的社会责任感,使他们成为能够独立思考、积极行动、对社会有益的未来公民。

4. 生物学课程结构

按照培养目标和课程难度不同,可以将生物学课程分为基础、拓展和拔尖三个层面的课程,这些课程主要是依托国家课程、选修课程、社团课程等形式来实现的,如表4-4-1所示。

表4-4-1　生物学课程群设置

课程类别	7~9年级	10~12年级
基础层面	生物学	生物学
拓展层面	动物学相关:动物、观鸟、昆虫识别、动物行为	大学先修课程:简明细胞生物学、简明分子生物学、免疫学基础、医学遗传学基础、简明生物化学
	植物学相关:显微镜下的植物世界、校园植物志	生物技术:微生物实验技术、分子生物学实验技术、细胞培养技术
	生物学应用:中药材种植与加工、食用菌的栽培	交叉学科:生物学科发展前沿、合成生物学、生物信息学、生态环境与保护

续表

课程类别	7~9年级	10~12年级
拔尖层面	生物学奥林匹克竞赛课程：动物学、植物学、生物化学、细胞生物学、分子生物学、遗传学、生物信息学等	
	创新课题研究：脑认知与智能方向（与清华大学合作）、城市与生态方向（与北京师范大学合作）、仿生生物材料实验室（与北京科技大学合作）、分子生物学方向等	

5. 课程内容

1）基础层面课程

基础层面课程即为生物学国家课程，该层面课程面向所有学生，其中初中阶段主要学习植物学、动物学和生物环境等方面的基础知识，学生初步了解并掌握细胞结构与功能、植物和动物的组成与特征、基本的遗传规律以及生态学的基本概念等。实验技能方面主要着眼于培养学生的观察和实验技能，通过简单的实验来验证和巩固所学的基础知识。

高中阶段知识范围更为广泛和深入，包括分子与细胞生物学、生物化学、遗传学、进化学、生态学等多个分支学科。学生需要进一步了解生物分子的结构和功能、细胞的有丝分裂和减数分裂等细胞生物学知识，学习光合作用和呼吸作用的原理，探索基因的表达和调控机制，了解进化论和自然选择的基本原理，以及生态系统的组成和相互关系等。实验方面要求学生掌握更复杂的实验技能和操作方法，进行实验设计和数据分析，通过探究性的实验来深入理解生物学知识。与化学、物理等学科有较紧密的联系，例如生物化学、生物物理等领域的知识在高中生物学中占据重要地位。

2）拓展层面课程

拓展层面课程面向对生物学感兴趣，拥有一定生物学及相关学科基础的学生。初中阶段的拓展课程主要分为两大类：一类是为对宏观生物知识感兴趣或未来进入高中阶段有可能会参加奥林匹克竞赛的学生奠定基础的课程，包括"动物""观鸟""昆虫识别""动物行为"等动物学相关课程和"校园植物志""显微镜下的植物世界"等植物学相关课程；另外一类是为对生物学科的应用感兴趣的学生开设跨学科应用类课程，如"中药材种植与加工""食用菌的栽培"等。初中阶段拓展课程的主要内容如表4-4-2所示。

表4-4-2 初中阶段拓展课程的主要内容

课程名称	课程主要内容
动物	1. 动物分类的等级和原则； 2. 无脊椎动物门的主要类群，其分类特征和代表动物； 3. 脊索动物门的主要特征、分类及代表动物； 4. 部分类群典型动物的解剖与观察
观鸟	1. 鸟类基础知识介绍（分类、识别、习性等）； 2. 观鸟的技巧与方法（望远镜等、观察记录表的制作和使用等）； 3. 生态保护与观鸟伦理； 4. 实地观鸟（鸟类摄影、问答与讨论等）
昆虫识别	1. 昆虫的基本结构特征和生活习性； 2. 昆虫纲中一些重要的目和科，以及它们的特征和代表性昆虫； 3. 昆虫识别的技巧和常用工具； 4. 昆虫标本的采集和制作
动物行为	1. 动物行为的分类和表现形式； 2. 动物行为的基本机制； 3. 动物的社会行为； 4. 动物的生态行为； 5. 动物行为的实地观察
显微镜下的植物世界	1. 显微镜的使用与维护； 2. 采集并制作多种植物、各种器官的临时装片，进行观察、了解和记录； 3. 初步了解植物各器官的形态特征和生长发育过程
校园植物志	1. 植物分类的依据和不同类群的结构特点； 2. 调查并记录校园植物的种类和分布情况； 3. 根据结构特征对校园植物及其相关信息进行分类整理成《校园植物志》
中药材种植与加工	1. 常见的中药材种类以及它们的生长习性、药用价值； 2. 不同中药材对生长环境和土壤条件的要求； 3. 不同中药材的最佳采收时间、采收部位和采收方法； 4. 学习中药材的产地、加工方法，以及这些加工方法对中药材质量和药效的影响； 5. 到中药材种植基地、加工企业等进行实训，了解中药材从种植到加工的全过程

续表

课程名称	课程主要内容
食用菌的栽培	1. 食用菌的生物学、生长周期、生理生态需求以及遗传特性等； 2. 食用菌种的制作与保藏； 3. 不同食用菌所需的培养基成分及其配制方法； 4. 食用菌的栽培管理技术； 5. 食用菌的栽培实践

高中阶段的拓展课程则主要包括为高考服务和竞赛服务的深化类课程，即大学先修课程和常用的生物技术实践类课程，以及一些在生物学研究领域应用较为广泛的跨学科课程。高中阶段拓展课程的主要内容如表4-4-3所示。

表4-4-3 高中阶段拓展课程的主要内容

课程名称	课程主要内容
简明细胞生物学	1. 细胞的结构与功能； 2. 细胞的生命活动； 3. 细胞生物学研究方法； 4. 细胞生物学的应用与前沿
简明分子生物学	1. 核酸的结构与功能； 2. 基因表达与调控； 3. 分子生物学技术原理； 4. 分子生物学的应用与前沿
免疫学基础	1. 免疫系统的组成与功能； 2. 免疫应答的机制； 3. 免疫学的临床应用； 4. 免疫学的前沿与进展
医学遗传学基础	1. 遗传的分子生物学基础； 2. 遗传的细胞生物学基础； 3. 遗传学基本定律； 4. 遗传病及人类性状的遗传方式； 5. 遗传病的诊断与防治
简明生物化学	1. 蛋白质的组成、结构和功能； 2. 核酸的组成、结构和功能； 3. 酶的结构、功能和活性； 4. 维生素与辅酶； 5. 生物分子的新陈代谢； 6. 生物化学的应用与前沿

续表

课程名称	课程主要内容
微生物实验技术	1. 微生物学基本实验技能； 2. 微生物的生理生化实验； 3. 微生物的遗传与变异实验； 4. 微生物的生态与环境实验
分子生物学实验技术	1. 核酸提取与纯化； 2. DNA 克隆技术； 3. DNA 分析与鉴定； 4. RNA 分析与功能研究； 5. 蛋白质分析技术； 6. 分子杂交技术
细胞培养技术	1. 细胞培养的基本条件； 2. 细胞培养的基本操作； 3. 细胞培养技术的应用实例； 4. 细胞培养技术的发展前景与挑战
生物学科发展前沿	1. 分子生物学前沿：如基因编辑技术（CRISPR – Cas9）、表观遗传学、非编码 RNA 等； 2. 细胞生物学与干细胞研究：如细胞自噬、细胞命运决定、细胞重编程等； 3. 遗传学与进化生物学：如全基因组关联研究、基因组编辑动物模型等； 4. 生物技术与生物产业：如合成生物学、生物制造、生物传感等； 5. 跨学科研究与应用：如生物信息学、计算生物学、纳米生物学等
合成生物学	1. 合成生物学基础理论； 2. 合成生物学的实验技术与方法； 3. 合成生物学的应用实例与案例分析； 4. 合成生物学的前沿进展与未来趋势
生物信息学	1. 基因组学； 2. 转录组学； 3. 蛋白质组学； 4. 生物统计学与生物信息学算法； 5. 生物数据库与数据挖掘； 6. 高通量测序数据分析

续表

课程名称	课程主要内容
生态环境与保护	1. 生态系统基础； 2. 环境监测与评估； 3. 环境法律法规与政策； 4. 生态环境保护实践

3）拔尖层面课程

拔尖层面课程面向经过选拔，拥有扎实的生物学及数学、物理、化学基础，有意向更加深入学习生物学的学生（表4-4-4）。其中，生物奥林匹克竞赛课程横跨初一到高二五个年级，循序渐进地学习细胞生物学、分子生物学、植物和动物的解剖与生理、组织和器官的结构与功能、遗传学及进化理论、微生物学、生态学等学科知识及实验方法和技能，为有志于参加奥赛的学生助力。

表4-4-4 拔尖课程的主要内容

课程名称	课程主要内容
生物奥林匹克竞赛课程	1. 生物学基础理论： 细胞生物学：细胞结构、功能、细胞周期、细胞分裂等。 分子生物学：DNA、RNA、蛋白质的结构与功能，基因表达调控，遗传密码等。 遗传学：孟德尔遗传、连锁与交换、基因型与表现型、遗传病、基因工程等。 进化生物学：自然选择、物种形成、生物多样性、进化树等。 植物生物学：植物解剖与生理、植物分类学、植物生态学等。 动物生物学：动物解剖与生理、动物行为学、动物分类学等。 微生物学：微生物基础、微生物学应用、微生物生态学。 生态学：个体生态学、种群生态学、群落生态学、生态系统生态学等。 2. 实验技能： 基础实验技能：显微镜使用、无菌操作、溶液配制、基本生化实验等。 高级实验技能：DNA提取与纯化、PCR扩增、电泳分析、基因克隆与表达、蛋白质纯化与检测等。 实验设计与数据分析：实验设计原则、实验方法选择、数据收集与处理、结果分析与解释。 3. 竞赛策略与模拟： 竞赛题型分析：了解NBO和IBO的题型、难度与评分标准。 模拟考试与训练：定期进行模拟考试，模拟竞赛环境，检验学习成果，提高应试能力。 竞赛心理调适：培养学生的竞赛心理素质，提高应对压力的能力，保持良好的心态

续表

课程名称	课程主要内容
创新课题研究	1. 脑认知与智能实验室课题方向： 智能科学：探索人工智能的认知神经基础、视觉智能等前沿领域。 脑疾病：运用工程技术和计算模型等手段解决脑疾病及脑健康领域的核心技术问题。 脑启发的人工智能：借鉴脑科学的研究成果，推动通用人工智能系统的发展。 神经技术：开发新型的脑活动测量和调控等下一代关键技术。 2. 生态与环境生物学实验室课题方向： 水质净化实验：利用人工湿地的自然净化功能，开展水质净化实验；湿地植物、微生物等协同作用去除水中的污染物的作用。 生物多样性研究：观察和研究人工湿地中生物多样性，包括湿地植物种类、水生动物群落，以及生物多样性对湿地生态系统稳定性和功能的影响等。 城市环境模拟与预测：运用水环境模拟等科研平台，开展城市环境模拟和预测研究，为城市环境管理和决策提供科学依据。 3. 分子生物学与基因工程实验室课题方向： 聚合酶功能：用于核酸常温扩增的聚合酶蛋白质工程研究。 药用植物功能：对食药两用的植物进行基因组结构、功能和进化的研究。 功能蛋白的表达：利用微生物表达体系进行特殊功能蛋白的表达和纯化。 4. 仿生生物材料实验室： 仿生智能材料：研究如何将生物体的智能特性融入材料设计中，以开发出具有自感知、自修复、自适应等功能的智能材料。 生物医用材料：探索适用于医疗领域的仿生材料，如组织工程支架、药物控释载体等，以提高医疗效果和患者生活质量。 环境友好材料：研究可降解、可回收等环境友好型仿生材料，以应对环境污染和资源短缺等全球性问题

创新课题研究是以众多的个性化的课题小组来实现学习的。作为开展课题的支持，除了充分利用本校师资、实验室等资源，生物学科还经由学校英才学院平台，与多家顶尖高校建立了深度合作，保证有科学研究潜质的学生获得充分的、高水平的创新研究训练和实践，为我国科学研究和创新实践团队提供后备队员。

通过不同层面的递进式课程，不同需求的学生都可以对生物学有较为全面的了解。同时，学生的科学素养、创新能力和实践能力也可以得到有效的训练和提升。

三、生物学课程实施

1. 课程实施原则

1）全面性与基础性相结合原则

生物学课程的首要原则是其全面性和基础性。生物学是一门涵盖广泛、内容丰富的学科，它涉及生命科学的各个方面，包括生物的结构、功能、进化、生态等多个领域。因此，生物学课程的实施应全面覆盖这些领域，确保学生获得全面的生物学知识。同时，生物学课程还应注重基础知识的教学，帮助学生建立扎实的学科基础，为后续学习和职业发展奠定坚实的基础。

2）立德树人与学科德育渗透原则

生物学课程的实施应坚持立德树人的原则，注重培养学生的道德品质和社会责任感。在教学过程中，应充分挖掘生物学知识中的德育元素，如生物多样性、生态平衡、环境保护等，引导学生关注社会问题，培养他们的环保意识和责任感。

3）面向全体学生与因材施教原则

生物学课程的实施应面向全体学生，注重学生的个体差异和全面发展。在生物学课程体系中，基础层面的课程需尽力满足全体学生对于生物学知识和技能的基本需求，而拓展层面和拔高层面的课程则需要根据所面对学生的不同发展需求进行开发和实施。

4）实践性原则与跨学科融合原则

作为一门实验科学，生物学课程应为学生提供丰富的实验资源和平台，让他们亲身体验科学探究的过程，掌握实验的基本操作和技能。通过探究性学习和实践活动的开展，学生可以更好地理解和应用生物学知识，提高他们的实践能力和创新精神。同时，生物学课程还应与其他学科进行跨学科融合，如化学、物理、地理等，通过跨学科的学习和交流，帮助学生建立全面的知识体系，提高他们的综合素质和能力。

5）评价与反馈原则

在教学过程中，教师应采用多种评价方式对学生的学习情况进行全面评价，包括课堂表现、作业、实验报告等。同时，教师还应及时给予学生反馈和指导，帮助他们发现问题、解决问题，提高学习效果。通过评价与反馈，教师也可以及时了解学生的学习情况和教学效果，为后续的教学改进提供依据。

2. 生物学课程实施计划

基础层面课程的实施时间安排在每周一至周五第 1~7 节课，由相应年级的任课教师负责实施；拓展层面课程的主要实施时间为选修课和社团活动的时间；创新课题研究和生物学奥林匹克竞赛课程由于都是针对部分学生群体，因此实施时间相对不固定。生物学课程实施计划如表 4-4-5 所示。

3. 生物学课程实施策略

为了保证良好的教学效果，生物学课程的实施通过科学有效的教学方法、学习策略、资源利用以及评价反馈等手段，促进学生对知识的深入理解、掌握和应用。

表 4-4-5 生物学课程实施计划

课程名称	授课教师	学段	课时安排
动物	黄丹青	7、8年级	18课时
观鸟	贺凤美	7、8年级	18课时
昆虫识别	王良	7、8年级	18课时
动物行为	高原	7、8年级	18课时
显微镜下的植物世界	张茜	7、8年级	18课时
校园植物志	翟冰	7、8年级	18课时
中药材种植与加工	平亚茹	7、8年级	18课时
食用菌的栽培	杨帆	7、8年级	18课时
简明细胞生物学	殷跃	10、11年级	18课时
简明分子生物学	康旭升	10、11年级	18课时
免疫学基础	周斌	10、11年级	18课时
医学遗传学基础	崔旭东	10、11年级	18课时
简明生物化学	许伟杰	10、11年级	18课时
微生物实验技术	马小娟	10、11年级	18课时
分子生物学实验技术	闫霞	10、11年级	18课时
细胞培养技术	王志鹏	0、11年级	18课时
生物学科发展前沿	周圆	10、11年级	18课时
合成生物学	梁东	10、11年级	18课时
生物信息学	丁森	10、11年级	18课时
生态环境与保护	马丽霞	10、11年级	18课时
生物学奥林匹克竞赛	闫霞、丁森、张茜、周圆、王志鹏、王良	7~11年级	不确定
创新课题研究	许伟杰、梁东、马小娟、翟冰	7~11年级	不确定

1）优化教学方法

（1）探究式学习

探究式学习是课程实施的重要策略之一。通过设计一系列具有探究性的问题或情境，引导学生主动思考、观察、实验和讨论，从而发现生物学的奥秘和规律。在探究式学习中，教师应扮演引导者和支持者的角色，鼓励学生提出问题、假设、实验验证并得出结论。这种学习方式不仅能够激发学生的学习兴趣和好奇心，还能培养他们的探究能力和科学素养。

（2）案例教学法

案例教学法通过选取典型的生物学案例，让学生在分析案例的过程中理解生物学原理和概念。案例教学法具有直观性、生动性和实践性的特点，能够帮助学生更好地将理论知识与实际应用相结合。在选择案例时，教师应注重案例的代表性、时效性和启发性，确保案例能够引发学生的思考和讨论。

（3）多媒体辅助教学

多媒体辅助教学是现代教学的重要手段之一。通过运用多媒体技术（如PPT、视频、动画等），教师可以将抽象的生物学概念具体化、形象化，提高学生的学习兴趣和学习效果。同时，多媒体技术还可以提供丰富的教学资源和互动平台，便于学生进行自主学习和合作学习。

2）强化学习策略

（1）兴趣培养

兴趣是学习的最好老师。课程教学中，教师要注意培养学生的学习兴趣，可以通过充实的教学素材、丰富多样的教学活动（如实验、观察、讨论等）来激发学生的学习兴趣。同时，教师还可以引导学生关注身边的生物学现象和问题，让他们感受到生物学的趣味性和实用性。

（2）自主学习

自主学习是培养学生终身学习能力的重要途径。在生物学课程中，教师应鼓励学生制订学习计划、选择适合自己的学习方式（如阅读教材、查阅资料、小组讨论等）进行自主学习。同时，教师还应提供必要的学习资源和指导支持，帮助学生解决自主学习中遇到的问题和困难。

（3）合作学习

合作学习是促进学生相互交流和协作的重要方式。在课程开展过程中，教师可以多组织学生进行小组合作学习或项目式学习等活动，让学生在团队中共同解决问题、交流心得、分享经验。这种学习方式不仅能够培养学生的团队协作能力和沟通能力，还能激发他们的创新思维和实践能力。

3）整合课程资源

（1）校内资源

校内资源是生物学课程实施的重要基础。教师应充分利用校园、生态大棚、各类实验室、图书馆、计算机教室等资源为学生提供良好的学习环境和条件。

（2）校外资源

校外资源也是生物学课程实施的重要补充。学校可以组织学生参观科研院所专业实验室、博物馆、科技馆、自然保护区等校外场所，拓宽学生的视野和知识面。这些场所不仅展示了生物学的丰富内涵和广泛应用，还为学生提供了亲身体验和感受生物学的机会。

（3）网络资源

随着信息技术的快速发展，网络资源已经成为生物学课程实施的重要工具之一。通过互联网等网络资源，学生可以查阅相关资料、观看教学视频、参与在线讨论等活动提高学习效率。同时网络资源还可以提供丰富的教学案例和实验视频供教师和学生参考和学习。教师在教学过程中，还可以向学生介绍与课程相关的一些专业网站和资源，帮助学生和最新生物学进展接轨。

4）注重评价反馈

（1）多元化评价

多元化评价是生物学课程实施的重要保障之一。通过采用多种评价方式（如笔试、口试、实验报告、小组项目等）来全面评估学生的学习情况和发展水平。这种评价方式不仅能够客观反映学生的学习成果，还能够发现学生在学习过程中存在的问题和不足，为后续的教学改进提供依据。

（2）过程性评价

过程性评价是关注学生在学习过程中表现和努力程度的重要评价方式之一。在生物学课程中教师可以通过观察记录、作业检查、课堂提问等方式来了解学生在学习过程中的表现和进步情况，并及时给予反馈和指导，帮助学生及时纠正错误和改进学习方法。

（3）自我评价与同伴评价

自我评价和同伴评价是培养学生自我反思和批判性思维能力的重要方式之一。在生物学课程中，教师可以鼓励学生进行自我评价和同伴评价，让他们对自己的学习情况和同伴的表现进行客观评价并提出改进意见和建议。这种评价方式不仅能够促进学生的自我认识和自我提升，还能够培养他们的合作意识和团队精神。

5）关注个体差异

（1）差异化选课

在不同层面的生物学课程教学过程中，教师应指导学生根据自身的兴趣和实际情况来选择适合的学习内容和任务。这种教学方式能够确保每个学生都能够在原有的基础上得到最大限度的发展和提高。

（2）个性化指导

个性化指导是针对学生个体差异进行针对性指导的重要方式之一。教师可以根据学生的学习特点和需求进行个性化指导，帮助他们克服学习困难，提高学习效率。对于理解能力较差的学生，教师可以采用更加直观和生动的教学方式来帮助他们理解生物学概念和原理；对于实践能力较强的学生，教师则可以鼓励他们参与更多的科学研究活动，培养他们的实验技能和创新能力。

6）加强师资建设

加强师资建设是提高生物学课程教学质量的重要保障之一。教师应不断学习和探索新的教学方法和策略，以适应生物学课程教学的需要和发展趋势。学校也可以通过组织教师培训、引进优秀人才、建立激励机制等方式来加强师资建设，提高教师的专业素养和教学能力。除此之外，还应充分做好大、中衔接，积极邀请科研院所的领域专家作为校外导师，由校内导师和合作高校的指导教师共同指导，帮助有科学研究潜质的学生进行专业的深度学习、创新研究的训练和实践。

四、生物学课程评价

1. 评价标准

在生物学教学实施过程中，评价是不可或缺的一环。有效的评价不仅可以帮助教师了解学生的学习情况，更重要的是可以帮助教师有针对性地调整教学，以及帮助学生了解自己的学习情况，调整学习策略。不同层面的课程，根据各自的课程目标和课程定位，也需要根据不同的标准来进行评价。基础层面课程的评价要分别依据《义务教育生物学课程标准（2022年版）》和《普通高中生物学课程标准（2017年版2020修订）》来进行课堂评价。拓展和拔尖层面的课程主要发挥的是选拔的功能，这类课程的评价应不局限于对生物学科学习的评价，而是关注学生全方位的发展，即对生物学知识与能力、创新意识和能力、自学和探索能力、团队合作能力等方面的综合评价。

2. 评价原则

1）客观性原则

评价结果的真实可靠依赖于在评价前需确立清晰、可量化、可观察的评价指标。在进行评价时，要确保所有评价对象在同一标准下接受评判，减少主观随意性，确保评价结果的客观性和公正性。

2）全面性原则

评价标准应涵盖评价对象的所有重要方面，包括但不限于知识掌握程度、技能应用能力、情感态度价值观、创新思维与实践能力等。这些标准应相互补充，共同构成一个完整的评价体系。

为了确保评价的全面性，应采用多种评价方法相结合的方式，包括但不限于定量评价（如考试成绩、测验分数等）和定性评价（如观察记录、访谈调查、作品展示等），以及形成性评价与终结性评价的有机结合。通过多样化的评价方法，可以更全面地了解评价对象的真实情况。

3）发展性原则

评价内容应涉及评价对象的各个方面，包括但不限于学习过程、学习结果、学习态度、学习习惯等。同时，还应关注评价对象在不同情境、不同时间段内的表现，以获取更全面的评价信息。

4）多元化原则

评价主体应包括多个利益相关者，如教师、学生、家长、同伴等。他们的不同视角和经验可以为评价提供丰富的信息和多样的观点，有助于形成更全面的评价结论。

3. 评价方式

在生物学课程的实施过程中，所有课程的评价都将采用过程性评价和终结性评价相结合的方式来实现。

过程性评价以教师评价和自我评价为主；项目式和问题驱动式课堂的过程性评价因为涉及小组合作，所以还会同时进行同伴评价。在课程开始之前，教师会发放自评量表，学生可以对自己的学习过程、学习成果以及学习态度进行自我评价。通过自我评价，学生可以更深入地了解自己的学习情况，发现自己的优点和不足，并制订改进计划。同伴评价有助于学生从他人的角度了解自己的学习情况，同时培养学生的批判性思维和合作精神。

终结性评价的方式以教师评价和同伴评价相结合的方式进行。除了传统的纸笔考试或标准化测试，还更多地采用作品展示/项目汇报（PPT 和语言展示）和作品说明/项目报告（书面）的评价形式，以促进学生综合能力的提高。

4. 评价量表

1）过程性评价量表

过程性评价的师评和自评以评价生物学的核心素养的落实，即生命观念、科学思维、科学探究和社会责任为主要指标。其中，生命观念主要评价对生命现象和生物学的兴趣，对生命观念的理解和应用；科学思维主要自评尊重事实和证据，运用科学思维解决问题；科学探究主要自评观察和提问能力，实验设计和实施能力，结果分析和讨论能力；社会责任主要评价是否关注生物学问题对社会的影响，尝试解决生产生活中的生物学问题。过程性评价的师评/自评量表示例如表 4-4-6 所示。

表 4-4-6 过程性评价的师评/自评量表示例

自评指标	评价标准	自评等级 A	自评等级 B	自评等级 C
生命观念				
生命观念理解	准确说出现代生物进化理论的含义	完全符合	部分符合	不符合
科学思维				
问题解决能力	运用现代生物进化理论解释新物种产生的原因	完全符合	部分符合	不符合
科学探究				
实验能力	用数学的方法展示基因频率的定向改变	完全符合	部分符合	不符合
社会责任				
实际应用	运用现代生物进化理论解释生活中的现象	完全符合	部分符合	不符合

项目式和问题驱动式课堂除了教师评价和学生自评，应该更多地涉及小组合作，因此进行有效的同伴评价也非常重要。过程性评价的同伴评价量表示例如表 4-4-7 所示。

表 4-4-7 过程性评价的同伴评价量表示例

序号	评价标准	评价描述	评分（1~5分）
1	课堂参与度	学生在课堂上积极发言，提出问题或参与讨论	
2	实验操作能力	学生在实验过程中操作规范，能够准确、快速地完成实验任务	
3	对生物学知识的理解和应用	学生能够灵活运用所学知识解决实际问题，表现出对生物学知识的深入理解	
4	对生物学实验的探究和创新精神	学生在实验过程中能够提出新的想法或改进方案，展现探究和创新精神	
5	遵守课堂纪律和实验安全规范	学生在课堂上和实验中严格遵守纪律和安全规范，保障自身和他人安全	
6	与同伴的交流和沟通能力	学生能够与同伴有效沟通，分享学习心得和经验，共同进步	

2) 终结性评价

除了传统的纸笔考试或标准化测试,终结性评价还可以采用作品展示/项目汇报和作品说明/项目报告的评价形式,以促进学生综合能力的提高。

针对纸笔考试结果,教师应对学生在试卷中的表现进行评价并将结果及时反馈给学生。终结性评价的纸笔考试评价量表示例如表4-4-8所示。

表4-4-8 终结性评价的纸笔考试评价量表示例

序号	评价标准	评价标准描述	评分(1~5分)
1	知识掌握	学生准确掌握生物学基本概念和原理,能够正确回答相关题目	
2	理解能力	学生能够理解题目要求,对题目进行正确的解读和分析	
3	应用能力	学生能够将所学知识应用于实际问题的解决中,表现出较高的知识迁移能力	
4	分析能力	学生能够对题目进行深入分析,找出问题的关键点,提出合理的解决方案	
5	逻辑推理	学生的答案逻辑清晰,推理严密,能够得出合理的结论	
6	答题规范	学生答题规范,字迹清晰,卷面整洁,符合考试要求	
7	时间管理	学生能够合理安排考试时间,确保题目得到充分的解答	

针对作品展示/项目汇报的评价,应该由教师和其他同学(小组)共同完成。终结性评价的作品展示/项目汇报评价量表示例见如表4-4-9所示。

表4-4-9 终结性评价的作品展示/项目汇报评价量表示例

序号	评价标准	评价标准描述	评分(1~5分)
1	实用性	作品或项目是否具有一定的实用价值,能否在实际中发挥作用	
2	创新性	作品或项目是否有所创新,是否采用了新的材料、技术、方法	
3	科学性	作品或项目的执行过程和结果是否科学	

续表

序号	评价标准	评价标准描述	评分 （1~5分）
4	逻辑性	作品或项目汇报展示过程的语言或PPT内容是否符合逻辑	

针对作品说明/项目报告的评价，应该由教师和其他同学（小组）共同完成。终结性评价的作品说明/项目报告评价量表示例如表4-4-10所示。

表4-4-10 终结性评价的作品说明/项目报告评价量表示例

序号	评价标准	评价标准描述	评分 （1~5分）
1	内容完整性	是否全面覆盖了作品或项目的各个方面，包括背景、目标、实施过程、成果等	
2	结构清晰度	结构是否清晰，章节划分是否合理，逻辑是否连贯	
3	语言表述	语言是否准确、简洁、流畅，是否易于理解	
4	格式规范性	格式是否规范，包括字体、字号、排版、图表等	
5	可视化呈现	是否使用了适当的图表、图片等可视化工具来辅助说明	
6	创新性	是否在内容、结构或呈现方式上有创新之处，是否采用了新的方法或视角	
7	实用性	内容是否对读者有用，能否为后续实施提供有价值的参考	

5. 评价应用

在日常课程实施过程中，教师依据课程标准、学业质量标准和教学目标制订评价标准，并设计实践活动或具有挑战性的学习任务，制作适宜的评价量表等，最终实施评价，对评价结果进行反馈，进行教学改进。

五、生物学课程资源

1. 教师资源

北京一零一中学生物学科的教师资源由校内教师团队和校外教师团队共同组成。校内教师团队中，除了物理、化学、数学等交叉学科教师，以生物组的教师为主体。目前，学校生物组共有专职教师23名，其中博士后4名，博士9名，硕士 5 名,特级教师、市区级学科带头人、骨干教师共计 10 名,在高中期间曾获得过生物奥赛金牌的教师 1 名,获得奥赛银牌的教师 1 名。在国家课程的教学过程中,教师们教育教学功底深厚,教育教学成绩斐然;教师们擅长的生物学专业和领域又不尽相同,能够开发丰富多样的拓展类课程,有效地指导创新实验探究,以及带领学生冲刺全国生物奥林匹克竞赛。

近几年来,学校生物组与清华大学生命科学学院、清华-北京生命科学联合中心、北京师范大学、北京林业科学院生态保护和修复研究所、中国人工智能学会等科研院所建立了良好的关系,这些单位的科学家们也为学校的生物学教育提供了强大的师资支持。学校和清华大学生命科学学院合作的"ABE 科普项目",是清华大学生命中心于 2021 年引入的全球性中学生科普项目 Amgen Biotech Experience(简称 ABE)。北京一零一中学是国内第一所在高中生物实验室开展"ABE 科普项目"的中学。中国人工智能学会、清华大学脑与认知科学研究院与北京一零一中教育集团共建了脑认知与智能实验室。以清华大学生命科学学院副院长刘栋教授为代表的众多科学家都经常来校给学生开展讲座、参加科普活动,并指导学生做科研课题。

校内教师团队和校外教师团队形成了教育合力,为拔尖创新人才的孵育建立了科学高效的基地。

2. 其他课程资源

学校占地面积 20 万平方米,校内物种资源丰富,校园还毗邻圆明园遗址公园,为学生的宏观生物探索和实践提供了丰富的资源。学校除了建有常规生物学、化学等实验室,还拥有专业的分子生物学实验室、植物组织培养实验室、高清数字化显微观察实验室,这些实验室为学生进行分子、细胞等水平的研究提供了场所。学校还建有专门的试验田、温室大棚等供给学生做科学创新实验研究之用。另外,在中国人工智能学会、清华大学脑与认知科学研究院的支持下,学校还建有"脑认知与智能实验室",学生在学校就可以开展跨学科的创新科学研究。除此之外,学校还与中国科学院、北京大学、清华大学等科研院所和高校建立了良好的合作关系,在校内研究条件不具备时,学生可以到科研院所和高校开展参观学习和科研实践活动。

除了国家审定的、出版社出版的教材教参、专业书籍,学校教师在多年的教育教学实践中,结合本校实际撰写出了《创新的霞光》《生物科学探究》《课外校外活动辅导纲目》等校本教材,为生物学教学提供了充足的纸质教材资源。众多的生物学领域专业网络平台为生物学课程教学提供了丰富的电子资源。在教学过程中,教师们集体备课完成的教学设计、PPT、图像视频资料都在全组间分享,使生物学课程质量和效果的稳定性得以保证。

六、未来展望

科技创新是国家发展的核心动力，而拔尖创新人才是科技创新的重要源泉。拔尖创新人才在促进科技创新、经济发展等方面发挥重要作用，在文化传承、社会公益、公共服务等方面具有积极影响。国家需要培养具备社会责任感、公益意识、创新精神和实践能力的拔尖创新人才，以促进社会全面进步。为了满足这些需求，国家已经采取了一系列措施，如实施"中学生英才计划""强基计划""基础学科拔尖学生培养计划""拔尖创新人才培养计划"等，为拔尖创新人才的自主培养提供了良好环境。在中学教育阶段，我们应该致力于建立科学高效的课程体系来培养好拔尖创新人才的生力军。基于学校现有的生物学课程体系，未来我们继续深耕的方向包括：

1. 构建完善的课程体系

在现有的课程体系的基础之上，兼顾到生物学的不同领域及不同学生的知识能力基础和诉求，开发不同层次的、多元立体的生物学课程体系，提升全体学生的生物学素养，培养和选拔出生物学领域的拔尖创新人才。

2. 打造系列的精品课程

致力于现有精品课程的固化和新的精品课程的优化和打磨，力争打造一系列的生物学精品课程。除了不断提升生物学基础课程的教学质量，还可以在拓展层面和拔尖层面的课程上不断挖掘和更新可利用资源，摸索更有效的课程实施和评价方式，构建更加有阶梯、有质量、有规模的生物学课程群。

3. 形成优质的师资团队

为校内教师提供充足的学习机会，不断提升校内教师的教育教学和课程开发能力。校内的教师通过形成课程团队的形式，实现优质课程的传续和课程开发的群策群力。同时，积极和校外教师保持沟通，及时反馈内容诉求和学生需求，形成一种校内校外共同集备的模式，共同为拔尖创新人才培养护航。

4. 蓄积丰富的课程资源

积极固化现有优质课程资源，在未来的生物学课程的开发和实施过程中，有效地整理和保存课程资源，逐步形成北京一零一中学生物学课程资源体系。

第五节 信息技术课程实践创新与拔尖创新人才培养

一、背景分析

教育部部长怀进鹏在 2024 世界数字教育大会上作的《携手推动数字教育应

用、共享与创新》的主旨演讲中提道:"习近平主席指出,教育数字化是开辟教育发展新赛道和塑造教育发展新优势的重要突破口,要进一步推进数字教育,为个性化学习、终身学习、扩大优质教育资源覆盖面和教育现代化提供有效支撑。李强总理强调,要把握新一轮科技革命和产业变革新机遇,促进数字技术和实体经济深度融合。"国家鼓励将全流程数字技术融入国民教育的全过程,从基础教育到高等教育,从普通教育到职业教育,以增强教育发展新动能。要求强化数字化创新应用,加快推进数字化转型。这包括利用数字技术促进个性化学习、终身学习,扩大优质教育资源覆盖面和教育现代化,为支撑引领中国式现代化,实现联合国 2030 年可持续发展目标注入新动能。

1. 技术学科教育对拔尖创新人才培养的重要性

《国家中长期人才发展规划纲要(2010—2020 年)》和《国家中长期教育改革和发展规划纲要(2010—2020 年)》提出,要把建设人才强国与教育强国作为未来发展目标,培养造就一大批拔尖创新人才。拔尖创新人才在各个领域特别是科学、技术等领域有创新精神和能力,能为国家作出重大贡献,能代表国家在相关领域成为带头人和杰出人才。创新是一个民族进步的灵魂,是国家发展不竭的动力,拔尖创新人才是创新之本,培养大批拔尖创新人才是时代之需。

技术学科分为信息技术和通用技术两个类别,《普通高中信息技术课程标准(2017 版 2020 年修订)》中明确将"信息意识""计算思维""数字化学习与创新""信息社会责任"作为普通高中信息技术学科的核心素养,《普通高中通用技术课程标准(2017 版 2020 年修订)》中将"技术意识""工程思维""创新设计""图样表达""物化能力"作为普通高中通用技术学科的核心素养。技术学科不再仅限于工具使用层面的操作技能训练,正在转向面向人的全面发展,提升学生学会学习的品质,培养学生适应信息化时代的能力。

技术学科课程教学在拔尖创新人才培养中占据了至关重要的位置,这源于当今社会信息技术的广泛应用和快速发展。随着大数据、人工智能、区块链等技术的发展,掌握信息技术成为创新者必备的基本技能,这是他们今后进行科研创新的基础。技术学科课程还培养学生形成解决问题的思维模式,帮助他们学会如何分析问题、解决问题,这种思维模式是进行科学研究和技术创新的基础。同时作为一种能够连接不同领域的工具,技术学科课程对于学生了解不同学科之间的联系,促进跨学科融合与创新具有十分重要的作用。

总之,技术学科课程不仅培养了学生的技术技能,而且促进了学生的创新思维、跨学科知识融合能力和实践能力的提升,这些都是在当代社会培养拔尖创新人才不可或缺的要素。

2. 技术学科教育的意义与价值

进入 21 世纪后，时代飞速发展进入信息化，从无线上网到网上购物，从智能小家居到智慧大城市，从大数据到人工智能，随着科技的飞速发展，社会对技术人才的需求也在不断增加。企业更注重技能型人才，他们更看重的是工作技能和实际操作经验，强调的是听说、读写、计算、应用、实践五位一体的技能训练。这就要求我们的技术教育要紧跟社会的步伐，及时调整教育内容和方法，引导学生关注全球科技发展趋势，做好职业规划，提升自身技能，满足社会需求。

技术学科课程重视技能教育和实践操作的能力培养，在教育过程中倡导以学生为主体，注重实践能力和创新精神的培养。每个人都拥有一种内在的学习能力和潜力，通过恰当的教育方法和环境引导，都可以得到很好的发展。

在技术学科课程的教学中，强调学生的主体地位，通过课堂教学、实验实践、团队项目、线上学习等多种形式，让学生在实践中学习、在操作中认知，实现知识与技能的升华，将理论知识转化为实际应用能力。

技术学科课程教育注重将知识与实践相结合，强调学生的创新能力和实践能力的培养，满足社会对技术型人才的需求。同时，在教学中注重培养学生的自主学习和问题解决能力，使他们能够在未来的生活和工作中有效运用所学知识和技能，适应社会的发展变化。

3. 学校技术学科课程的基本建构

技术学科课程是国家规定的普通高中学生的必修课程，是基础的学习领域。技术学科课程在体现时代性、基础性和选择性的同时，还要有操作性、综合性、创造性、人文性和开放性，为学生的全面发展、个性发展建立技术课程体系，使之成为学生生命成长和自主求知的快乐课程。

1）课程内容

教育就是要办面向未来的教育与学校，在"重基础、层次化、生成性、系列化"定位指导下，北京一零一中学的技术学科已经建立了基本的"生态智慧"课程体系，包括国家课程和校本课程。其中国家课程以高中信息技术课程标准和高中通用技术课程标准为指导纲要，开设了"信息技术必修1——数据与计算""信息技术必修1——信息系统与社会""信息技术选修——人工智能初步""信息技术选修——开源硬件项目设计""信息技术选修——三维设计与创意""技术与设计一""技术与设计二"等多个模块的课程。

北京一零一中学建立了校本课程，对应学校的"三层八维"课程架构，涉及数学与逻辑、科学与技术、人文与社会、实践与活动等多个维度，这些课程有创意、有创造性，培养学生的基础能力，更培养拓展融通和实践创新能力。现有的校本课程有"信息学奥林匹克""人工智能初步""模拟飞行""先进与智能车辆创新实践课""创意设计""FABLAB奇思科创数制工坊""小米实验室智能家居与物联网开发"等多门课程。

2）课程结构

如图4-5-1所示，基础课程包含对应年级的全体学生必修的国家基础课程，即初一初二年级的信息科技和劳动技术，高一年级的信息技术，高二年级的通用技术，旨在培养学生的学科素养；拓展课程包含技术类相关选修课程、研究性学习和综合实践课程，例如高一选择性必修人工智能、网络基础、三维设计与创意、生态智慧农场开发与研究等，培养学生运用技术解决问题；卓越课程包含竞赛课程，例如信息学竞赛、创意设计、先进与智能创新实践等，着力点是学生的学业发展与职业选择。

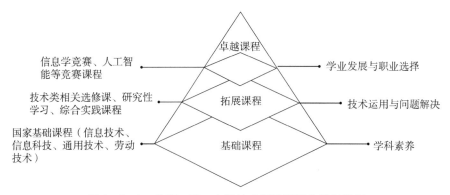

图4-5-1 北京一零一中学技术学科课程体系示意图

4. 技术学科课程建设的现状与未来发展

1）技术学科课程建设的基本情况

技术学科课程目前构建了一个初步的架构体系，涉及三个年级四个分项的所有国家课程都开齐，并依据初高中的课标，在选择性必修中选择部分课程开设，也开设多门拓展课程和卓越课程，为不同兴趣和能力的学生都提供了学习的机会。

学校的学生在全国青少年信息学奥林匹克联赛、亚洲和太平洋地区信息学奥林匹克、CCF CSP-J/S、丘成桐中学科学奖、iFLYTEK A.I.开发者大赛、全球头脑风暴DI总决赛等多项赛事中获得一等奖，多名学生分别升入清华大学、北京大学等院校。

2）技术学科课程建设现状分析

技术学科课程从优势上说，首先为学生提供了许多实践操作机会，使学生除了理解理论知识,还能从实践中获得能力;同时也培养了学生的跨学科学习能力,还有助于学生形成创新思维和创新精神。

当然技术学科课程也呈现出一些不足。科技发展日新月异,技术学科课程需要不断更新,以适应社会的发展需求,这对学校及教师的教材使用和教学方法提出了更高的要求。支撑这些教学内容需要教师具备较强的专业能力和实践操作能力,同时也需要专门的设备和材料,然而现在有限的资源会对课程建设产生一些影响。在课程的实践环节,不同学生的动手能力差异可能会较大,这对教师的教学提出了一定的要求,需要关注每一个学生的进度和理解程度。

北京一零一中学技术学科课程建设 SWOT 分析如表 4-5-1 所示。

表 4-5-1　北京一零一中学技术学科课程建设 SWOT 分析

内部 / 外部　战略	优势	劣势
	学校具有现代化的计算机教室、专业通用教室,配备人工智能、物联网等专业实验室,提供了优质的教学环境。教师具有专业的信息技术背景和良好的教学能力,能够有效传授知识,激发学生的学习潜能。不断更新的丰富多样的课程内容,增强了学生的学习兴趣。注重个性化教学,满足不同学生的个性化需求,增加学习的灵活性和主动性	时代发展速度加快,更新迅速,持续更新技术和专业设备可能难以做到。学生的基础和兴趣程度存在较大差异,对教学进度和效果造成一定影响。尽管理论知识教育得到重视,但学生面临的实践机会可能仍然有限,影响创新能力的进一步提高
机遇	SO 战略	WO 战略
随着科技的快速发展,拔尖创新人才的需求越来越大,为拔尖创新人才提供了广阔的发展空间。国际合作和交流项目的增多,为学生提供了接触国际前沿科技和培养国际视野的机会	现状为拔尖创新人才的培养营造了很大的空间,学校技术学科也和多所大学、科研院所建立了合作交流,把教师和学生送出去,既能让教师跟紧技术前沿,也能让学生接触到更先进的知识,选择参与适合个人的培养项目	中学教师接触前沿知识往往比大学和科研院所的专家慢,把握住合作交流的机会,就能化解这种困局。同时,学生在这些交流项目的合作中,可以自由选择适合自己的项目,还能亲自实践参与,对于创新能力的培养有极大促进

续表

挑战	ST 战略	WT 战略
拔尖创新人才的培养越来越受到重视，各国和地区在这一领域的竞争将日益加剧。技术的快速更新换代要求拔尖创新人才不断学习新知识，挑战在于如何快速适应技术发展的需求	教师的全力投入和学生的积极参与，对于拔尖创新人才的培养来说是一个很大的动力。技术学科对学生吸引力巨大，大量的学生愿意在技术学科的学习中同时融合其他学科，拓展跨学科的学习，增加自己的综合素养	技术学科的教学内容在各行各业中是广泛应用的，学生虽然兴趣和基础不一，但是学校能为学生提供多种不同的选择，掌握这些技能和学习方法，可以显著提升学生的就业竞争力，应对快速发展的时代的需求，使自己成长为拔尖创新人才

5. 技术学科课程建设的未来发展方向

课程建设需要应对社会发展和科学技术的进步，课程内容、教学方法、评价方式等方面都需要不断改革、探索与加强，这样才能培养具备一定技术素养的人才。

借鉴未来社会发展趋势，与时俱进地更新课程内容，为学生的未来学习和工作生涯做准备，不断增加学生学习的知识领域。课程建设中应更加突出实践的地位，提供更多的实践机会，鼓励学生通过创新行动解决实际问题。为学生建设开放的学习环境，构建开放、灵活、富有挑战性和趣味性的学习环境，优化学生学习体验。充分考虑学生的差异性，提供多元化的学习路径和自主选择空间，倡导个性化教学，培养学生的独立思考和自主学习能力。课程需要结合其他学科的知识，更多地进行跨学科整合，更好地服务于实际应用。

二、课程设计

1. 课程建设的依据

技术学科课程是面向全体学生的必修课。课程的实施使每一位学生经历必要的技术实践过程，形成必备的核心素养。高中学段以立德树人、以人为本为基本理念，强调学生直接体验和亲身参与，注重动手实践、手脑并用，知行合一、学创融通，倡导"做中学""学中做""创中学"。

技术学科课程的建设要遵循学生的发展规律，以学生的发展为本，教师需要从学生的年龄阶段、认知发展和技术兴趣等方面出发，设计适合学生发展的课程内容，以激发学生的兴趣和潜力；课程应具备结构性和连贯性，涵盖基础知识和技能，且课程内容之间能形成逻辑连贯；课堂不仅仅是教师讲授，还包含学生的实践、探究、创新等活动，以形成有效的教与学。

学生的学习是有意识性规律的，课程应深化学生对技术的理解，从而使他们能将所学知识应用到实际生活中，满足学生的知识需求和生活需要。同时也应兼顾学生的差异性，关注每一位学生的发展，提供多层次、多样化的教学活动。

2. 课程建设的原则

以社会主义核心价值观为导向，落实立德树人根本任务，突出技术素养的培养，全面体现课程标准的理念和要求，将技术素养的多个方面培养有机融合到实践活动中。学校的"生态智慧"课堂是在坚守自我教育理念的前提下提出的创新性课堂教学，同时走向核心素养的教与学，必须让学生经历真实的探究、创造、协作与问题解决，课堂要更加关注学科思想、学科品质，要有文化意义、思维意义和价值意义。指向让思维生长、审美层次提升的终极目标，课堂要寻找思维停靠点，课堂建构必须从传授知识、培养能力定位到"提升思维、启迪智慧、唤醒生命"的高度。

技术学科课程要把握新课程改革的动向与趋势，面向全体、关注差异、全面发展。技术学科课程建设要遵循以下原则：

1）技术育人

技术是人类文明的有机组成部分，也是经济发展和社会进步的重要推动力量。随着时代的发展，信息技术、新材料技术、新能源技术等新技术给经济与社会都带来了各种变化。学生通过技术学习，感受到日常生活中技术的存在，了解社会、生产与技术的联系；理性使用技术，以积极探究的态度利用所学技术更为广泛地参与社会生活，提高对未来社会的主动适应性。

2）创新与创造

技术的本质在于创造，技术学科课程是一门以创造为核心的课程。它通过信息的获取、加工、管理、表达和交流，通过技术的设计、制作和评价，通过技术思想和方法的应用及实际问题的解决，为学生展示创造力提供广阔的舞台，是培养学生创新精神和实践能力的重要载体和有效途径。

3）动手实践

技术学科课程立足于学生的直接经验和亲身经历，立足于"做中学""学中做"和"创中学"。技术学科课程以学生的亲手操作、亲历情境、亲身体验为基础，强调学生的全员参与和全程参与。学生通过观察、调查、设计、制作、试验等活动获得丰富的"操作"体验，进而获得情感态度、价值观以及技术能力的发展。

4）终身学习

终身学习能力是指人类个体经过学习和训练而具备的、一直到老年还在起作用的一种从客观环境中获取知识信息的能力。技术与终身学习密切联系，是终身学习的一个关键成分，它形成了终身学习的基础，它使学习者掌握学习经验，成为自我激励、自我指导、自我控制的学习者，学习者利用技术学习解决遇到的各种问题，懂得如何学习，能最终成为出色的终身学习者。

3. 课程建设的目标

1）育人总目标

发展学生的学科素养，注重知识和技能的传授，注重学生的综合能力和素质的提升，让学生具备我们生活中所需的技术知识，能够用科学的思维方式去解决问题。具备学科素养，学生进行实践创新，激发创新思维及问题解决能力，为学生的终身学习和未来职业发展奠定坚实的基础，同时致力于培养具有创新精神和实践能力的高级人才，以适应未来社会和科技迅速发展的需求。

2）分目标

（1）知识结构优化与创新能力培养

技术学科课程设计要求跨学科知识融合，旨在培育学生扎实的专业基础知识，同时具备宽阔的跨学科视野，融合其他学科的教学，如数学、科学、语文等，拓展跨学科学习的范围，增强学生解决复杂问题的能力。

（2）实践技能和创新思维训练

技术学科课程教学通过上机实验、实践操作、项目合作等多种实践活动，强化学生的实际操作能力和实践创新能力，培养他们面对新问题能够灵活运用所学知识进行解决和创新的思维能力。创新需要从传统思维中跳出，提倡学生从不同的角度去思考和解决问题，通过开放性问题和案例研究培养学生的创造性思维能力。

（3）团队协作与合作意识，培养国际视野

借助学校为学科建设搭建的平台，鼓励和支持学生参与学校与大学和科研院所的交流和合作项目，通过与不同文化背景的学生和教师的互动，拓宽国际视野，理解和把握全球化背景下的科技发展趋势。通过项目合作、团队竞赛等形式，加强学生的团队协作和沟通技能，为未来职场或研究工作中的有效协作做好准备。

（4）终身学习和自主学习能力

鼓励学生采用探究型学习方法，利用网络和各种信息资源，打破学生学习方式和对知识理解的局限，教师创设一个以学生为中心教师为主导的学习环境，学生能自己收集、检索、分析、评价、转发和利用信息进行学习，自主地参与到学习活动中，培养他们发现问题和解决问题的能力。

（5）正确价值观和社会责任感

坚持德育为先，落实立德树人，注重培育学生的正确价值观和社会责任感，使他们在追求科学技术创新的过程中，充分考虑到科技发展对社会、环境、经济等方面的影响，促进科技成果的可持续发展。

(6) 创业能力培养

创业能力是指学生要具备创业所需要的知识、技能和素养，能够发现机遇、创造价值并有效地管理资源。技术学科课程提供创业教育和创业实践机会，激励学生将创新思维转化为实际的创业行动，通过实践学习和体验，培养学生的市场意识、风险管理能力和团队建设能力。

4. 课程结构

技术学科课程应重视理论与实践的结合，注重基础和技能的培养，重视创新和探索。在课程设计上，应注重相关技术领域的跨学科整合，以增强课程的连贯性和实用性，更好地引导和满足学生的个性化学习需求（图4-5-2）。

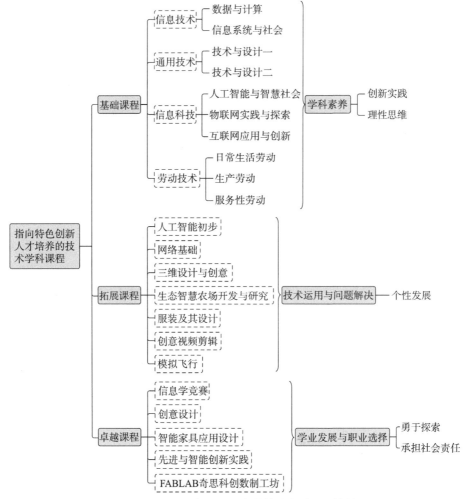

图4-5-2 北京一零一中学技术学科课程结构

5. 课程内容

北京一零一中学技术学科课程内容如表 4-5-2 所示。

表 4-5-2 北京一零一中学技术学科课程内容

基础课程	信息科技	人工智能与智慧社会	1. 互联网及其影响； 2. 互联网基本原理与功能； 3. 互联网创新应用； 4. 互联网安全
		物联网实践与探索	1. 从互联网到物联网； 2. 物联网基本原理与功能； 3. 物联网创新应用； 4. 物联网安全
		互联网应用与创新	1. 人工智能的基本概念与常见应用； 2. 人工智能的实现方式； 3. 智慧社会下人工智能的伦理； 4. 安全与发展
	劳动技术	生产劳动	1. 农业生产劳动； 2. 传统工艺制作； 3. 工业生产劳动； 4. 新技术体验与应用
		服务性劳动	1. 现代服务业劳动； 2. 公益劳动与志愿服务； 3. 服务性劳动的智能实现
	信息技术	数据与计算	1. 认识数据的重要价值； 2. 分析数据与信息的关系； 3. 强调数据处理的基本方法与技能； 4. 发展学生运用信息技术解决问题的能力
		信息系统与社会	1. 认识信息系统在社会中的作用； 2. 合理使用信息系统解决生活、学习中的问题； 3. 理解信息安全对当今社会的影响； 4. 安全守法地应用信息系统
	通用技术	技术与设计一、二	1. 技术及其性质； 2. 设计的全过程，技术与设计的关系； 3. 结构与设计； 4. 流程与设计； 5. 系统、控制与设计

续表

拓展课程	人工智能应用	1. 描述典型人工智能算法实现过程； 2. 搭建简单的人工智能应用模块； 3. 设计与实现简单智能系统的基本过程与方法
	网络应用	1. 熟练使用典型网络服务； 2. 解决生活与学习中网络问题； 3. 利用信息技术分享网络资源； 4. 具备网络应用安全意识
	生态智慧农场开发与探究	1. 使用基本农具和养殖用具，学会基本耕作和养殖方法； 2. 探究分析影响种植和养殖成果的各种因素； 3. 探寻提高耕种产量和养殖成效的方案
	模拟飞行	1. 学习通过计算机和摇杆，模拟飞行员视角控制飞机，完成规定的飞行任务； 2. 学习飞行原理，认识飞行仪表，探索飞行技巧
	三维设计与创意	1. 理解基于数字技术进行三维图形和动画设计的基本思想与方法； 2. 设计三维作品，发展科学、技术、工程、人文艺术、数学等学科综合性的思维能力
	创意视频编辑	1. 了解如何利用视频编辑软件； 2. 选题、策划、拍摄和剪辑短视频； 3. 进行短视频创作实践活动，提高创作能力
卓越课程	信息学奥林匹克竞赛	1. 理解利用算法进行问题求解的基本思想、方法和过程； 2. 掌握算法设计的一般方法； 3. 能描述算法，分析算法的有效性和效率； 4. 利用程序语言编写程序实现算法
	先进与智能车辆创新实践课	1. 理解汽车原理，发动机改造等； 2. 动手实践拆解发动机，看到内部构造； 3. 拓展汽车与智能车领域相关深度研究
	智能家居与物联网开发	1. 进行家居智能化的规划、设计、实现、测试、评价以及优化； 2. 提高物化能力，培养工程思维
	创意设计	能够理解基于数字技术进行设计的基本思想与方法，能够结合学习与生活的实例设计作品并发布，体验利用数字技术进行创意设计的基本过程与方法；创意设计方法的学习与应用，既有利于培养学

续表

卓越课程	创意设计	生的空间想象能力，也有利于发展学生科学、技术、工程、人文艺术、数学等学科综合性的思维能力
	FABLAB 奇思科创数制工坊	课题是基于生活中的问题展开，因此学生在学习过程中可以深入了解和解决实际问题；同时，实际问题的存在也会让学生更加积极地投入学习中，提高学习的主动性和参与度

三、课程实施

1. 课程实施的基本思考

1）聚焦核心素养，构建高品质课程体系

教师认真研读新课标的内容和新课程的理念，围绕技术学科课程的核心素养，注重学科知识体系的健全连贯，从基础、拓展、卓越三个方面创设拔尖创新人才培养的金字塔课程体系，构建高品质课程，同时促进大、中衔接，进行课程合作，整合课程，进行课程的拓展，提升学生自主探究能力。

2）适应时代变革，培养学生的实践性和创新性

技术学科课程的核心是实践，需要为学生提供大量的动手操作机会，让他们有机会亲自运用理论知识去解决实际问题，提升实践技能。同时鼓励学生在实践中发扬创新精神，敢于尝试、敢于挑战，这不仅可以锻炼他们的问题解决能力，更能激发他们的创新精神。

3）实现个性化教学，促进学生个性化发展

尊重学生的差异性，每个学生的学习兴趣和能力都有所差异，因此在教学过程中，应尽可能满足每个学生的个性化需求，提供针对性的教学方法和资源。

4）评价方式多元化，激励学生多元化发展

遵循学生为主，发展为本，重在过程，重在素养的原则，采用多元化的评价体系，可以考查学生的理论知识，也重视评价学生的实践技能、创新能力、团队合作能力等全面素质。课程使用过程性评价、形成性评价、终结性评价等多种方式结合的评价模式。例如，学生各种作品的设计与展示，制作与交流，既促进课程成果的提炼，也培养学生的学习兴趣、意志品质、学科素养与社会责任感，促进他们多元发展。

5）从知识到素养，贯通培养拔尖创新人才

课程实施强调从"知识教育"向"素养教育"转变，关注学生核心素养的

培养，关注学生学习兴趣开设多元课程，通过实践教学提升学生实践能力和动手能力，通过推动技术学科课程与其他课程的交叉融合，让学生在实践中培养创新思维，拓宽视野，成为复合型人才。

2. 课程实施原则

技术学科课程应遵循基本原则和教学目标导向，旨在培养学生的技术应用能力、创新能力和终身学习能力，有利于提高教学质量，使学生能够充分掌握知识，提升解决实际问题的能力，为未来的学习和工作打下坚实的基础。

1）以学生为本

技术学科课程应关注全体学生的全面发展，以学生的兴趣和需求为出发点，关注每位学生的个性化发展，提供适应个体差异的学习路径和方法，满足他们的多样化需求，尊重他们的个体差异，让所有的学生都可以从中受益，积极引导和激发他们的学习兴趣，尊重他们的学习方式和节奏，培养他们的自主学习和批判性思维能力。

2）理论与实践相结合

强调理论与实践相结合，鼓励学生通过动手操作、项目制作、问题解决等形式，将理论知识应用于实际情境中。通过结合实践，将理论知识转化为实际能力，帮助学生在解决实际问题中提升技术素养。

3）多学科融合应用

促使学生将技术与其他学科知识相结合，通过跨学科的项目和问题解决，提升学生的综合应用能力。倡导合作学习模式，通过小组合作、同伴互助等方式，培养学生的团队协作能力和社会交往能力。

4）注重创新教育

技术学科课程应倡导创新精神，鼓励学生在实践中发挥创新，培养学生的创新意识和能力，锻炼他们的创新思维和创新能力，为学生的个性化发展和未来职业生涯奠定基础。在教学过程中，关注技术价值和技术伦理，引导学生树立正确的技术观，培养他们的社会责任感和公德心。

5）培养终身学习

教学过程中应不断收集学生的学习反馈，及时调整教学策略和内容，确保教学活动的有效性。通过反思和评价，帮助学生明确自己的学习目标和进步方向，调整优化学习计划和策略，促进学生的学习进步和全面发展。培养学生的终身学习能力，使学生意识到学习技术是一个持续的过程，鼓励学生主动探索和学习新的技术知识和技能。

3. 课程实施计划

基础课程面向全体学生，利用国家课程教学时间开展教学，初中学段一周1

课时，高中学段一周 2 课时。根据课程的内容设置，以及课程标准期望学生在完成课程后掌握的基本知识点、达到的相关能力水平，全面考查学生的知识理解、技能掌握以及价值观发展，使用适当的评估工具和策略，确保可以有效地反馈学生的学习成果。

拓展课程面向全体和部分学生，利用校本课程选修课、实践活动课或社团活动课时间开展，一周 1 课时。

卓越课程面向部分学生，利用英才学院或书院课程、社团活动等时间开展，更加灵活，一周 2～3 课时。课程内容建立在学生的认知水平、兴趣和动机上，评价方式也更加灵活多样。

技术学科课程群设置如表 4-5-3 所示。

表 4-5-3 技术学科课程群设置

课程层次	初一	初二	初三	高一	高二	高三	课程类型
基础课程	信息科技	信息科技/劳动技术		信息技术	通用技术		国家必修课程
拓展课程	模拟飞行/人工智能初步/生态智慧农场开发与研究	模拟飞行/人工智能应用/生态智慧农场开发与研究		模拟飞行/三维创意与设计	模拟飞行		选修课
	创意视频剪辑	服装及其设计		服装及其设计			实践课程
卓越课程		信息学竞赛					竞赛课程
		智能家居应用设计					
				先进与智能创新实践/FABLAB 奇思科数制工坊			
		创意设计		创意设计进阶课程			

4. 课程实施策略

技术学科课程的课堂以实践操作为主，鼓励学生积极参与课堂讨论，提出疑问，保持开放、平等、积极的教学氛围；鼓励实践操作，提供丰富的实践操作机会，切实让学生通过动手实践，将理论知识真正应用到实践中。

技术学科课堂的教学方法是多元化的，可以采用小组讨论、项目式学习等教学方法，激发学生的学习兴趣，根据学生的兴趣、特长、能力等方面提供个性化的学习方案，让每个学生都能在技术学科课程中找到适合自己的学习方式。

1）创设情境

通过创设具有吸引力的、丰富多样、生动有趣的教学情境来激发学生的学习兴趣和探究欲望，学生能产生一定的情境反应，在学习中主动积极地建构学习。

例如，在通用技术置物架设计项目中，教师创设情境任务：订制版桌面置物架。

围绕高中通用技术学科核心素养来进行教学定位，从寻找用户开始，围绕用户真实需求进行定位设计，同时，在项目实施过程中又能很好地落实技术学科五条核心素养，即技术意识、创新设计、工程思维、图样表达、物化能力。技术意识具体表现在对榫卯结构这一技术文化的理解与适应。创新设计体现在对用户的需求进行充分的调研及换位思考，理解人、物品、环境的关系，感悟人机工程学等。工程思维表现在整个项目的运行过程中必须有一个很高的站位，从上往下俯视这个技术设计过程，通盘考虑，合理安排，运用系统分析的方法进行方案间的比较权衡和决策，整体考量各构件间的制作顺序，以及如何保障尺寸等，这些都是做之前需要统筹考虑的；同时，通过绘制按比例的斜二测图纸以及下料图等对意念中的技术对象加以描述和交流，不仅绘制出图纸，还要图纸具有交流能力，反向回来看图样绘制是否准确，标注是否合理。物化能力是展示小组成员将方案变成实物的能力，独立完成作品的成型制作、装配及测试，在这个过程中正确选择和使用工具、制作顺序的规划能力，以及良好的工作态度及习惯是完成规范作品的前提。

通过大项目贯穿必修一中技术设计的整个过程，学生从设计到制作到最后的评价（真实用户的评价、过程性评价），学习设计方法，学会做事情的方法，学会统筹考虑，锻炼意志品质，培养不放弃的精神。

2）数字化自主探究

利用数字化学习平台和资源，引导学生进行自主探究学习，强调学生的主体地位和教师的引导作用。通过数字化学习平台，学生可以更加主动地参与到学习过程中，开发潜能，培养自主探究能力。同时，数字化自主探究也注重教学环境与氛围的创建，以及学生动手能力和探究精神的培养。

3）项目式学习

采用项目式学习策略，鼓励学生围绕一个主题或问题，进行深入研究和探索。这种方式可以增强学生的实践操作能力，鼓励他们主动寻找解决问题的方法，并通过项目完成展示自己的学习成果。

例如，在"人工智能应用"课程中开展小项目"校园智能识别系统"。

【项目介绍】

北京一零一中学是个美丽的花园式学校，是生态智慧校园，校园里面可爱的

"小飞"也处处实现智能功能,它可以协助安保系统进行进入校园的人脸识别和验证,可以使用这张身份证在学校各处使用,例如图书馆、食堂等地;它可以对校外访客进行信息采集,授权活动范围,带领访客游览校园。

同学们,作为这个校园智能识别系统的设计者,我们来完成这项挑战吧!

【项目功能描述】

①校内师生(人脸识别)。

- 采集师生人脸信息,建立数据库;
- 学校门口:同学刷脸完成每日考勤;
- 图书馆:刷脸完成图书借阅、电子阅览预约机位;
- 食堂:刷脸付费吃饭;
- 英才学院:各个专业实验室由指导教师授权,刷脸进入;
- 体育馆:刷脸预约场地借用、器材借用;
- 四宜书屋:刷脸买书和咖啡。

②校外访客(人脸识别、语音合成)。

- 预约采集访客人脸信息,建立数据库;
- 学校门口:访客刷脸确认身份进入校园;
- 校园各处:根据访客来访原因,安保部门授权访客在校园内的活动范围;
- 校园各处:如访客对校园不熟悉,由"小飞"陪伴访客进行校园语音导游。

校园智能识别系统如图4-5-3所示。

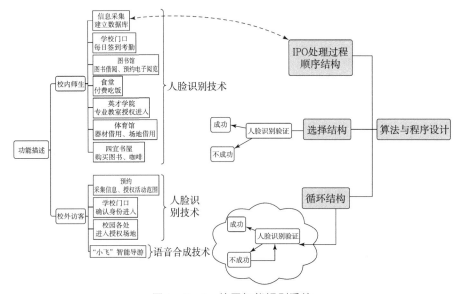

图4-5-3 校园智能识别系统

4）翻转课堂

通过翻转课堂，将传统的课堂教学模式转变为学生在课外先通过视频、文档等材料自学新知识，然后在课堂上进行深入讨论、实践操作和问题解决。这种方式可以有效提升学生的自主学习能力和课堂参与度。

5）混合式学习

结合线上学习和线下教学的优势，通过线上平台提供课程资源、作业提交和反馈等服务，与线下的面对面教学相结合。这样可以为学生提供更灵活多样的学习方式，同时利用线上资源丰富教学内容。

6）合作学习

项目式学习多以团队开展，鼓励学生进行团队合作，培养他们的协作能力，能在团队中发挥自己的优势。对于学生的评价以多样化展开，除了常规的笔试，还应对学生的实践能力、创新能力、团队合作能力等进行综合评价。鼓励学生通过小组合作的方式进行学习，通过小组内的讨论、协作完成任务等方式促进学习效果。这种方式可以培养学生的团队合作能力和沟通交流能力。

7）创新实践

设立特定的实践活动或挑战项目，鼓励学生运用所学的知识和技能解决实际问题，或者进行科技创新实践。通过参与这些活动，学生可以增强实际操作能力和创新能力。

例如，在 Python 程序设计海龟绘图模块中，设计项目活动为自主设计窗花，这个项目的完成既让学生合作学习共同完成，同时又让学生自主创新设计图形图像，通过程序实现的图形图像效果，能引发人们对数字化工具的现实应用和创造性的思考。

项目活动：①窗花设计；②自由设计（说明主题）。

项目活动要求：①运用 Python 中 Turtle 绘图等设计并编写代码，完成一幅创意画作品；②编写代码的过程中，合理运用顺序、选择以及循环结构，可定义函数辅助绘图；③每两人一组，协作完成；④最终需提交源代码".py"文件以及运行生成的图样截图，若为交互式项目，提交一次运行结果截图。

8）个性化学习

根据学生的兴趣、能力和需求，提供个性化的学习路径和资源，使学生能够按照自己的节奏和兴趣进行学习。通过使用智能化教学软件和平台，可以为每位学生量身定制学习计划。

例如，在高一的信息技术课堂上就开始使用 OMO 学习平台，学生在这个平台上可以获取教学资源、提交作业、小组讨论等，在课上课下均可以使用，非常灵活，学生完全可以实现个性化的学习（图 4-5-4）。

图 4-5-4　OMO 学习平台

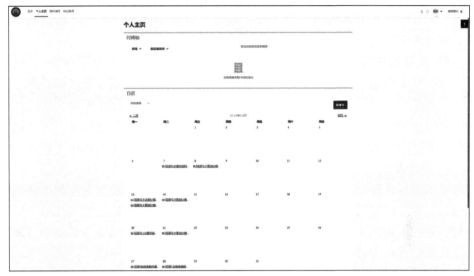

图 4-5-4　OMO 学习平台（续）

四、课程评价

1. 评价原则

技术学科课程的评价要对保证教学质量以及促进学生的全面发展起到关键作用，确保日常的教学评价活动得到贯彻和落实。

1）全面性原则

在评价过程中应树立全面观点，考虑教学的多方面因素，并从育人的整体发展功能出发，判定教学的综合性价值。评价应该考虑各个方面的表现，包括知识掌握、技能运用、情感态度以及实践探究等。评价标准要全面，尽可能包括教学目标和任务的各项内容，防止片面突出某一方面而忽视其他内容；把握主次，区分轻重，整体性评价不等于平均化，要抓住主要矛盾，从决定教学质量的主导因素及环节上进行评价。

2）过程性原则

评价应覆盖学习过程，包括平时的学习和实践表现，以及对学习过程的自我反思。教师利用评价过程和结果，发现学生学习的特点与问题，提出有针对性的指导意见，促进学生反思学习过程，改进学习方法。评价内容立足重点，关注各个学段的水平，真实完整地记录学生参与实践活动的整体表现。

3）发展性原则

评价应以学生的进步为重，关注学生潜力和可持续性，不仅关注学生的学习成果，还重视学生的学习过程、方法、情感态度等方面，鼓励学生体验、探索和实践，关注学生技术素养的发展变化。教师也应根据评价结果及时调整教学策略，以适应学生的发展需要。

4）反馈性原则

评价结果应用于改进教学效果，与学生及时沟通反馈，指导学生调整学习策略，促进他们的学习进步。评价反馈信息真实可靠，并且及时获取、传递和处理，既有明确的目的，针对学生的学习状况和教学目标进行指导教学，还能随时调整，对于学生的个体差异也有阶梯性的内容反馈，符合学生的认知规律。

2. 评价方式

技术学科课程评价主体主要包括学生自身、教师、同学及其他与教学活动相关的人。学生以实践活动为中心，以解决实际问题为目的，通过情境体验、问题研究、科技创新三大活动类型，培养技术素养。课程评价应以提高学生学习效果和优化教学过程为目标，实行多元评价，包括自我评价和互评等。

1）表现评价

以学生在课程中的实际表现为评价依据，如实践操作能力、技术解决问题的能力等。如例二（见附件）评价量表中，用 A、B、C、D 等级分项列出学生完成任务所应具有的技术设计的一般过程，包括实现技术意识、工程思维、图样表达、创新设计、物化能力等相关实践操作，用技术完成设计。

2）项目评价

如设定各种实践项目，以完成情况作为评价依据。如例一（见附件）评价量表中设置了主题评价和项目程序部分，学生根据相关评价项目检查是否完成相关项目要求。

3）自我评价

鼓励学生自我反思，自我评价，形成自我监控的良好习惯。如例一（见附件）评价量表中，学生根据教师列出来的评价标准自我进行衡量评价，反思是否完成目标、达成效果。

4）同伴评价

同伴间能相互学习，相互监督，从而更好地提升自己。如例一（见附件）评价量表中的分工合作部分。

评价方法主要是形成性评价和终结性评价，形成性评价包括学生的观察记录、实践操作、个人学习报告等，终结性评价包括学生的期末项目、课程成果等。

3. 评价量表

评价量表的设计应能够全面反映学生在理论知识、技能掌握和实践应用方面的能力。

考量的方面包括：理论知识掌握，如对核心概念和细节的理解；技能表现，如利用技术工具解决问题，进行实验或设计、创建项目的能力；问题解决，如识别问题，寻找解决方案，并实际应用这些解决方案的能力；创新思维，如是否具备创新思维，是否能独立思考和创造新的解决方案；探索能力，如是否积极参与课堂实践，是否长期保持对科技探索的兴趣和热情；团队合作和沟通，如学生是否能有效地在团队中工作，能否向他人清晰地表达自己的想法。

评价量表分为教师评价量表、课程评价量表、学生参与度评价量表、学习成果评价量表等，这些量表分别用于评价不同方面的教学效果和学生学习情况。

1）教师评价量表评价指标

教学目标：明确具体，符合新课程标准要求，切合学生实际，且能体现三维目标（双基、过程与方法、情感、态度和价值观）。

教学内容：讲授内容正确，无思想性、知识性错误，紧扣目标，重难点处理得当，且能正确合理、有创造性地使用教材。

教学手段与方法：适当、合理地运用信息技术等现代教学手段，选择讲授、讨论、实验探究等教学形式，教法科学、实用。

教师表现：使用普通话，语言准确流畅，板书工整规范，关注全体学生，注重对学生的情感激励。

2）课程评价量表评价指标

教学目标：评价教学目标是否明确、具体，是否符合课程标准和学生实际。

教学内容：评估教学内容的科学性、系统性和时代性，是否紧扣教学目标。

教学方法：考查教学方法的多样性和有效性，是否注重启发式和互动式教学。

教学过程：关注教学过程的组织、管理和调控，是否流畅、有序。

教学效果：评价学生对知识的掌握程度、能力的发展情况，以及情感、态度和价值观的变化。

3）学生参与度评价量表评价指标

主动参与：学生积极回答问题、提出观点或参与小组讨论的情况。

专注力：学生在课堂上保持注意力的集中程度。

互动能力：学生与教师之间以及同学之间的互动情况，包括分享想法、合作完成任务等。

课堂参与质量：学生提问和回答问题的质量，是否能引发有意义的讨论。

任务完成能力：学生按时完成课堂任务和课后作业的情况。

自律和纪律：学生遵守课堂纪律，如不打扰他人、不迟到早退等。

思维能力：学生在课堂上的批判性思维和创造性思维能力。

合作与团队精神：学生在团队中的协作能力和分享态度。

4）学习成果评价量表评价指标

主题性：学习成果主题明确，积极向上，能表达作者的思想。

可观测性：学习成果通过可靠的评估方法进行测量和观察，提供可量化的数据。

完整性：学习成果完整，根据不同课程内容有不同的展示方式。

【附件】

例一：Python 程序设计海龟绘图模块创意设计评价量表。

项目活动评价量规				
评价指标	评价标准描述			分项评估结果
	优秀（80～100 分）	良好（60～79 分）	需努力（0～59 分）	
主题明确 （10 分）	项目活动——创意画中选择的"窗花设计"或"自由设计"，主题确定。设计的图形图像有明确表达，通过程序实现的图形图像效果，能引发人们对数字化工具现实应用和创造性的思考	项目活动——创意画中选择的"窗花设计"或"自由设计"，主题确定，但设计的图形图样表达不够明确，通过程序实现的图形图像效果，对于引发人们对数字化工具现实应用和创造性的思考效果一般	项目活动——创意画中选择的"窗花设计"或"自由设计"，主题界定模糊，对于引发人们对数字化工具现实应用和创造性的思考上没有表现	
分工合作 （30 分）	小组内有明确的分工与合作计划；小组成员积极主动地开展合作学习，解决问题，完成项目，善于从同伴或其他组同学处取长补短；积极进行讨论交流，为项目实施提供有价值的建议	小组内有分工，但不明确，作品的制作主要是组内一个同学完成；小组内有同学能参与讨论交流，但主动性和在团队中的贡献价值不高，交流内容对项目实施起到的参考价值一般	小组内没有明确分工；小组内同学不能合作，有同学完全不参与项目活动	

续表

项目活动评价量规					分项评估结果
评价指标		评价标准描述			
		优秀（80~100分）	良好（60~79分）	需努力（0~59分）	
项目程序（60分）	内容表达与功能实现（20分）	图样反映的内容立意正面，项目设计方案、算法描述等内容完整	图样反映的内容立意正面，项目设计方案、算法描述等内容基本完整	图样反映的内容立意有问题，项目设计方案、算法描述等内容缺失	
	技术性体现（20分）	巧妙设计算法绘制图样，关注了算法效率；编写Python程序并进行程序优化，代码风格简洁，易于维护，成功运行程序	能设计算法基本完成图样绘制，但算法效率不够高效；编写的Python程序不够优化，代码风格不太简洁，不太便于维护，程序运行基本成功	图样没有通过设计的算法实现，仍需要修改完善；编写的程序多次调试，仍不能成功运行	
	艺术性体现（20分）	设计的图样美观，色彩和谐，图形搭配以及叠放层次分明合理，反映出较高的艺术性，创意独特	设计的图样比较美观，色彩比较和谐，图形搭配和叠放层次没有太大的问题，图样设计比较有创意	设计的图样过于简单，没有任何创意，色彩搭配不太和谐	
小组自我评价结果总计						
教师评价结果总计						

这个量表中融合了学习成果评价、学生参与度评价。

例二：通用技术置物架设计项目评价量表

评价目标：亲历技术设计的一般过程［有意识、会思维、能绘图、能识图、能按需设计、能物化（技术意识、工程思维、图样表达、创新设计、物化能力）］。

评价内容：

①对设计过程的评价（要求学生回顾和运用之前的设计知识、操作技能，重新审视自己所做的一系列工作，展开批评与自我批评，在辩证的思考中提升自身

运用知识解决问题的能力）；
②对最终作品的评价：依照设计原则中确定评价原则（实用、美观、工艺）；
③依据用户的设计要求进行评价（回顾最开始的设计需求）。
评价方式：
①设计者自我评价：PPT 汇报；
②他人的评价：用户及同班同学；
③师评：教师通过学生展示的过程性资料，以及所学所感所悟等情况，再结合实物作品和整个项目过程中学生的学习态度、工作习惯等，在所有人汇报结束后给出总评成绩。

评价结果：参考海淀区实践操作表成绩单的 40% 给予 A 等级，剩下的部分再分成 B、C、D 三个等级。

	分值	作品成绩评定细则
作品成绩评定说明（通过看到的实物及图纸回推到习惯态度思维等）	满分 A 等级分数 $85 \leq A \leq 100$	评为 A 等级的要求： （1）作品能很好地实现其设计功能（实用性）； （2）作品外表完整，符合设计尺寸的要求（图样表达）； （3）构件制作精良，符合设计要求（工艺）
	B 等级分数 $70 \leq B < 85$	评为 B 等级的要求： （1）作品能实现其设计功能； （2）作品外表完整，基本符合设计尺寸的要求； （3）构件制作符合设计要求
	C 等级分数 $60 \leq C < 70$	评为 C 等级的要求： （1）作品基本能实现其设计功能； （2）作品完整，基本符合设计尺寸的要求； （3）构件制作基本符合设计要求，构件虽有断裂或缺损，但经过修复完善后对设计功能基本没有影响
	D 等级分数 $0 < D < 60$	评为 D 等级的要求： （1）作品不能实现其设计功能； （2）作品未完成，或与设计尺寸不相符； （3）构件与设计图不相符，或构件有明显的断裂和缺损，并未做修复改进处理，对设计功能有明显影响

这个量表中融合了学习成果评价、学生参与度评价。

4. 评价应用

评价不仅仅是一个评估学生学习成果的工具，更是一个促进学生学习、提升教学效果的过程。通过评价的定期反馈，教师能够了解学生的学习情况，及时调整教学方案，满足学生的学习需求。同时，学生也能了解自己的学习进度，明确学习目标。通过项目评价或实践评价，鼓励学生进行科技创新和实践探索，培养他们的实际操作能力和解决问题的能力，学生更加自信。

合理的评价方式能够调动学生的学习积极性，不断的自我评价和反思有助于提升学生的学习效果。以信息学奥赛课程为例，使用在线测评系统是进行评价的方式之一，学生通过及时测评系统的及时反馈，在第一时间知道习题是否做对，学习任务是否完成，养成了很主动的追逐学习任务的习惯。

通过确保教学评价和教学目标的一致性，可以更有效地促进学生的学习。例如，"智能家居与物联网开发"课程，教学目标是让学生对智能家居有较深入的了解，可以实现家居智能化的规划、设计、实现、测试、评价以及优化，在评价的时候重点考查学生呈现的作品效果，而不仅仅是理论知识的掌握程度。

五、课程资源

1. 教师资源

技术学科课程在实施的过程中，教师资源的配置和利用十分重要。

第一，校内的教师队伍。现有老中青三代教师，有高级教师6人，一级教师3人，区级学科带头人3人，区级骨干教师3人，参与教师均有丰富的一线教学和课程开发经验，有教科研经历。

第二，充分利用大学、科研院所的教师资源。例如"先进与智能车辆创新实践"课程与北京理工大学合作，"智能家居与物联网开发"课程与小米公司合作，"信息学奥林匹克竞赛"课程与中国科学院计算所合作，这些课程均请到大学、研究所、公司开发部门等教师、专家来授课。

第三，教师资源还包括对校内教师的连续性教育，为教师提供持续的专业发展和学习机会，如教育研讨会、教学研究、教师培训等，以适应不断更新的技术发展。

另外，学校也提供教学技术支持，提供硬件设备以及教学软件工具的培训，帮助教师能高效地利用当前的数字化教学工具。购买丰富的教学材料资源，包括教科书、实验教材、数字媒体资源等。

2. 课程资源

目前可以使用的课程资源包括以下几种：

纸质资源：教科书、校本教材、参考书、工作手册、实验指导书等，是基本的教学辅助工具，目前教师教学和学生预习复习都在使用。

数字资源：在线课程、教学视频、网络讲座、电子图书、多媒体教学材料、虚拟实验室、互动软件等，学生在课堂上和自主学习的时候都可以使用。

学校资源：学校为技术学科课程建立上课教室9间，另外为高端拔尖课程创建实验室2间、劳动场地3块，各种工具设备能让学生在校内环境下进行实际动手操作。

专家资源：学校聘请的大学、科研院所的教师、专家能为学生授课，利用他们丰富的专业知识和经验，为技术学科课程的教学提供更加专业和实际的视角。

社会共享资源：大量的社会共享资源能让学生参加社会实践的平台、各种比赛、考察研究活动等，有助于学生将所学理论知识与实践相结合，进一步提升技术素养。

目前学校与清华大学合作建立智能无人系统实验室，实验室主要由无人机、无人车为主的硬件系统和编程教育系统两大模块构成。以无人机、无人车为核心智能硬件载体，学生通过系统地学习硬件组装、操控系统，并搭配Scratch/Python/C++等编程语言系统学习，实现硬件与软件完美结合的智能控制，最终不仅可获得飞行表演、课题任务研究、任务执行、多机互动等多种学习成果，而且在无人机/无人车操控类比赛、国内外青少年科创类、电子设计类比赛以及未来高校学习阶段奠定扎实的基础。

与同济大学合作建立全球数制工坊——FABLAB网络，基于美国麻省理工学院媒体实验室（Media Lab），全球网络中国第一家。没有技术经验的学生在课堂上也能创造出很多令人印象深刻的产品，如为鹦鹉制作的网络浏览器，收集尖叫的盒子，保护女性人身安全的配有传感器和防御性毛刺的裙子等。可以制造任何想要的东西，可以实现随心所欲的个性化需求的目标，成为FABLAB萌芽的创新研究理念。

与北京理工大学合作建立"先进与智能车辆技术创新实践基地"，与北京理工大学机械与车辆学院合作，通过开设机械工程、车辆工程和能源动力工程课程，带领学生了解最新车辆相关领域的科技前沿。同时，激发学生的学习兴趣，启发创新意识，提升综合实践能力，增强爱国情怀。该课程采取联合培养的模式，通过北京理工大学机械与车辆学院的专业教师指导，联合学校教师，进行专业知识、专业实践和创新竞赛的模块教学。

与小米集团签约建设"创新智能实验基地"，在小米打造的AIoT平台上，学生可以像搭积木一样实现软硬件开发，能像工程师一样进行智能家居的产品设计与实现。

与中国科学院计算技术研究所签约建设"芯片与计算思维创新人才培养基地"，实验室将开设普及性和项目式两套并行的课程。普及性课程在初中阶段开展，通过系统课程，从进制、逻辑、组合逻辑、时序逻辑等集成电路必要知识，普及集成电路及工艺的基础理论，学习集成电路设计思维、流程和设计方法，提高对集成电路产业的认知。项目式课程在高中阶段开展，学生掌握 FPGA 运行环境及运用 FPGA 设计芯片的过程及实施，掌握 Verilog 语言的简单语句及运用。在此基础上，采用导师制、课题式的培养模式，提高中学生发现问题、解决问题的能力，培养学生的批判性思维、勇于探究的科学创新精神，引发学生对行业的深入思考。

六、未来展望

未来的技术学科课程要更加注重实际、创新、个性化和全人教育，以更好地适应社会发展，培养学生的综合素质。

未来的技术学科课程要更加注重实践性，基于"动手学"的理念，将在课程中融入更多实践的内容，通过实验、项目设计、社区服务等方式，让学生有机会将技术应用到实际问题解决中。

随着科技的不断发展，新的教学模式如在线教学、翻转课堂、MOOC 等将更常见，这为个性化学习、灵活学习提供了可能，学校也将适应这种趋势，在教学模式上进行多样性的改变。

在未来，技术学科课程内容会不断更新，必须更多地包括新兴技术和发展领域，如人工智能、大数据、机器人技术等。同时更强调与其他学科的融合，通过跨学科的视角去理解和应用技术，培养学生全面的技术素养。

学生的素养在逐步提高，技术学科课程的受众群体也会越来越广，要让更多学生的参与进来，鼓励学生参与课程设计、项目构建等活动，提升其主动学习、创新思考、解决问题的能力。

在知识掌握、技能应用的同时，随着技术的发展和应用，对技术伦理的关注也越来越重要，技术学科课程的设计需要更多地涵盖技术与社会、技术与环境、技术与伦理等方面的内容，引导关注学生人文素养的培养。

第六节 地理科学课程实践创新与拔尖创新人才培养

一、背景分析

1. 地球科学教育的意义与价值

地球科学，国际七大基础科学之一，是以地球系统的过程与变化及其相互作用为研究对象的基础学科。它主要包括地理学、地质学、地球化学、大气科学、海洋科学、空间物理学，以及地球系统科学、地球信息科学等新的交叉学科，是一门理论性、应用性都很强的自然科学。

学习和研究地球科学对正确认识自然界、建立辩证唯物主义世界观起着重要作用，对整个自然科学的发展也具有促进作用。地球科学领域蕴含着大量前沿科学和高新技术，当代自然科学的一些重大基本理论问题，如天体的起源、生命的起源等问题，最后得到解决也离不开地球科学的研究。地球科学教育不仅让学生掌握基本的地球科学知识，也有助于培养学生的数理基础、综合思维和创新探索能力。

在中学，地球科学的教学主要是通过地理课程来实施的，各部分内容在初高中地理教学中基本上会有所体现，少数内容也会涉及与物理、化学、生物等学科知识的交叉融合。在课程改革与高考改革的大背景下，随着《普通高中地理课程标准（2017年版2020年修订）》《义务教育地理课程标准（2022年版）》的出台，地球科学教育的内容也得到了较大的扩充。从初中到高中，学习内容由浅入深，由表象感知到归因探究与思维拓展，符合学生的认知与成长规律。此外，地理学是研究地理环境以及人类活动与地理环境关系的学科，对于解决当代人口、资源、环境和发展问题，建设美丽中国，维护全球生态安全具有重要作用。

地球科学在拔尖创新人才培养中起着举足轻重的作用，地球科学丰富的知识体系和实践研究，能够培养学生的观察力、分析力和解决问题的能力。地球科学的研究方法和思维方式也有助于培养学生的科学素养，掌握科学研究的基本方法。历史进展到21世纪，利用地球科学的知识和技术基础，更好地协调人与自然的关系，满足社会经济发展需要，让人类更好地生存和发展，已成为地球科学研究的重要任务，地球科学的重要性也随着新时期经济社会的快速发展而变得更加突出。因此，学好地球科学，学好地理，对于学生核心素养的培育、全面而有个性的发展，对于地球科学拔尖创新人才的培养，对于国家和社会的未来发展，都是非常重要的。

2. 学校地球科学课程的基本建构

北京一零一中学地球科学的教育目标是培养具有较高地球科学素养的人才。为实现这一目标，在学校"三层八维式"整体课程结构的基础之上，地球科学初步建设形成三层金字塔形，有利于学生科学素养提升与拔尖创新人才培养的开放性课程体系（图4-6-1）。

在地球科学课程体系中，基础层面课程是全体学生必修的国家基础科学课程，主要是指地理课程，包含地质、地貌、大气、海洋、生物、环境、天文宇宙、地理信息技术等基础内容，也包括物理、化学、生物等学科课程中与地球科学相关的内容，主要培养学生的地球科学文化基础与科学精神，提升人地协调观、区域认知、综合思维、地理实践力等学科核心素养。拓展层面课程有天文、气象、地质、水环境等选修课，以及研究性学习、社团活动、综合实践课程等，

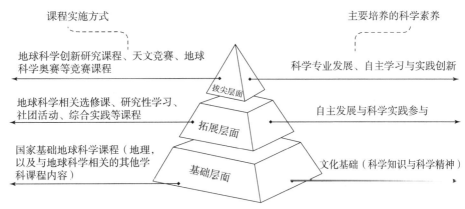

图 4-6-1　北京一零一中学地球科学课程体系（现状）示意图

是面向全体学生的可自主选择的拓展性地球科学课程，主要培养学生的自主发展与科学实践参与素养。拔尖层面课程主要面向部分热爱地球科学的拔尖创新人才，如天文奥赛、地球科学奥赛主要面向在这些方面有特长的学生，拔尖课程主要面向对地球科学创新研究有兴趣、有潜质的学生，主要培养学生的科学专业发展与实践创新素养，对应国家"培育具备科学家潜质的青少年群体"。基础层面课程主要由学校地理教师团队实施，后两个层面的课程则由校内外地球科学相关教师自主开发和实施。

基础层面、拓展层面、拔尖层面的课程既层层递进，又彼此融通，可满足不同层面学生的需求。借助此课程体系，全体学生的地球科学素养可得到较好的提升，有兴趣有潜质的地球科学拔尖创新人才也易于脱颖而出，得到更好的成长和发展。

3. 地球科学课程建设的现状及未来发展

1）地球科学课程建设基本情况

经过多年的探索和实践，学校的地球科学课程体系建设逐步成熟。在校内外教师的共同努力下，各项课程顺利开展和实施，并已初见成效。北京一零一中学是国际地球科学奥赛中国赛区的发起单位，天文社团被评为北京市金鹏科技团天文分团，气象站被评为全国气象科普教育基地示范校园气象站。学校学生在各项地理统考中均取得好成绩，部分学生在"地球小博士"、气象知识竞赛、天文竞赛、地球科学竞赛、科技创新大赛等比赛中也屡获佳绩，拔尖创新人才培养成效突出。例如，林子轩、郭京松等同学在 IOAA、IAO、APAO 三大国际天文学奥赛中获得 5 枚金牌、2 枚银牌；张及晨、田茗羽同学因在地球科学方面的创新研究，先后获得"明天小小科学家"奖励活动一等奖和北京市科技创新市长奖。从学校毕业后，林子轩同学升入北京师范大学天文系（现为清华大学天文系博士),张及晨同学升入美国加州大学圣塔芭芭拉分校物理系(现为香港中文大学天体物理博士),田茗羽、郭京松分别考入北京大学地球空间科学学院和物理学院。

2)地球科学课程建设现状分析

目前,学校地球科学课程建设的优势突出,但也存在一些问题,SWOT 分析如图 4-6-2 所示。

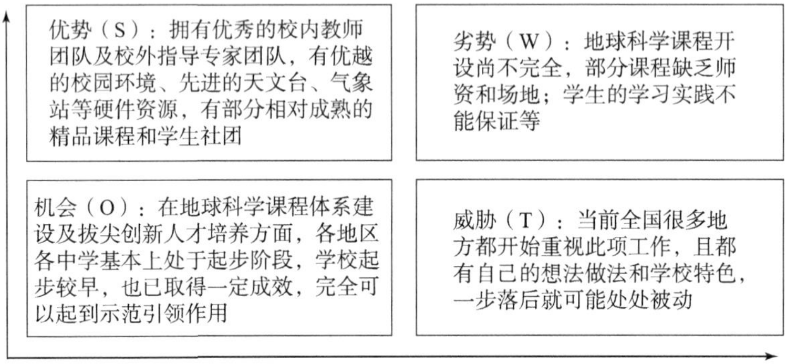

优势(S):拥有优秀的校内教师团队及校外指导专家团队,有优越的校园环境、先进的天文、气象站等硬件资源,有部分相对成熟的精品课程和学生社团

劣势(W):地球科学课程开设尚不完全,部分课程缺乏师资和场地;学生的学习实践不能保证等

机会(O):在地球科学课程体系建设及拔尖创新人才培养方面,各地区各中学基本上处于起步阶段,学校起步较早,也已取得一定成效,完全可以起到示范引领作用

威胁(T):当前全国很多地方都开始重视此项工作,且都有自己的想法做法和学校特色,一步落后就可能处处被动

图 4-6-2 北京一零一中学地球科学课程建设 SWOT 分析

3)地球科学课程建设未来发展

未来,学校将以拔尖创新人才培养为目标,继续完善地球科学课程体系,构建有一零一特色、有鲜明时代性和实用性的地球科学课程群。充分利用校内外资源,补充缺失的课程门类和内容,有效促进学科交叉融合,提升教师专业水平。适时推出一批精品特色课程和特色活动,固化特色成果,并在教育集团各校区推广应用。

二、课程设计

1. 课程建设依据

1)学科发展的需求

地球科学不仅探索地球起源、演化和发展趋势,而且为人类认识、利用和改造自然提供科学知识、认知途径和研究方法。随着科学技术的不断进步和人类社会重大需求的日益增长,当前地球科学已进入地球系统科学研究的新阶段,成为指导人类社会可持续发展的科学基础。面对世界科技进步日新月异,学生成长环境深刻变化的现状,地球科学拔尖创新人才培养面临新挑战。为深入实施科教兴国战略、人才强国战略、创新驱动发展战略,完善国家创新体系,建设科技强国,地球科学课程必须与时俱进,适应高校对地球科学人才早期培养的要求。

我国是全球地貌和气候最多样、复杂的国家，为了坚持绿水青山就是金山银山的理念，坚持尊重自然、顺应自然、保护自然的原则，我国实施可持续发展战略，构建生态文明体系，推动经济社会发展全面绿色转型，建设美丽中国。因此，将地球科学领域的重要科学思想和研究成果纳入中学地球科学课程，使之体现时代特点，适应社会需要，服务国家战略。

2）拔尖创新人才培养的需要

地球科学作为研究地球及其演化的学科，为我们理解自然世界提供了坚实的基础。在拔尖创新人才的培养过程中，地球科学不仅提供丰富的知识体系和理论框架，更通过实践和研究，培养学生的观察力、分析力和解决问题的能力。

地球科学在解决人类面临的资源、环境等全球性问题上发挥着关键作用。通过地球科学的学习和研究，学生可以深入了解地球资源的分布、形成和利用，以及环境变化对人类社会的影响。这有助于培养学生的全球视野和责任感，激发他们为解决全球性问题贡献力量的热情和动力。

地球科学的研究方法和思维方式对于培养拔尖创新人才具有重要意义。地球科学注重实证、观察和推理，强调科学精神和创新思维的培养。通过学习地球科学，学生可以掌握科学研究的基本方法，培养独立思考和创新的能力，为未来的科研和职业发展奠定坚实的基础。

综上所述，地球科学在拔尖创新人才培养中具有不可替代的作用，它不仅能够提供丰富的知识和实践机会，更能够培养学生的全球视野、责任感和创新能力，为国家的科技进步和社会发展贡献人才力量。

3）学校课程体系的重要组成部分

当今，创新在我国现代化建设全局中居于核心地位。未来如何面向世界科技前沿、面向经济主战场、面向国家重大需求、面向人民生命健康，国家需建立完善的创新体系来应对众多难题。北京一零一中学以深入实施科教兴国战略、人才强国战略、创新驱动发展战略为宗旨，秉承着"培养未来卓越担当人才"的育人目标，以"生态智慧"教育理念为指导思想，创新建设地球科学课程体系。地理组根据多年地球科学课程教育经验，从学生多元发展和个性化需求的角度，与多方资源单位建立合作，将自主研发的地球科学课程纳入国家课程、地方课程和校本课程深度融合的学校"三层八维式"课程体系。

在此基础上，积极探索青少年阶段拔尖创新人才的成长规律和培养模式，深入分析未来拔尖创新人才的核心素养与科学素养，营造科学的学术氛围，激发学生的学习兴趣，最大限度地满足学生探索科学的愿望，为拔尖创新人才的早期培养奠基，厚植学生的科学基础，强化学生的创造力，发掘学生的潜能，培养学生的科学思维。

2. 课程建设的原则

1）科学性与实践性相统一

地球科学特色课程是基于地球科学原理与实践的校本课程。课程内容以地球科学学习和实践为主题，在学生的实践活动中向学生传授地球科学知识，培养地球科学技能，树立科学研究的态度和正确的价值观。科学性与实践性相统一，是课程开发的生命线。

2）基础性与多样性并重

地球科学特色课程是以培养学生核心素养为目标的校本课程，教学内容和教学技能应围绕学生作为一名未来具有一定地球科学素养的公民展开。课程内容涵盖地理学、天文学、气象科学、地球物理学、地质学等多个领域，以拓展学生的视野，具有多样性。

3）经典性与时代性并重

课程内容选取教学中涉及的相关地球科学领域的基础课程、拓展课程和项目培养课程与竞赛课程构建地球科学课程体系，地球科学经典知识分类分重点呈现。在实践活动的选择上，也着力体现自然环境与社会经济环境变迁、现代科技发展及未来发展趋势，这有助于学生了解、感受周边日新月异的变化，激发他们对家乡和地球环境的热爱与探索，因此课程具有时代性。

4）系统性与选择性并重

与科研院所建立共同体，开门办学，实现实验室课程系列化、课程建设系统化的目标。加强学科素养的培养，重视知识间的关联性和系统性，这样才能让人才有长足的发展潜力。课程设计开放与包容，关注重大科学前沿与国际热点问题，学生根据不同的兴趣需求，有选择地进入相关团队进行项目式学习研究，使人才有机会、有选择地进入科研院所的课题中，真正地参与其中学习实践。

5）普及性与拔尖性并重

只有地球科学课程顶层设计充分，才能实现地球科学人才培养的高质量、高效率。设置课程普及地球科学中的人类生存与可持续发展中的资源供给、环境保护、地质灾害防治等相关知识。与高校科研院所密切合作，深入学习地球科学与技术，真正帮助有潜质的学生向下扎根，科教协同，共育英才。通过共建科研基地，打造科技后备人才储备基础，创造条件，培养具有团队协作、创新意识、创造能力和创新精神的拔尖创新人才。

3. 课程建设目标

1）建设目标

地球科学课程有助于保持学生对自然现象的好奇心，从亲近自然走向亲近科学，初步从整体上认识自然世界，理解地球科学、现代地学技术、社会与环境的关系，发展基本的科学能力，形成基本的科学态度和社会责任感，有助于提高学生的科学素质，促进大、中衔接，帮助学生建立整体、宏观的地空概念，形成地球科学思维方式，能够更好地适应未来的社会经济生活，并从宏观角度做出生涯规划和职业选择，为学生的终身发展及今后的地球科学领域研究奠定基础。

2）育人目标

课程是载体，承载着培养什么样的人，怎样培养人的重要使命。因此，课程必须落实立德树人根本任务，以社会主义核心价值观为统领，树立科学态度。学生通过学习地球科学课程，能够掌握地球科学知识与思维方法，形成地球科学观念与思维能力；掌握地球科学方法，具有探究与实践能力；具备地球科学创新意识，积极参与创新实践活动。

（1）树立正确的价值观和社会责任感

正确理解学生发展核心素养内涵，充分发挥课程整体育人的价值，坚持德育为先，具有正确的价值观和社会责任感，为学生的终身发展奠基。通过地球科学课程学习，学生应具有对自然现象的好奇心和探究热情；能大胆提出自己的见解，并基于证据和逻辑得出结论，实事求是；不迷信权威，敢于大胆质疑，追求创新；善于与他人合作和分享，包容不同的观点；热爱自然、珍爱生命，具有保护环境、节约资源、推动生态文明建设和可持续发展的责任感；能对与科学技术相关的社会热点问题做出正确的价值判断，捍卫国家利益。

（2）掌握地球科学方法与实践力

通过对大自然的观察、描述、取样论证、探寻成因，对人类社会现象的考察、分析成因、价值评判，学生可训练五感的感受力、想象力、激发好奇心，触动热爱、感恩、保护大自然的情怀；能够读懂自然，学会生存、防避灾害的本领；学习运用地图等基础工具解决现实问题的基本技能；掌握观察、实验、测量、推理、解释等地球科学方法；形成地球科学探究的意识，理解地球科学探究涉及提出问题、搜集证据、处理信息、得出结论、表达交流和反思评价等要素，具有初步的科学探究能力；具有地球信息科学技术应用能力。

（3）形成地球科学观念与思维

认识地球科学的本质，掌握地球科学知识，形成基本的地球科学观念，并能用于解释有关的自然现象、解决有关的实际问题。提升学生获取地理信息，观察、发现、提出并获取证据的能力，掌握分析与综合、比较与分类、抽象与概括、归纳与演绎、联想与想象、重组思维、发散思维、突破定式等基本思维方法在地球科学领域的具体应用；能合理分析与综合判断各种信息、事实和证据，运用证据与推理对研究的地理科学问题进行描述、解释和预测，具有一定的推理与论证能力；能对不同观点和方案进行质疑、检验和修正，进而提出创造性见解，具有地球科学创新思维能力。

（4）培养地球科学拔尖创新人才为国家战略服务

深刻领会"生态智慧"教育的核心理念，与中国科学院、各大高校进行战略合作，采用"开放、自主、多元"的培养模式，营造科学的学术氛围，注重科学素养与人文精神的融合，发掘潜能，积极探索青少年阶段拔尖创新人才的成长规律和培养模式。太空探索、地质勘探、遥感探测、大气运动、海洋资源、生态环境……地球和宇宙领域包含着大量前沿科学和高新技术，这些领域对人类发展至关重要，也吸引着青少年树立远大志向，在地球科学领域深耕探索。通过地球科学课程，让有潜力的学生脱颖而出，培养国家需要的地球科学方向拔尖创新人才，坚持中国特色，融合学科创新，推动中国的地球科学走向世界，实现人类社会可持续发展。

4. 课程结构

地球科学课程按照培养目标和课程难度，分为基础、拓展和拔尖三个层面；以学科基础课程为依托，按照课程时长和面向群体分为面向不同学段学生的课程和跨学段课程；按照课程性质分别纳入国家课程、选修课程、社团课程等学校不同类型的课程体系。学校在原三层金字塔形课程结构的基础之上，进一步完善建设形成新的地球科学课程结构（图4-6-3）。

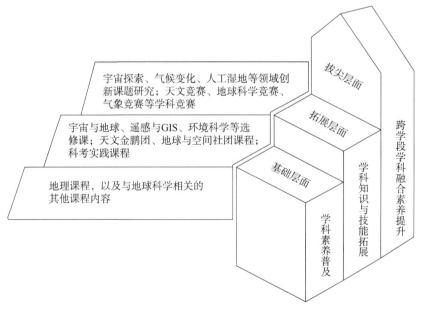

图4-6-3 北京一零一中学地球科学课程结构

5. 课程内容

地球科学课程旨在了解地球科学的基本概念、研究方法和发展历程。通过学习，掌握地球科学的基本知识，培养对地球科学的兴趣，为后续学习打下坚实基础。学校建设形成的具有三维属性的地球科学课程群，可以将目前的每一门课程都纳入该课程群下，如表4-6-1所示。

表4-6-1 地球科学课程群设置

课程层次	初一	初二	初三	高一	高二	高三	课程类型
基础层面	地理			地理			国家必修课程
基础层面	天文入门、地球科学入门			趣味地理实验			选修课程
拓展层面	身边的物候			校园地理实践 遥感与GIS 宇宙与地球等			选修课程
拓展层面						环境科学	选修课程
拓展层面	人文与科技概览			野外科考实践			选修课程
拓展层面	天文金鹏团、地球与空间社团等						社团课程
拔尖层面	小行星搜寻						创新研究课程
拔尖层面	天文宇宙探索、气候变化、人工湿地、小卫星研制等领域创新课题研究						创新研究课程
拔尖层面	天文竞赛、地球科学竞赛、气象竞赛、环境科学竞赛、地理知识竞赛、科技创新类竞赛						学科竞赛课程

1）基础层面课程

基础层面课程面向所有学生，旨在使学生了解地球科学的基本概念和发展历程，培养学生对地球科学的兴趣。基础层面课程包括地球科学的基本概念、研究方法和发展历程，掌握地球科学的基本知识，为后续课程学习打下基础。主要内容是阐述地球的基本结构，包括地壳、地幔、外核和内核等，介绍环境污染、生态破坏、资源枯竭等方面的原因、危害和防治措施，让学生了解到地球表层环境的重要性和脆弱性；在掌握基本的物理和化学知识以及实验技能的基础上，了解物质、能量、运动、力、声、光、电、磁等物理基本概念和规律，以及原子、分子、元素、化合物、化学反应、化学方程式等基本概念和规律，能运用所学知识解决实际问题；认识地球所处的宇宙环境，辨认常见的行星、星座，了解地球和太阳系演化等基础知识，初步学习使用天文望远镜和活动星图等天文工具。

2）拓展层面课程

拓展层面课程面向对地球科学感兴趣，拥有一定地球科学、数学、物理、化学基础的学生。课程内容是：在岩石、矿物、地层、构造等方面的进阶知识的基础上，学习地球内部的动力学过程，如板块运动、地震、火山等，帮助学生形成对地球的结构和构造的清晰认识，掌握地质学的基本理论和方法；在了解大气组成、结构、气象要素、天气系统、气候类型等气象学、气候学基础知识的基础上，深刻理解气象现象、天气现象和气候的形成和变化过程；在学习海洋组成、海底地貌构造、物理性质、化学性质、生物群落等内容的过程中掌握海洋学的基本理论和方法；认识全球气候变化、水土流失、沙漠化等环境问题，了解并应用环境地球科学的基本原理解决现实问题；了解地震、地磁、地电、地热等方面内容，掌握地球物理学的基本理论和方法；了解地球化学元素分布、同位素示踪、地球化学过程等，掌握地球化学的基本理论和方法；初步了解地球历史、地层划分、生物演化等方面的知识，了解地球历史与生命演化的基本原理；了解现代天文学的理论成果，运用数学、物理工具解决与天文、地球科学的相关问题，能够和团队一起完成天文观测和地球科学实践考察活动。

3）拔尖层面课程

拔尖层面课程面向经过选拔，拥有扎实的地球科学、数学、物理、化学基础，有意向更深入学习地球科学的学生。课程内容既有天文竞赛、气象竞赛、地球科学奥赛等竞赛课程，也包括多项有挑战性的内容，培养学生观察和分析地质现象的能力。例如：通过实践操作，使学生掌握地层单位划分和地层对比的技巧；利用地球的基本结构，理解地球内部构造的特点，培养学生运用地球物理学知识分析和解决实际问题的能力；运用图文表等相关工具分析不同的天气和气候、海洋、地球物理、地球化学现象；观察和分析地层、化石的野外实践能力；进行天文观测及数据处理的能力；具备保护地球环境、合理利用资源和防灾减灾的意识和行动能力。

通过以上递进式课程的学习，学生全面了解地球科学的基本概念、理论、方法和发展趋势，激发学习地球科学的兴趣，培养良好的科学素养、创新能力和实践能力，为我国地球科学事业的发展贡献力量。

三、课程实施

1. 课程实施的基本思考

1) 课程目标的确定——指向拔尖创新人才培养

科技创新驱动实质上是人才驱动。通过多种教育手段和培养方式,提升学生在地球科学领域的创新能力,加快培养国家急需的地球科学领域的拔尖创新人才。在中学教育阶段的培养体系中,应有课程实施的整体规划,为学生今后的地球科学研究学习打下坚实的基础。学科课程建设是素养发展的基石,是国家课程校本化实施的关键,是彰显学校精神和目标的载体。通过梳理学校的办学历史、资源优势、文化内涵,结合学校的地球科学教育传承、地球科学创新社团成果显著,与高等院校、科研院所合作密切等优势,开发了以地球科学为核心的校本课程体系。学校营造出拔尖创新人才早期培养的良好氛围,形成地球科学领域基础教育和高等教育的有机衔接。

2) 教学模式——践行"生态智慧"课堂

通过建设地球科学特色课程,可深化地球科学的学科研究与教学研究,积极探索地球科学教与学规律,探究人工智能与地球科学结合的教学应用,探索跨学科、跨领域、跨学段、跨平台的地球科学项目式学习。中学与高等院校、科研部门可合作开展地球科学课程与教学研究,端出"营养大餐"来满足地球科学拔尖创新人才培养的需求。

在教学模式的建构上,根据不同学生的学习层次和需求,优化教学结构,建设基础课程、拓展课程、竞赛课程与项目培养课程,形成三层课程体系,课程实现素养导向的教学设计。做好大、中衔接,构建地球科学大类教育和专业教育相结合的模块化课程结构。以国家课程为基础层面部分,选修课程作为拓展层面部分,既夯实基础,又启发学生自主拓展。地球科学创新研究课程与竞赛课程作为拔尖层面部分,以培养拔尖创新人才、提高学生核心素养为出发点和归宿。北京一零一中学地球科学课程教学逻辑如图 4-6-4 所示。

3) 课程资源建设

依托校园湖泊、山丘、丰富的动植物,以及天文馆、博物馆、清华大学、北京大学、中国科学院等不同层次的平台,设计开放性、特色化教学活动,鼓励学生进入地球科学综合研究平台开展基础性和综合性研究,开发一批与校本课程配套的学习手册,巩固课程建设成果,形成课程建设的资源保障,完成课程文化的建设与转型。

2. 课程实施原则

课程开发和梳理已有的各种校内和学校周边的地球科学教育资源优势,系统

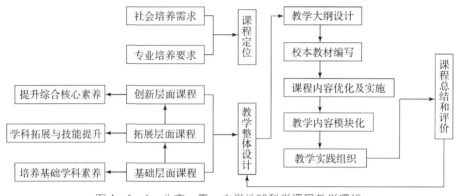

图4-6-4 北京一零一中学地球科学课程教学逻辑

性地建设了符合学校特色的地球科学课程体系,提高学校的地球科学教育能力和教师专业成长,最终服务于提高学生的核心素养。课程实施的原则有:

1) 思想性原则

以核心素养为导向,通过地球科学课程探索"五育"并举育人。突出育人特色,将德、智、体、美、劳五育渗透在课程开发与实施过程中,学科教育与育人有机结合。引导学生通过地球科学课程的学习,学会从地球科学的视角欣赏所生存的世界,认识到人类与自然环境和谐相处之道,在行动中培养学生的科学研究精神和科学研究方法,磨炼意志品质。

2) 系统性原则

满足拔尖创新人才的培养需求。培养学生发现问题、运用所学知识解决问题的能力,提升学生的地球科学核心素养和地球科学的专业知识与技能,为拔尖创新人才的科学研究之路打下坚实的理论基础与实践基础。以地球科学为基础,突出学科特色,兼顾通识教育和思想教育。课程引导学生观察、认识、探寻、解决真实情境中的问题,形成了自然、人文并重的课程体系。

3) 实践性原则

在地球科学领域的研究中,考察与实践活动是基础。实践是北京一零一中学课程体系的特色。在课程实施过程中,通过多种活动的设计,引导学生实地观察、测量,并对观察的证据、测量的数据进行推理、解释、分析、探究,引导学生在真实的情境中开展活动,在活动实践中获得知识与技能,提升核心素养。

4) 丰富性原则

丰富学校课程体系,设计开放性、特色化教学活动,强化学校办学特色。通过校本课程的建设和实施,提高学校发展的内在动力和自我更新能力,形成课程资源开发和整合的特色,也进一步验证校本课程的合理性、科学性和适应性。努力构建国家、地方、学校三级课程模式,强化办学特色。促进教师的专业化成长,提高课程研发能力。通过校本课程建设为教师专业化发展提供机会和平台,提高其课程意识和课程开发能力。通过教师角色的相应转变,发挥教师在教科研及教学中的主导作用。鼓励教师在科研中求发展,在科研中求创新,在科研中求成长。

5)创新性原则

拔尖创新人才培育体现的是一个持续发展的系统进程。拔尖创新人才成长有其规律,培养需要过程,需要各教育阶段的连续与发展,而且各个阶段也有其不同的侧重点。做好地球科学领域的大、中衔接,从多角度建设地球科学课堂,以培养拔尖创新人才为任务,建设面向未来的地球科学课程,让有潜力的学生能够尽早接触并步入地球科学研究。

6)引领性原则

推动学科基地校发挥辐射引领作用,以课程体系的构建推动学校的发展面向未来。通过地球科学特色课程开发,挖掘、开发一批适用于地球科学教学的课程资源,逐步形成可供在区域内推广的课程研发与教学的经验,进一步发挥地球科学学科基地校的辐射引领作用,扩大学科基地校在区域的影响力。

3. 课程实施计划

北京一零一中学地球科学课程实施计划如表4-6-2所示。

表4-6-2 北京一零一中学地球科学课程实施计划

课程	授课教师	教室	时间	面向群体	课时安排
天文入门	高志芳	一教101	周二第9节	初一、初二	18课时
趣味地理实验	金梓乔、张佩、邹奕淳	三教317	周四第6节	高一、高二	18课时
地球科学入门	段晨曦	一教102	周二第9节	初一、初二	18课时
身边的物候	王曼	一教103	周二第9节	初一、初二	18课时
校园地理实践	马贵鑫	三教306	周四第6节	高一、高二	18课时
遥感与GIS	张耀	三教307	周四第6节	高一、高二	18课时
宇宙与地球	范兰	三教308	周四第6节	高一、高二	18课时
环境科学	张雪	三教309	周四第6节	高二、高三	18课时
天文金鹏团	金梓乔	英才学院	不确定	全学段	不确定
地球与空间社团	范兰	英才学院	不确定	全学段	不确定

续表

课程	授课教师	教室	时间	面向群体	课时安排
人文与科技概览	高志芳	一教104	周二第9节	初一、初二	18课时
野外地理实践	姬泽佳	三教309	不确定	高一、高二	不确定
人工湿地	金梓乔、张佩	三教317	周五第9~10节	高一、高二	36课时
小行星搜寻	马贲鑫	天文台	不确定	初一、初二、初三、高一、高二	不确定
天文竞赛	金梓乔	三教317	不确定	全学段	不确定
地球科学竞赛	姬泽佳	三教317	不确定	全学段	不确定
气象竞赛	张耀	三教317	不确定	全学段	不确定
环境科学竞赛	张雪	三教317	不确定	全学段	不确定
地理竞赛	金梓乔等	三教317	不确定	全学段	不确定

4. 课程实施策略

地球科学课程注重以学生为中心，采用多元化教学方法，如项目式学习、案例研究、实地考察、模拟实验、探究学习等，强化理论与实践结合。同时，加强技术应用，整合数字教育资源、在线学习平台及跨学科资源，并融入地方特色，丰富课程内容，旨在激发学习兴趣，培养科学素养与综合能力，持续反思改进，以适应教育环境与学生需求的变化。以下我们用几个案例分别展示项目式学习、模拟实验和实地考察这几类教学策略的实施过程。

1）项目式学习

项目式学习作为一种深度且高效的教学策略，正逐步成为现代教育体系中的重要组成部分。它以学生为中心，通过真实的、跨学科的项目任务，引导学生在解决复杂问题的过程中主动探索、学习和应用知识，从而培养其批判性思维、创新能力、团队协作及解决实际问题的能力。

【案例】校园湿地的建设与整治

（一）课程背景

某学校位于圆明园遗址公园非主体部分，校内有多个人工湖，与外界不联通，水体更新很慢，导致近几年湖泊水质较差，校园水环境堪忧。当前，北京市正在积极推进"海绵城市"建设，该校也积极响应，开展校园湿地的建设与整治工作，并开设相关课程与实践活动。

(二)活动目标

(1)挖掘校园环境资源的课程价值,进行在地化教育。学生通过理论学习和实践活动,全面认知湿地生态系统。

(2)初步学习并动手操作校园湿地污水处理技术,增强动手实践能力,提升科研与创新思维。

(3)通过实践活动增强热爱学校、热爱家乡、热爱国家的情感,树立正确的资源观和环境观。

(三)活动内容与流程

本项目活动总体分为四个阶段,包括理论知识讲解、实验操作、工程实践和成果输出。在理论学习中,以城市与生态环境相关的最新热点问题为切入点,以提问和讨论形式共同探讨湿地建设相关理论知识及实验原理;在实验和实践活动中,以操作实验室装置、实地参观考察的方式让同学们参与到校园水环境研究和治理中。

学校结合校园湿地实际情况,设计了相关实践活动。比如,2021年3月底,学校湖泊中水绵爆发,学生们先检测了校园湖泊的水质,以了解湖水的环境问题,学生们亲手采集水样、检测水质。对于个别比较复杂的实验,则将样本送到北控的专业实验室,进行检测。为此,我们还组织学生到北控生态建设集团内部的专业实验室参观,学习和了解先进的生态治理方法和设备。

打捞校园湖中水绵

进行湿地水质净化实验

为了治理水绵问题,教师带领学生们阅读了大量相关文献,了解了治理水绵增长有化学、物理和生物三类方法。其中,化学方法要施用化学药物,可能会对湖水造成污染,直接被学生们排除了。学生们又通过实践尝试了其他两种方法。在经历了几次亲手打捞后,学生们切身体会到物理方法既耗时,又跟不上水绵生长速度,效果甚微。最后认定生物方法是更有效也更适合校园生态环境保护的治理方法。结论的得出是源于亲身的体验,正如陶行知先生所说,劳力劳心,亦知亦行。

在开展实地生态治理之前,首先要进行实验研究,在填料吸附创新性实验操作过程中,学生们的主观能动性得到了非常好的发挥,每个同学都动手又动脑,不仅是问题的发现和探索,甚至是实验材料的搬运、设备的搭建都是学生们亲力亲为,合作完成的。在当今这个物质条件日益富足的时代,劳动教育也显得尤为重要。再次印证我们的主题,劳力劳心,亦知亦行。

【案例分析】

在校园内,珍贵的湿地资源不仅是环境美化的瑰宝,更是自然生态教育的核心项目。本项目式学习以湿地资源的保护与研究为核心,旨在通过一系列精心设计的实践活动,引导学生深入探索湿地的多重价值,并亲自参与到湿地保护的实际行动中来。

项目初期,我们组织学生进行项目启动会议,明确学习目标——理解湿地的重要性、掌握湿地保护方法,并树立人与自然和谐共生的观念。随后,学生分组进行项目规划,制订详细的学习计划、时间表及任务分配,确保项目的有序进行。

该项目采用跨学科学习模式,鼓励学生将生物、化学、物理及艺术等多学科知识融入湿地保护的研究中。通过小组讨论、文献查阅等方式,学生自主学习相关知识,形成对湿地生态系统的全面认识,并尝试运用多学科知识解决湿地保护中的实际问题。

项目核心环节在于实地调研与体验。学生亲自走进湿地,进行生物多样性观察、水质监测等实践活动,亲身体验湿地保护工作的艰辛与重要性。同时,通过参与湿地生态修复项目,学生亲手种植湿地植物、设置生态浮岛等,将理论知识转化为实际行动。

项目末期,学生以多种形式展示研究成果,如海报、PPT、视频等。通过成果展示会,学生向全校师生及校外嘉宾介绍湿地保护的重要性、自己的研究成果及未来展望。这种分享不仅增强了学生的成就感,还激发了更多人关注湿地、保护生态的热情。

2)模拟实验

通过构建地理现象模型或利用虚拟仿真技术,让学生在安全、可控的环境中亲身体验地理过程。这种方法不仅直观展示了复杂的地质、气象、水文等现象,还激发了学生的好奇心和探索欲。学生在动手操作中观察、记录并分析数据,从而深入理解地理原理与规律。模拟实验促进了理论与实践的结合,培养了学生的观察、分析和解决问题的能力,是提升地理教学效果的有效手段。

【案例】黄河中下游的治理和开发

（一）第一部分：实验准备

(1) 明确实验任务，设计实验方案，制作实验报告单。

(2) 学生分组与分工。可以依据"组内异质，组间同质"的原则，对全班学生进行分组。小组长组织本组成员做好分工，明确任务。

(3) 准备实验材料。准备好透明塑料盒（两只）、斜坡面且承载力大的托架、喷水壶及双花洒（花洒带有调节水量的旋钮）、烧杯（两只）、土壤、草皮、铲子、清水、水管等。

（二）第二部分：实验实施

1. 环节一：寻沙

读黄河干流泥沙沿途的变化图，对比分析黄河各河段年平均含沙量和年平均输沙量的变化特点，说出黄河的沙主要来源于哪个河段。

2. 环节二：探沙

实验内容：水土流失对比试验。

实验器材：喷壶、量杯、打孔水槽、接水槽、土壤、人工草皮。

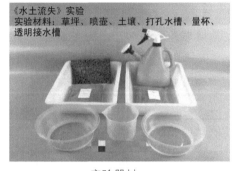

实验器材

分组实验：

(1) 土壤组：不同土质（沙土和壤土）对水土流失的影响。

实验步骤	把沙土和壤土分别放入打孔水槽，堆积坡度相同，用喷壶分别在土堆上相同位置、相同高度慢慢喷淋，让水流至接水槽内，将接水槽内的水倒入量杯中，观察量杯中的颜色差异
实验记录	
实验分析与结论	

(2) 降雨组：不同的降水强度（暴雨和小雨）对水土流失的影响。

实验步骤	将土壤分成两份，分别置于两个打孔水槽中，堆积坡度相同，用喷壶分别在土堆上相同位置、相同高度以不同强度喷淋，让水流至接水槽内，将接水槽内的水倒入量杯中，观察量杯中的颜色差异
实验记录	
实验分析与结论	

(3) 坡度组：不同坡度（陡坡和缓坡）对水土流失的影响。

实验步骤	将土壤分成两份，分别置于两个打孔水槽中，但堆积的坡度不同，一个坡陡，一个坡缓，用喷壶分别在土堆上相同位置、相同高度慢慢喷淋，让水流至接水槽内，将接水槽内的水倒入量杯中，观察量杯中的颜色差异
实验记录	
实验分析与结论	

(4) 植被组：水土流失与地表植被的关系。

实验步骤	将土壤分成两份，分别置于两个打孔水槽中，堆积成相同的坡度，在其中一个水槽中铺上一层人工草皮，用喷壶分别在土堆上相同位置、相同高度慢慢喷淋，让水流至接水槽内，将接水槽内的水倒入量杯中，观察量杯中的颜色差异
实验记录	
实验分析与结论	

(三) 第三部分：实验总结

1. 环节三：治沙

分组讨论：请结合黄土高原水土流失的原因及危害，梳理下面词条中治理黄河中游和下游的措施。

加固黄河大堤	疏浚河道	退田还湖
修建大型水利枢纽	修建梯田	植树种草
裁弯取直	矿山修复	科学监测、及时爆破

2. 环节四：爱护母亲河

(1) 根据课本 51~53 页的图文资料，结合实验结论，分析黄河中游水土流失的原因。

(2) 结合所学知识，制作保护黄河重要性的宣传海报。

【案例分析】

在探索自然界那些既抽象又跨越广阔时空的地理奥秘时，真实的自然过程往往遥不可及，难以直接触及与体验。地理模拟实验教学将这些复杂概念化繁为简，转化为触手可及的直观体验。以上案例中，还创新性地融合了"定性观察"与"定量分析"的双重维度。

实验伊始，我们构建了一个高度仿真的水土流失情境模型，通过精心设计的

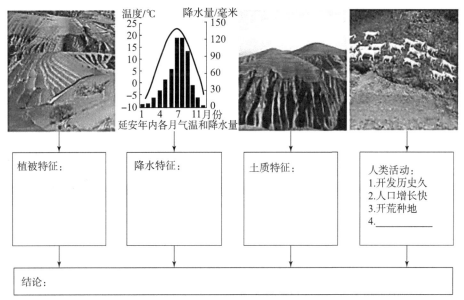

课本 51~53 图文资料

实验装置，模拟不同自然条件下的水土流失现象。这一策略旨在激发学生的好奇心与探索欲，引导他们从问题出发，思考水土流失的成因与影响。

鼓励学生亲自动手操作实验，通过调整变量（如坡度、植被覆盖、降雨量等），观察并记录水土流失的变化情况。在此过程中，学生被分为小组，共同讨论实验方案，协作完成实验任务。这种合作探究的方式不仅加深了对实验现象的理解，还培养了学生的团队协作能力。

引导学生运用测量工具准确记录实验数据，并学会运用统计方法进行数据分析。通过对比不同条件下的实验数据，学生能够定量地评估各因素对水土流失的影响程度，从而更加科学地认识水土流失的复杂过程。

在实验结束后，组织学生进行总结与反思，将实验观察结果与所学理论知识相结合，探讨水土流失背后的科学原理。通过教师的引导与点拨，学生逐渐构建起完整的知识体系，深刻理解水土流失的成因、危害及防治措施。

3）实地考察

将课堂延伸至自然与社会环境之中，让学生亲身体验地理知识的实际应用。通过组织参观地质公园、河流湖泊、气象站等地点，学生能够直观感受地形的起伏、河流的流向、气候的变化等自然现象。实地考察不仅加深了学生对地理概念的理解，还培养了他们的观察力、空间思维能力和环境意识。此外，这种教学方法还促进了学生之间的合作与交流，共同探索地理奥秘，增强了学习的趣味性和实效性。

【案例】灰峪—永定河河曲考察

(一) 考察注意事项

1. 考察出发前准备

(1) 初步了解活动路线、实地地图、地质图等相关资料。

(2) 提前准备罗盘、放大镜、地质锤、小白板、马克笔等野外教学实践工具。

(3) 所有成员穿长裤，带遮阳帽、饮用水、便携午餐等。

2. 乘车安全与要求

(1) 行车途中注意安全，系好安全带，不要把身体各部位伸出窗外。

(2) 车上与野外产生的垃圾放入垃圾袋中，回校下车时自己带走。

3. 考察过程中安全与要求

(1) 活动中服从统一管理，一切活动听指挥。

(2) 每一次集合解散，都需要讲清楚集合解散的时间地点，以免掉队。

(3) 考察活动均以小组为单位，禁止个人单独行动。过十字路口时注意来往车辆。

(二) 考察活动准备

通过授课或自学，了解活动相关知识：

1. 岩石和矿物

岩石圈的物质组成是岩石，岩石是矿物的集合体，矿物则是由元素及其化合物形成的。矿物和岩石构成了地壳物质的基础，是地质作用的对象。了解和研究地壳和岩石圈的地质作用，就必须了解岩石和矿物。

岩石是构成地貌、形成土壤的物质基础。岩石按照成因可以分为沉积岩、岩浆岩和变质岩，它们之间可以互相转换，使岩石圈的物质处于循环转变之中。

岩石可以由单一矿物组成，如纯净的大理岩是由方解石组成的，但是更多的岩石是由两种或两种以上的矿物组成的，如花岗岩就是由石英、长石和云母等矿物组成的。

2. 了解地层与地质年代

地质历史上一定地质时期形成的各种成层岩石和堆积物叫地层。如果说地球的历史像一本书，那么地层就是这本书里一页页的纸，而地质年代就是每页纸上的页码。要想了解地球的历史，首先就要学会读懂地层与地质年代。

地层的性质在一定程度上反映了地层形成时的地表环境。例如，石灰岩主要形成于浅海环境，页岩形成于静水环境。在未受剧烈构造运动扰动的情况下，先沉积形成的地层居下，后形成的地层居上，一层一层水平叠加。人们根据地层顺序、生物演化阶段、地壳运动和岩石的年龄等，把地球的历史分成宙、代、纪、世等时间单位，对应宇、界、系、统等不同的地层。人们把组成地壳的全部地层所代表的时代，总称为地质年代。

我们在野外观察到的地层却鲜有水平分布的，这是因为在后期的地质活动中，地层在地球内外力动力作用下发生了构造变形，这种构造变形使地层呈现出包括褶皱、断层在内的构造现象，研究这些构造现象对我们研究地层及其受到的动力作用大有帮助。

3. 了解河流地貌

河流是大陆外动力地质作用的最主要的形式之一，在河流的侵蚀、搬运和沉积过程中，大陆的地表形态不断地被改造。

河流的侵蚀作用及其趋势与河谷发育阶段有关。侵蚀作用可以分为底侵和侧侵，在河谷发育的早期阶段以底侵为主，形成V形河谷，而在河流从山地流到平原的出山口处，流速急剧降低，大量由河流所携带的碎屑沉积在河口处形成河口冲积扇。

河流在地势平缓地区的侵蚀作用以侧侵为主，河谷两岸一般发育较为宽广的冲积平原，河道呈现S形，河道的两岸按照形态的差异可以划分为凸岸和凹岸。而河流的底侵作用同样可以改变河谷的地貌特征，当陆地隆起或者侵蚀基准面降低时，在发育较好且具有平缓河床的地段发生新的下切侵蚀，河流开始改造其纵剖面，以使其适应于新的侵蚀基准面。当新的纵剖面接近于平衡曲线时，侧蚀作用和堆积作用大大加强，在河谷较低的地形部位形成新的漫滩。原来的漫滩保留在河岸的斜坡上，以陡坎的形式与新漫滩连接，成为河流阶地。

4. 了解罗盘、指南针、放大镜

初始水平地层在外力作用下发生变形，在野外要想更好地研究岩石与地层，少不了罗盘、地质锤、放大镜的帮助。

野外地质考察中用的罗盘可以发挥普通的指南针所起不到的作用，利用专业的罗盘工具，我们可以准确地测量地层的产状，从而更好地帮助我们了解野外地层的倾斜与构造关系，进而还原出这些地层原本的面貌。

地质锤是帮助采集标本的好帮手，它一般一头尖锐，一头粗钝。在野外观察中如果看见了有收藏、教学、纪念价值的岩石样品，可以在教师的指导下用地质锤采集岩石标本。

放大镜是帮助观察岩石细节的工具。对于一些质地细腻、颗粒细小的岩石，合理地利用放大镜可以帮助我们更好地观察岩石的自身特性，从而帮助我们了解不同岩石各自的特征并加以区分。

(三) 沿线考察过程

灰峪地区位于北京市门头沟区灰峪村军庄火车站附近，村落周边地质地层丰富，剖面清晰可见，村落南部一条永定河蜿蜒流过，是非常理想的自然博物馆。

1. 考察点 A：军庄火车站

该观察点位于军庄火车站以南 2 km 处的地层剖面处，有一处中基性岩墙后期侵入。

（1）观察这里的岩石特征。

（2）推测这些岩石的类型。

2. 考察点 B：灰峪采石场

该观察点位于灰峪村以北 1km 处，由于道路难以通车，一行人下车徒步前进，沿着山间下路来到了一处巨大壮观的灰岩地层横截面的下方。

（1）观察这里的岩石特征，推测此处岩石名称与类型。

（2）采集灰岩样品，与之前采集的砂岩比较，说明不同。

3. 考察点 C：永定河河曲

该观察点位于永定河的一处弯曲处，可在观景台处观察永定河的河流沉积特征。

（1）观察河曲实景，指出凸岸与凹岸。

（2）描述凸岸与凹岸的特征，分析其形成原因。

（四）活动总结与评价

（1）通过本次考察活动，学生们不仅加深了对地质构造、地貌特征、植被分布及地质历史等方面的理解，还学会了如何将理论知识与实际情况相结合，提高了地理实践能力。

（2）在考察过程中，学生们积极参与岩石识别、地貌观察等活动，锻炼了动手操作能力和团队协作能力。同时，通过与教师的互动和交流，学生们也提高了分析问题和解决问题的能力。

（3）本次考察活动激发了学生们对地理学科的兴趣和热情。许多学生表示，通过实地考察，他们更加热爱地理学科，并希望未来能够继续深入学习和研究。

【案例分析】

本案例巧妙融合了理论知识与实地考察的双重教学策略，旨在通过直观、生动的自然课堂，引领学生深入探索河流地质作用的奥秘、地貌演变的轨迹以及生态环境之间的微妙关系。

实地考察的首要优势在于其独特的情境沉浸感。通过亲临永定河灰峪地区的现场，学生们能够亲眼看见河曲的蜿蜒形态、触摸河流沉积物的细腻层次、观察阶地的层理结构，这些直观体验使原本抽象复杂的地理概念瞬间变得鲜活而具体。这种教学方式极大地激发了学生的学习热情，促使他们主动投入学习，加深了对地理知识的理解和记忆。

在实地考察中，我们不仅让学生观察现象，更要引导他们深入分析现象背后的科学原理。通过探讨河曲的形成机制及其与地壳运动的内在联系，学生们被引导去思考河流地貌随时间推移的动态演变规律。同时，结合河流的侵蚀、搬运和堆积作用的实际案例，学生们能够深刻认识到这些自然力量如何共同作用于地表，塑造出多样的地貌景观。此过程不仅拓宽了学生的知识视野，更激发了他们的探究精神和批判性思维。

实地考察不仅是知识的传递，更是技能的磨砺。在考察过程中，我们注重培养学生的地理实践技能，如使用地图和指南针进行定位和导航，进行科学的观察和记录等。这些技能的掌握不仅有助于学生更好地完成考察任务，更能在潜移默化中提升他们的科学素养和解决问题的能力。此外，实地考察还强调团队合作与沟通交流的重要性，通过小组协作完成考察任务，学生们学会了如何与他人有效合作、共同面对挑战。

4）案例研究

案例研究法是一种深入剖析特定案例或案例组，以揭示和解释其中的问题、现象、发展及原因，并可能建立概念模型或理论模型的研究方法。这种方法强调对研究对象的深度理解和全面剖析，通过详细描述和分析，为复杂现象提供有力的解释和理论支持。

【案例】探索东京都市圈的城市化影响与应对策略

（一）学习目标

（1）通过分析东京都市圈的应对策略，学生能够理解并倡导可持续发展的理念，认识到在城市化进程中保持生态平衡的重要性。

（2）学生能够运用地理综合思维的方法，全面分析东京都市圈城市化带来的多方面影响，包括经济、社会、环境等多个维度。

（3）学生对东京都市圈这一特定区域的地理特征、发展历程、空间结构等有深入的了解，能够识别该区域在城市化过程中的独特性和普遍性。

（4）学生能够运用所学的地理知识和技能，参与小组讨论、案例分析等实践活动，培养解决实际问题的能力。通过撰写策略分析报告等作业形式，学生能够将理论知识应用于实践，提升地理实践力。

（二）教学过程

1. 环节一：导入新课

教师活动：展示东京都市圈的卫星图或视频，简要介绍其作为世界级大都市圈的地位，引出城市化的话题。

学生活动：观看并思考城市化对一个地区可能带来的变化。

教师活动：利用PPT或板书，概述东京都市圈从早期到现代的城市化历程，重点介绍关键节点和标志性事件。

学生活动：跟随教师讲解，记录关键信息，初步了解东京都市圈的城市化轨迹。

2. 环节二：城市化影响分析

分组讨论：将学生分为若干小组，每组分配一个城市化影响方面（如人口集聚、资源压力、经济发展、空间结构等）进行深入探讨。

小组汇报：各组派代表分享讨论结果，教师适时点评，引导学生全面认识城市化对东京都市圈的多方面影响。

教师总结：强调城市化影响的复杂性和多样性。

3. 环节三：城市化面临的挑战

教师讲解：结合东京都市圈的实际情况，详细介绍城市化过程中面临的主要挑战，如人口老龄化、环境污染、交通拥堵等。

小组讨论：学生分组讨论，针对上一环节提出的挑战，提出相应的应对策略。

策略分享：各组派代表分享策略，教师引导学生从多个角度评估策略的可行性和有效性。

教师补充：介绍东京都市圈在实际操作中采取的成功策略，与学生讨论其优点和可借鉴之处。

4. 环节四：总结与展望

教师总结：总结本课内容，强调城市化进程中应对挑战的重要性及策略制定的科学性。

展望未来：引导学生思考未来城市化发展的趋势和可能遇到的新问题，鼓励学生持续关注并深入研究。

（三）教学资源

PPT课件：包含东京都市圈城市化历程、影响、挑战，以及应对策略的图表、图片和案例。

视频资料：东京都市圈的城市风光、交通状况、环境治理等方面的视频片段。

阅读材料：关于东京都市圈城市化研究的学术论文、新闻报道等。

（四）评估方式

小组讨论表现：观察学生在小组讨论中的参与度、思维能力和团队协作能力。

策略分析报告：要求学生撰写一份关于东京都市圈城市化应对策略的分析报

告，作为课程作业进行评估。

【案例分析】

东京都市圈的城市化进程是一个复杂而多维的案例，通过对其影响、挑战及应对策略的深入研究，我们不仅能够洞察城市化过程中的普遍规律，还能学习到具体的案例教学策略。这一研究展示了如何运用案例分析法，通过详细剖析东京都市圈的发展历程，引导学生理解城市化带来的多方面影响，如人口集聚、经济繁荣与资源环境压力等。同时，通过分析东京在应对挑战时所采取的策略，如多中心发展、交通网络优化和环保措施等，学生能够学会从实际问题出发，思考并提出有效的解决方案。这种教学策略不仅增强了学生对城市化理论知识的理解和应用能力，还培养了他们的批判性思维和创新能力，为未来的城市规划与管理工作奠定了坚实的基础。

四、课程评价

1. 评价标准

作为课程的一部分，课程评价使地球科学课程的各个部分有机结合为一个整体，有利于维持学生的学习动机，关注学生的学习过程，也使学生对自己的学习过程有清晰的认识。地球科学课程的评价既需要重视学业考试成绩，体现评价的选拔功能，也在积极开发和尝试新的评价方式。灵活使用不同的评价方法，发挥不同评价方式的优势，根据评价目标和评价内容选择适宜的评价方法，最终构建促进学生地球科学素养和能力全面发展的评价体系。

2. 评价方式

在地球科学课程实施过程中，除了传统的纸笔练习的评价方式，更多的课程采取过程性评价和终结性评价相结合的形式对学生进行评价。

过程性评价和终结性评价都在课程设计之初就确定好评价量表，利用评价量表开展师生互评和生生互评，多种评价形式相结合，呈现出最终的评价结果。而且评价量表和任务一起发给学生，确保评价量表可以为之后学生的学习提出明确的方向，帮助学生识别出自己需要进一步提高的方面，在教学过程中依据评价量表不断进行自我评价与反思，及时调整"教"与"学"的策略，使教学开展更加高效。

3. 评价量表

过程性评价关注学生的地球科学素养、交流合作和情感态度价值观等情况，充分体现学生主体地位。终结性评价鼓励小组同学展示方案或作品，着重表达出想法、设计的蓝图等信息，同时也以地球科学的概念和术语来支撑自己的解释。终结性评价的任务不仅有通过文字表达的表现性任务，如建议书、论文、考察报告等，也有学生制作的作品。完整的评价量表包括评价指标、评价等级和评价标准。以下主要以基于地球科学课程核心素养的过程性评价量表（表4-6-3）和基于表现性任务的终结性评价量表为例介绍地球科学课程的部分评价量表。

1）基于地球科学课程核心素养的过程性评价量表

表4-6-3　基于地球科学课程核心素养的过程性评价量表

科学素养	评价指标	低于标准水平	达到标准水平	高于标准水平
探究实践	收集处理信息	搜集到与主题相关的简单信息	搜集到与主题相关的信息，并进行初步的筛选与处理	搜集到与主题相关的信息，在筛选和处理的基础上形成自己的观点
	设计活动方案	在教师的指导下完成实践活动方案设计	通过小组合作完成简单的实践活动方案设计，方案具有可操作性	结合搜集的各种信息，通过小组合作或独立完成较为复杂的能够高效实施的实践活动方案
	实施实践活动	难以完成实践活动任务	能够根据实践方案完成实践任务，对实践成果进行如实记录	能够根据实践方案完成实践任务，对实践成果进行科学、准确、真实的记录
	体验反思	应付完成实践活动	具有一定的体验感悟，对实践活动进行总结	具有较深刻的体验感悟，能够反思实践活动中的不足，找到弥补策略
科学观念	宇宙认知	能描述太阳升落等简单的自然现象	能认识天体之间的空间关系，指导地球系统的基本要素	能知道不同层次的天体系统，认识地球所处的宇宙环境，运用所学知识解释相关自然现象
	人地观念	知道人类生活离不开自然资源，能认识到节约自然资源和保护环境的重要性	能认识到调整人类不合理的生产和生活方式，可以减少对地球环境的影响	知道资源短缺、环境污染和生态破坏等问题及其原因，了解解决这些问题的措施，初步形成人地协调的观念

续表

科学素养	评价指标	低于标准水平	达到标准水平	高于标准水平
科学思维	要素综合	联系1~2个要素对地理问题给予解释	联系两个以上要素对探讨的地理问题给予解释	
	时空综合	未能在特定的时空框架下对地球科学问题给予解释	能够在结合考察地的时间或空间背景下对地球科学问题给予解释	能够在特定的时空框架下对地球科学问题给予解释
	地方综合	难以就地球科学问题给予地方性解释	对地球科学问题给予地方性解释	对地球科学问题给予地方性解释，并能够比较分析同类地球科学问题在其他地方的不同表现
	跨学科综合	难以应用跨学科思维对地球科学问题给予解释	可以初步应用跨学科思维解决地球科学的部分问题	可以灵活运用不同学科的知识，应用跨学科思维解决地球科学的问题
态度责任		态度一般，不积极主动，大体能够完成要求任务	态度端正，能够积极完成任务	能够主动寻求问题的解决方法，高质量完成任务，明确任务对自己知识学习、能力发展的重要性
交流与合作		小组分工不明确，成员不清楚自己该做什么，不清楚本单元学习的任务和目的	具有小组合作的态度和意识，有明确分工，能够完成探究任务，具有较为良好的活动效果	具有小组合作的态度和意识，有明确的分工，紧密配合，能够高效完成探究任务，具有良好的活动效果

2）基于表现性任务的终结性评价量表

地球科学课程设计的表现性任务包含两类：一是通过文字表达表现性任务，如建议书、论文、考察报告等（表4-6-4）；二是学生制作的作品，如模型、技术产品等（表4-6-5）。

表4-6-4 通过文字表达的表现性任务评价量表

评价内容	建议书、论文、考察报告等		
	低于标准	达到标准	高于标准
内容	泛泛而谈，只能简单提出一些建议或观点，缺乏必要的论据和论证	针对任务主题提出论点，在一定程度上可以反映出地理思维；能够结合部分事实论据支撑自己的观点，论证过程较为完整	针对任务主题提出自己独到的论点，在一定程度上可以反映出较强的地理思维；能够通过事实和原理论据支撑自己的观点，论证过程严密、科学合理
行文	语言不流畅，缺乏条理，不符合相关文体的格式要求	语言流畅，可以运用专业术语，有条理，行文基本符合相关文体的格式要求	语言流畅，恰当运用专业术语，条理清晰，逻辑性强，行文符合相关文体的格式要求
认识	态度敷衍，缺乏积极的情感体验，对可持续发展内涵领悟不到位	态度较为积极，对可持续发展认识较为深刻	态度积极自觉，能够表达出积极的情感体验，对可持续发展认识深刻

表4-6-5 通过作品表达的表现性任务评价量表

评价内容	模型、技术产品等		
	低于标准	达到标准	高于标准
内容	作品仅与学习单元主题相关，作品中不能反映出地球科学思维，作品的科学性欠佳	作品能够较科学地呈现某一地球科学事物或过程，作品的表达能够反映出学生的地球科学思维	作品能够科学地、尽量真实地呈现某一地球科学事物或过程，基于艺术的表达不影响其科学性，能够反映出学生的地球科学思维
表达	不能使用恰当的形式对作品的地球科学内涵进行表达	能够使用恰当的形式对作品的地球科学内涵进行表达，基本符合表达形式（如模型等）的要求	能够使用恰当的形式对作品的地球科学内涵进行表达，符合表达形式（如模型等）的要求，具有一定的艺术性
认识	态度敷衍，缺乏积极的情感体验，对可持续发展内涵领悟不到位	态度较为积极，对可持续发展认识较为深刻	态度积极自觉，能够表达出积极的情感体验，对可持续发展认识深刻

4. 评价应用

在日常课程实施过程中，教师依据课程标准、学业质量标准和教学目标制订评价标准,并设计实践活动或具有挑战性的学习任务,制作适宜的评价量表等,最终实施评价,对评价结果进行反馈,进行教与学的改进。

例如,在依据表4-6-3"基于地球科学课程核心素养的过程性评价量表"开展课程评价时,部分学生"科学思维"维度下的"要素综合"评价指标一项最初处于"低于标准水平"。具体表现为,在解决地理问题时,这些学生通常只能联系到1~2个要素进行解释,思维缺乏全面性和深度,难以形成综合性的分析。针对这部分学生的情况,教师首先帮助学生进行知识拓展,补充地球科学相关的多要素知识,帮助学生建立更全面的知识体系,并提供一系列涉及多个要素综合分析的地球科学课程案例,引导学生思考如何将这些要素联系起来,共同解释地球科学现象。通过案例分析,学生们逐渐掌握了要素综合的思维方法。教师还在作业布置时注意布置一些需要综合多个要素进行分析的地理作业或实践活动,让学生在实际操作中实践运用所学到的要素综合思维方法,通过实践应用将其内化为自己的思维方式。经过针对性的学习和训练,这些学生在"要素综合"方面有了显著提升,思维更加全面深入,甚至对照评价量表可以达到"高于平均水平"等级。

【案例】观测太阳黑子活动评价

1. 过程性评价

太阳黑子观测活动过程性评价量表如表4-6-6所示。

表4-6-6 太阳黑子观测活动过程性评价量表

	低于标准	达到标准	高于标准
基础知识、思想和方法	不能区分不同类型望远镜,难以表达出望远镜的基本原理;不能说出观测太阳的注意事项,难以说出太阳活动对地球的影响	结合图片区分不同类型的望远镜,简要说出望远镜的基本原理;能够说出观测太阳的注意事项,能够说出太阳活动对地球的影响	能够说出实践活动中观测望远镜的类型,准确绘制光路图说明望远镜的基本原理;能够说出观测太阳的注意事项并能够解释原因,能够举例说出太阳活动对地球的影响
实践技能	未能安全、准确地观测到太阳表面及太阳黑子	能够观测到太阳表面及太阳黑子,在观测中注意保护自己	能够观测到太阳表面及太阳黑子,对望远镜进行简单调试以保证观测效果,在观测中注意保护自己
情感、态度与价值观	排队等待观测过程中不能遵守纪律	排队等待观测过程中遵守纪律	排队等待观测过程中遵守纪律,活动过程中主动发问

2. 终结性评价

太阳黑子观测活动终结性评价量表如表4-6-7所示。

表 4-6-7　太阳黑子观测活动终结性评价量表

评价内容	低于标准	达到标准	高于标准
科学性	在日面上绘制几个黑点表示黑子	在日面上确立坐标，准确绘制黑子的位置	在日面上确立坐标，准确绘制黑子的位置，区分黑子不同部位的特点
美观性	图像杂乱无章，涂改较多	图像整洁	图像整洁，能够用恰当的手法表达观察到的黑子特征

五、课程资源

1. 教师资源

北京一零一中学地球科学教师资源由校内教师团队和校外教师团队组成。校内教师包括全体地理教师，以及对地球科学有热情的物理、化学、生物等其他学科教师；校外教师包括高校和科研院所的专家，以及部分地球科学成绩突出的毕业生校友。在校内教师团队中，地理教师是地球科学课程教学的主体。目前学校地理组有专职教师19名，其中，博士后1名、博士4名、硕士13名，市区级骨干教师11名。教师学业功底深厚，教育教学基本功扎实，在地球科学方面都有自己擅长的领域和专业，除了上好地理必修课，还纷纷开设了地球科学选修课，指导天文、气象等学生社团，以及地球科学领域各项竞赛活动，成绩斐然。学校也积极为教师创造学习和提高的机会，鼓励教师积极参加校内、校外的培训和学习交流，提高教师的专业素养和指导水平，以促进地球科学拔尖创新人才的培养。

近几年来，因为在地球科学奥赛、英才计划、金鹏科技团等方面的交流合作，学校与北京大学地球与空间科学学院、清华大学物理系、环境科学系、北京师范大学地理学与遥感科学学院、中国科学院国家天文台、北京天文馆等单位建立了良好的关系，他们也为学校的地球科学教育提供了强大的师资支持（表4-6-8）。中国科学院国家天文台武向平院士多次来到学校，为同学们做科普讲座。清华大学物理系教授、北京天文馆馆长王晓锋、清华大学环境科学系主任王慧教授均为学校学生英才成长共同体专家导师，经常来校参加科普活动，指导学生做科研课题等。张及晨、郭京松等同学在地球科学领域的创新研究成果，离不开专家们的精心指导。学校与北京大学地空学院一起，推动了地球科学奥赛与教育在中国的发展，因此，北京大学也为学校提供了强大的师资后盾。

表 4-6-8　北京一零一中学地球科学校外课程资源

资源单位	指导专家	课程内容
清华大学物理系	王晓锋等	天文知识讲座、科研课题指导
北京天文馆	王晓锋、寇文	参观学习等科普实践活动
北京大学地空学院	沈冰等	地球科学竞赛指导、专家讲座
北京大学天文系	王科	天文知识讲座、科研课题指导
海淀区教育科普协会	魏振英等	天文科普活动
中国科学院国家天文台	武向平、潘之辰等	天文科普讲座、科研课题指导
国家植物园	孙国峰	参观学习、科研实践活动等
中国地震局地质研究院	何宏林	参观学习、科研实践活动等

此外，在校外教师团队中，还有一批地球科学成绩突出、乐于参加母校活动的毕业生校友。例如，每年的中秋赏月活动，多位校友会回到学校，一起组织、指导科普讲座、天文动手做、望远镜观月等学生活动；林子轩、郭京松、田茗羽等校友经常回校为同学们做天文竞赛指导；张及晨、刘璨霓等同学则为学校英才成长共同体学长导师，热衷于英才计划等拔尖创新人才培养活动。他们是地球科学教师资源的重要组成部分，以学生带动指导学生，成效显著。

2. 其他课程资源

北京一零一中学占地面积 20 万平方米，校内湖泊、山丘、生物众多，利于开展地球科学各项实践活动。学校拥有先进的远程数字天文台及 40 厘米折反射望远镜，校园气象站、小卫星实验室、日晷等设施设备一应俱全，还即将兴建空天实验室，为地球科学课程教学的顺利开展打下坚实的基础。校内条件不具备的，还可到中国科学院、北京大学、清华大学、北京天文馆等单位开展参观学习、科研实践等活动，充分利用校外场地资源。

现已开设的地球科学相关课程，都有相对应的教材资源，包括国家审订的教材教参、高校出版的专业书籍，以及由学校教师自主编写的《天文学基础》《AP 地理》等校本教材。最近几年，以学校教师为主体，还先后编写出版了《中学地理学科阅读指导用书》《中学生地球科学奥赛教程》等著作，这些都是优质课程资源。例如《中学生地球科学奥赛教程》，由学校 5 位教师参与编写，涉及地质学、天文学、大气科学、海洋科学、环境科学等内容，既可用于普通学生了解和学习地球科学，也可用于部分有兴趣、有特长学生的探究学习与竞赛指导，提高他们的创新思维和问题解决能力，为地球科学领域的拔尖创新人才培养助力。在教学过程中，教师们独立或集体完成教学设计、PPT 课件制作、图像视频资料收集整理等，这些数字资源可分享给全组教师。此外，通过科研院所、人民教育出版社、北京科学中心、北京天文馆等合作单位的网络平台，也可共享他们的相关数字资源，地球科学课程资源更趋丰富。

六、未来展望

在国家高度重视科学教育与拔尖创新人才培养的大背景下，地球科学教育教学理应体现鲜明的时代特征，在拔尖创新人才培养中发挥更加重要的作用。经过全体教师的努力探索和深入实践，可以做到：

1. 构建完善的课程体系

能满足国家和社会未来发展需求的，满足不同层次、不同兴趣学生需要的，利于地球科学素养提升与拔尖创新人才培养的，有北京一零一中学特色的立体多元的地球科学课程体系基本构建完成。

2. 打造系列的精品课程

在保证常规地理课教学质量的基础之上，重点打造一批特色精品课程，如天文学基础、动手学天文等选修课程，天文竞赛、地球科学奥赛等竞赛课程，英才计划、英才学院等实验室科研课程，中秋赏月、野外观星等综合实践课程，形成有质量有规模的地球科学课程群。

3. 形成优质的师资团队

通过地球科学特色课程的持续开发实施与拔尖创新人才培养的深入探究，一支校内外结合的、兼具教学与科研实力的优质师资团队将快速形成，为地球科学后备人才的培养打下坚实的基础。

4. 蓄积丰富的课程资源

在地球科学课程开发与实施的过程中，学校的场地设施将越来越完善，校外资源平台利用更加充分，教师开发的课件、图文资料等数字资源日趋丰富，科研论文、著作等也将水到渠成，这些都是在课程推进中蓄积的宝贵的课程资源。

地球科学课程体系与课程群既富有北京一零一中学特色，更能体现时代特色和国家需求，更加有利于全体学生地球科学素养的提升以及拔尖创新人才的培养。也具有一定的普适性，可通过"六个一体化"在教育集团内推广应用，也可借鉴到其他中小学。

参考文献

[1] The Partnership for 21st Century Skills. P21 framework definitions [EB/OL]. [2015 - 05 - 15]. http://www.p21.org/about - us/p21 - framework.

[2] MARILYN B, et al. Defining twenty - first century skills [A]. PATRICK G, et al. Assessment and teaching of 21st century skills [C]. Netherlands：Springer, 2012：18 - 19.

[3] 林崇德. 从创新拔尖人才的特征看青少年创新能力培养的途径 [J]. 北京教育（德育），2011（1）：9 - 11.

[4] 吕世虎，王积建. 初中数学探究式教学的实验研究 [J]. 数学教育学报, 2005（4）：35 - 38.

[5] 祝智庭，贺斌. 智慧教育：教育信息化的新境界 [J]. 电化教育研究, 2012, 33（12）：5 - 13.

[6] 何棋，刘志菡. 基于核心素养培养的概率模型应用课例反思 [J]. 中国数学教育, 2018（22）：30 - 36.

[7] 唐剑岚. 概念多元表征的教学设计对概念学习的影响 [J]. 数学教育学报, 2010, 19（2）：28 - 33.

[8] BECKMANN C E, TBOMPSON D R, SENK S L. Assessing students' understanding of functions in a graphing calculator environment [J]. School Science and Mathematics, 1999（9）：51 - 54.

[9] ELLINGTON A. A meta - analysis of the effects of calculators on students' achievement and attitude levels in precollege mathematics classes [J]. Journal for Research in Mathematics Education，2003，34（5）：433 - 463.

[10] 李海媚. 也谈 TI 图形计算器在教学中的应用效果 [J]. 数学教学通讯, 2015（9）：2 - 4.

[11] 习近平. 高举中国特色社会主义伟大旗帜 为全面建设社会主义现代化国家而团结奋斗：在中国共产党第二十次全国代表大会上的报告［EB/OL］.［2022-11-01］. http://www.qstheory.cn/dukan/qs/2022-11/01/c_1129089160.htm.

[12] 教育部等六部门关于实施基础学科拔尖学生培养计划2.0的意见：教高〔2018〕8号［A/OL］.［2018-10-08］. http://www.moe.gov.cn/srcsite/A08/s7056/201810/t20181017_351895.html.

[13] 教育部办公厅. 教育部办公厅关于印发《基础教育课程教学改革深化行动方案》的通知［EB/OL］.［2023-5-26］. http://www.moe.gov.cn/srcsite/A26/jcj_kcjcgh/202306/t20230601_1062380.html.

[14] 中华人民共和国教育部. 普通高中物理课程标准（2017年版2020年修订）［S］. 北京：人民教育出版社，2020：2.

[15] 戴维斯，里姆. 英才教育［M］. 杨庭郊，吴明泰，等译. 北京：新华出版社，1992.

[16] 约翰·罗尔斯. 正义论［M］. 何怀宏，等译. 北京：中国社会科学出版社，1988：7.

[17] Susan Winebrener. 班有天才：普通班级中培养天才儿童的策略与技能［M］. 杨希洁，徐美贞，译. 北京：中国轻工业出版社，2003.

[18] 杰夫·惠迪，萨莉·鲍尔，大卫·哈尔平. 教育中的放权与择校：学校、政府和市场［M］. 马忠虎，译. 北京：教育科学出版社，2003：46-47.

[19] 龚怡祖. 论大学人才培养模式［M］. 南京：江苏教育出版社，1999：16.

[20] 中国社会科学院语言研究所词典编辑室. 现代汉语词典［M］. 北京：商务印书馆，2012.

[21] 顾明远. 教育大辞典［M］. 上海：上海教育出版社，1998.

[22] 华国栋. 普通班的超常教育［M］. 北京：北京工业大学出版社，2009.

[23] 辛厚文. 少年班三十年［M］. 合肥：中国科学技术大学出版社，2008.

[24] 贺舒曼，吴武典，刘彭芝. 圆普通人的天才梦：超常人才教育［M］. 北京：北京工业大学出版社，2008.

[25] 岳龙，东方. 走进天才：重审英才教育［M］. 福州：福建教育出版社，2001.

[26] 郭彩琴. 教育公平论：西方教育公平理论的哲学考察［M］. 北京：中国矿业大学出版社，2004：34.

[27] 施林森. "拔尖计划"人才培养模式四年跟踪调查：南京大学案例［D］. 南京：南京大学，2016.

[28] 习近平. 决胜全面建成小康社会 夺取新时代中国特色社会主义伟大胜利[N]. 人民日报, 2017-10-28 (001).

[29] 习近平. 高举中国特色社会主义伟大旗帜 为全面建设社会主义现代化国家而 团结奋斗[N]. 人民日报, 2022-10-26 (001).

[30] 陈希. 按照党的教育方针培养拔尖创新人才[J]. 中国高等教育, 2002 (23): 7-9.

[31] 陈权, 温亚, 施国洪. 拔尖创新人才内涵、特征及其测度: 一个理论模型[J]. 科学管理研究, 2015, 33 (4): 106-109.

[32] 高晓明. 拔尖创新人才概念考[J]. 中国高教研究, 2011 (10): 65-67.

[33] 张晓光. 拔尖创新人才早期培养应由"拔尖"转向"普育"[J]. 中小学管理, 2022 (12): 13-14.

[34] 杨光明. 遵循规律 以改革试点促拔尖人才脱颖而出[J]. 中国高等教育, 2013 (Z3): 27-29.

[35] 汪茂华. 高阶思维能力评价研究[D]. 上海: 华东师范大学, 2018.

[36] 许冬梅, 黄镇亨, 彭建平. 创造性思维过程能力评价研究: 基于CRL创造力模型的实证分析[J]. 高教探索, 2022 (3): 118-124.

[37] 郝克明. 造就拔尖创新人才与高等教育改革[J]. 北京大学教育评论, 2004 (2): 5-10.

[38] 陈权, 温亚, 施国洪. 拔尖创新人才内涵、特征及其测度: 一个理论模型[J]. 科学管理研究, 2015 (4): 106-109.

[39] 雷奕. 荣誉学院拔尖创新人才培养模式研究[D]. 杭州: 浙江大学, 2022.

[40] 周建华. 指向拔尖创新人才早期培养的教师素养[J]. 中国教师, 2023, 356 (1): 27-29.

[41] 周彬. 让创新人才得以及时发现、科学培养、持续成长[J]. 人民教育, 2022 (19): 1.

[42] 郭群. 美国荣誉教育与我国"拔尖计划"人才培养模式的对比与探究[D]. 长春: 吉林大学, 2019.

[43] 白春章, 陈其荣, 张慧洁. 拔尖创新人才成长规律与培养模式研究述评[J]. 教育研究, 2012, 33 (12): 147-151.

[44] 王梅桂. "拔尖学生"综合素质课程研究[D]. 兰州: 兰州大学, 2020.

[45] 张晓利. 钱学森实验班拔尖创新人才培养实践探索[J]. 拔尖创新人才教育, 2020 (2): 15-18.

后　记

中共中央、国务院印发的《教育强国建设规划纲要（2024—2035年）》指出，要完善拔尖创新人才发现和培养机制，着力加强创新能力培养，面向中小学生实施科学素养培育"沃土计划"，面向具有创新潜质的高中学生实施"脱颖计划"等。在战略急需和新兴领域，探索国家拔尖创新人才培养新模式。北京一零一中学教育集团坚持推进生态智慧教育，着力"培养全面发展的未来卓越担当人才"，通过英才学院建设响应国家对拔尖创新人才培养的号召。

2023年，在推进教育集团英才学院建设，探索拔尖创新人才选拔、培养机制的过程中，教育集团成功申报国家社会科学基金教育学一般课题"基于大、中深度合作的青少年科技拔尖创新人才培养路径研究"。同年，集团总校被评为首批北京市拔尖创新人才培养基地。教育集团抓住新的教育契机，以英才学院为拔尖创新人才培养基地，开启大中小学贯通培养人才的新实践。

坚持科学教育和人文教育协同，英才学院由一知书院、学森书院、圆明书院、六韬书院构成。一知书院，以培养基础学科拔尖人才为目标，开展数学、物理、化学、生物、信息学五大学科竞赛课程。学森书院，以培养学生的科技创新能力为目标，建立不同领域的高端实验室和实践基地，将大学课程中不同领域最前沿的创新项目和课程引进中学。圆明书院，以提升学生的人文素养和审美情趣为目标，力图打通语文、历史、政治、经济、哲学、数学、艺术设计几个领域，实现文理科领域的学科联动及跨学科融合。六韬书院，以培养学生社会责任感和使命感为目标，通过开发与实施军事战略相关课程，培养学生的国防观念与国防意识，培养军事领域后备领军人才；通过模拟政协等活动，提升学生的公民意识与社会参与度，提升社会责任感和实践创新能力。

课程是培养拔尖创新人才的核心载体。英才学院在探索人才培养规律、学院可持续发展的过程中，始终将课程建设放在首位，积极推进"基于大、中深度合作的青少年科技拔尖创新人才培养路径研究"课题研究。教育集团整合大学、科研院所、教育集团成员校资源，分主题、分批次建设特色课程，探索青少年科技拔尖创新人才培养路径。2024 年，课题组与海淀区教育科学研究院合作，开展特色课程建设系列培训，分学科、分领域组建学科类特色课程的研发团队。经过一年的努力，首批课程成果于 2024 年 9 月完成。课题组组织专家对成果进行指导，课程研发团队经过八次修改，最终定稿，形成课题研究成果《拔尖创新人才培养：课程情愫与实践创新》。

本书由熊永昌统筹策划，各章节内容由付鹂娟组织作者分工撰写。第一章、第二章、第三章由熊永昌、鲁小凡撰写，第四章由何棋（数学）、詹光奕（物理）、孙宇伽（物理）、夏焕春（地理）、商愔（信息技术）、翟冰（生物）、牛彩霞（化学）撰写。鲁小凡对全书进行了修改和统稿。地理组金梓乔、张耀、高志芳、姬泽佳、张佩、曹雪芳老师，化学组白光耀、曾璐、肖品、赵莎、张晨雨老师对本书也有贡献。

在书稿撰写与出版过程中，陈争等学校领导给予了关注和支持，各学科教研组长、集团各成员校领导、老师也给予了支持和帮助。

特别感谢北京理工大学出版社编辑李颖颖和李思雨在本书出版过程中付出的辛勤劳动，是她们的精心组织安排，让这本书能快速与读者见面。

由于时间仓促、作者水平有限，书中难免有疏漏、不妥之处，敬请读者批评指正。

作　者